Donauschwabenufer / Ulm an der Donau
Gedenkstein und -Tafeln der Donauschwaben

Coverfotos und Montage: Franz Balzer

4.Auflage

Franz Balzer

Der Extremist

4.Auflage

Meinungsfreiheit oder Mediendiktatur?

Eine Literatur-, Medien- und Gesellschaftskritik

Ein Buch – drei Meinungen?

Eine Sammlung von Briefen und E-Mails
an Politiker und Medienvertreter in Bezug
auf die Diskriminierung der Banater Schwaben
durch preisgekrönte Werke von Schriftstellern,
ehemalige Privilegierte der untergegangenen,
kommunistischen Diktaturen, deren Lebenslauf
regelmäßig in der Öffentlichkeit verfälscht wird.

© 2019
Franz Balzer
Herstellung und Verlag:
BoD – Books on Demand, Norderstedt.
ISBN: 9783749431236

Vorwort

Deutschland Anno Domini 2019.
Gibt es Diskriminierung und Volksverhetzung?

Man soll es nicht glauben, auch auf dem Gebiete eines freien, demokratischen Rechtsstaates gibt es Diskriminierung und rassistisch motivierte Volksverhetzung: Volksverhetzung und Diskriminierung der Banater Schwaben – eine ehemalige Minderheit aus einer kommunistischen Diktatur. Unverschämte Literaturkundige haben unter dem Schutz und Schirm der Künstlerfreiheit, unterstützt durch die „freien, deutschen Medien", die ehemalige Minderheit der Banater Schwaben, die seit etwa 250 Jahren auf dem Gebiete Rumäniens lebten und teilweise heute noch leben, in ihren Sitten und Bräuchen, die sie bei ihrer Ansiedlung aus Süddeutschland mitgebracht haben, sowie in ihrer Identität, auf das Äußerste besudelt. Mit einer Minderheit kann man das ja machen. Wir haben angeblich Pressefreiheit. Heißt das aber, dass diese Individuen, schreiben können, was sie wollen, wenn sie auch über das, was sie schreiben, überhaupt nichts wissen? Wir haben aber auch Meinungsfreiheit! Und diese wird durch die „freie Presse" im Falle der ehemaligen Minderheit aus dem kommunistischen Rumänien total unterdrückt, und zwar genau so wie in einer menschenverachtenden, kommunistischen Diktatur. Ich habe diesbezüglich einige Politiker, Medienvertreter und demokratische Institutionen angeschrieben und bin zu dem Schluss gekommen, dass ich eigentlich eine Korrespondenz mit „schwarzen Löchern" („Hohlbereiche"[1] im Universum) geführt habe.

Bin ich deswegen ein Extremist?
Die Antwort muss/darf jeder Leser, beim Studium dieses Buches selbst herausfinden. Ich möchte diesbezüglich nicht vorgreifen. Ich muss aber an dieser Stelle alle Leser warnen, hier weiter zu lesen, das Gelesene eventuell weiter zu erzählen, oder dazu irgendwo Stellung zu nehmen, denn sie müssen damit rechnen, ebenfalls als Extremisten bezeichnet zu werden.

---

[1] Schwarze Löcher sind außerordentlich kompakte Gebilde im Universum, bei meiner Korrespondenz handelt es sich aber um „geistige Hohlkörper"

Es wird den Leser vielleicht staunen, warum ich jetzt über die Toten durch rechts- und linksradikale Regierungen im 20. Jahrhundert schreibe. Im Zweiten Weltkrieg, angezettelt durch die Nazis, kam es weltweit zu über 53 Millionen Toten[2] (Soldaten und Zivilisten).

Der französische Historiker Stéphane Courtois, veröffentlichte sein Buch über Kommunismustote[3] („Das Schwarzbuch des Kommunismus") am 6. November 1997, dem 80. Jahrestag der Oktoberrevolution 1917, als erste weltweite Gesamtbilanz von 80 Jahren Kommunismus. Er kam dabei zu dem Schluss, dass es über 95 Millionen Tote zu Friedenszeiten waren (davon 20 Millionen in der Sowjetunion, 65 Millionen in der Volksrepublik China und etwa 10 Millionen in anderen kommunistischen Staaten).

Die Massenverbrechen unter Lenin und Stalin, die ideologisch als „Klassenkrieg" begründet wurden, besonders Erschießungen und Deportationen von Kosaken, Kulaken und das vorsätzliche Verhungernlassen von mehreren Millionen Ukrainern, sowie das Erschießen von Millionen Bauern, die nicht in den Kolchos eintreten wollten, sind hier anzuführen.

Es ist kein Zufall, dass ich diese Statistik hier anführe, denn ich konnte in den letzten Jahren beobachten, dass sich in unserer Gesellschaft – eine freie, demokratische, auf Rechtsstaatlichkeit beruhende Gesellschaft – immer wieder Randgruppen entwickelten, welche dem rechten oder linken Spektrum zuzuordnen sind. Ob das schon darauf zurückzuführen ist, dass diese Entwicklungen schon in der Schule passieren, oder dass unser Schulsystem dazu beiträgt, will ich hier nicht erörtern. Auf jeden Fall können sich weder die Rechts- noch die Linksextremisten (die soll es ja auch geben, obwohl deren Aktivitäten oft verschwiegen werden) rühmen die Besseren zu sein, oder die Intelligenteren, die Intellektuellen zu sein. Für mich gehören beide zu den Randgruppen, und ich wiederhole, – die Rechts- und Linksextremisten – zu dem Abschaum unserer Gesellschaftsordnung und vor allem weil sie die beinahe besten Möglichkeiten auf der Welt haben, sich schulisch zu selbständig

---

[2] siehe dazu: http://www.2-weltkrieg.info/2-weltkrieg-tote.htm

[3] https://de.wikipedia.org/wiki/Das_Schwarzbuch_des_Kommunismus

denkenden Menschen zu entwickeln. Warum geschieht aber genau das Gegenteil?

So tauchten in der Zeit, als ich dieses Buch vorbereitete die Enthüllungen über den NSU (Nationalsozialistischen Untergrund), eine rechtsradikale Gruppe, die mehrere Morde auf dem Kerbholz hat, auf. Kann man diese Gruppe als Extremisten bezeichnen?

Wie war es um die von links organisierten Proteste während der G20-Verhandlungen in Hamburg 2017 bestellt? Was haben diese Typen alles vernichtet und zusammen geschlagen? Kann man diese Gruppen nicht dem linken Extremismus zuordnen?

Ich kritisiere die rassistisch motivierte und volksverhetzende Literatur von ehemaligen Privilegierten der untergegangenen kommunistischen Diktaturen, sowie die heutige, mediale, verlogene Berichterstattung darüber und muss jetzt annehmen, dass meine freie Meinungsäußerung dadurch unterdrückt werden soll, dass ich als Extremist „abgestempelt" werde. Was habe ich mit dem NSU, was mit den gewalttätigen Protesten der G-20-Gegner zu tun?

Wie war es mit der Meinungsfreiheit und Pressefreiheit bei den Nazis bestellt? Ich glaube es gibt kaum jemanden, der diese Geschichte nicht kennt. Oder gibt es gar welche, die sie genau studiert haben, um sie heute wieder anzuwenden? (Ich stelle hier viele Fragen, die mich seit etwa sieben Jahren plagen, aber vielleicht wird der Leser aus dem hier Beschriebenen sich eine eigene Meinung – frei von jeglichen ideologischen Vorgaben und Zwängen - bilden können.)

Wie war es mit der Meinungsfreiheit und Pressefreiheit in den ehemaligen untergegangenen kommunistischen Diktaturen bestellt? Die Kozis[4] haben die Nazis zu fast 100% kopiert. Es gab keine Meinungs-, keine Künstler- und keine Pressefreiheit. Von Reisefreiheit war erst mal gar nie die Rede. Wer dagegen aufbegehrte landete bei Salz und Brot auf ungewisse Zeit hinter stählernen Gardinen. Wer den „glücklichen Kommunismus" verlassen wollte, und keinen anderen Ausweg sah, der flüchtete über die gut bewachte Grenze, und wurde gegebenenfalls erschossen, weil er als

---

[4] Kommunisten und Kommunismusfans; die noch nicht erkannt haben, dass der Kommunismus in Europa der Vergangenheit angehört

„Republikflüchtling" angesehen wurde oder verschwand für Jahre ins Gefängnis. Waren denn all jene, die an der deutsch-deutschen Grenze erschossen wurden, weil sie als Deutsche in einem deutschen Staat leben wollten, Nazis? Wie werden aber die Banater Schwaben diesbezüglich behandelt?

Und wie sieht es heute in einem (angeblich) freiheitlichen, demokratischen Rechtsstaat aus, in welchem es (angeblich) Meinungsfreiheit, Pressefreiheit, Künstlerfreiheit und Reisefreiheit gibt?

Wenn ich mir die Berichterstattung über die Literatur, in welcher die Opfer einer ehemalige Minderheit aus einer kommunistischen Diktatur, die Banater Schwaben, verhöhnt, verspottet und würdelos dargestellt werden, vornehme und feststellen muss, dass alle (angeblichen Experten) ihre Kommentare abgeben dürfen, nur die Mitglieder der Banater Schwaben nicht, dann muss ich feststellen, dass dieser Volksstamm heute von den deutschen Medien als Aussätzige, als Menschen zweiter Klasse behandelt werden. Und so etwas kann nur von einer leserverachtenden, volksverdummenden Mediendiktatur geschehen (unter Missachtung sämtlicher Artikel unserer Verfassung: Diskriminierung, Meinungsfreiheit, Künstlerfreiheit, Persönlichkeitsrechtverletzung, Verunglimpfung des Antlitzes von Toten). In dieser Beziehung habe ich mehrere Medienvertretungen, die Loblieder auf den literarischen Mist von ehemaligen Privilegierten des Kommunistischen Rumäniens veröffentlicht haben und keinerlei Kritik und/oder Korrektur (es entsprach nicht alles der Realität, was geschrieben wurde – es wurde „gelogen wie gedruckt") zugelassen haben. Und der Gipfel der Diskriminierung: keine Einsicht, dass Fehler gemacht wurden (so z.B. gibt es auf Poiana Braşov keinen Bahnhof) und keine Antwort. [Diese Spezies der Medien, die ich diesbezüglich schon angeschrieben habe, habe ich bereits in einem Buch veröffentlicht: „Gehört Verleumdung[5] zum Brauchtum der Banater Schwaben?" Untertitel: „Ist der gesellschaftliche Wandel: Lug, Betrug und Heuchelei? Ist der Medienbeitrag zum ‚großen' Roman ‚Jacob beschließt zu lieben' Fiktion oder Volksverdummung?"]

---

[5] Der Satz „Verleumdung gehört zum Brauchtum der Banater Schwaben fiel bei einem Bericht von Herta Müller in der „Zeit" im Sommer 2009

Bedeutungsübersicht: Extremist
DUDEN: [politisch] extrem, radikal eingestellter Mensch.
Dieses Wort stand 1941 erstmals im Rechtschreibduden.
Synonyme zu Extremist und Extremistin: Extremer, Extreme, Fundamentalist, Fundamentalistin, Radikaler, Radikale, Radikalist, Radikalistin; (umgangssprachlich abwertend) Radikalinski.

WIKIPEDIA

Als **Extremismus** bezeichnen Behörden in Deutschland seit etwa 1973 politische Einstellungen und Bestrebungen, die sie den äußersten Rändern des politischen Spektrums zuordnen. Behörden verwenden ihn unter anderem, um Gegner der freiheitlichen demokratischen Grundordnung (fdGO) einzuordnen.

Definition
Die Attribute „extrem" und „extremistisch" sind vom lateinischen Wort *extremus* abgeleitet, dem Superlativ von „außen" (*exterus*), laut Stowasser übersetzbar als „das Äußerste", „das Entfernteste" oder „das Ärgste". [...] Als „extremistisch" werden also jene Teile eines politischen Spektrums gekennzeichnet, von denen eine aktive Gefährdung der Grundwerte der zurzeit herrschenden politischen Ordnung angenommen wird.

Das deutsche Bundesamt für Verfassungsschutz definierte im Jahr 2000 Extremismus als Form einer „fundamentale Ablehnung des demokratischen Verfassungsstaats". Darunter fallen für ihn alle Bestrebungen, die sich gegen den Kern des Grundgesetzes oder der FDGO (freiheitlichen demokratischen Grundordnung) insgesamt richten.

Ich überlasse es nun dem Leser, meine Tätigkeit als „Literaturkritiker" mit der Eigenschaft eines Extremisten in Verbindung zu bringen. Was hat das eine mit dem anderen zu tun? Bin ich ein Extremist, wenn ich die „Literatur" von ehemaligen Privilegierten eines menschenverachtenden Regimes so kommentiere, wie sie auch kommentiert werden muss: Minderheitenverachtend, grundgesetzverachtend. (Ich könnte mein Buch auch **„Die Mediendiktatur und der Extremist"** nennen.)

Ich bin kein Pegida, kein Kagida, noch sonst ein X-gida, und auch kein Rechtsextremist, aber auch kein Linksextremist, denn ich halte diese Sorte Individuen als Abschaum unserer Gesellschaftsordnung! Für Leute, die mich trotzdem in eine Ecke stellen möchten, habe ich einen „Verein" gegründet: gmbHA e.V.f.E. und darin ist eine Menge Platz. Was bedeutet **gmbHA e.V.f.E.**?

„**G**eistig **m**inder-**b**emittelte **H**alb-**A**ffen **e**ine **V**ereinigung **f**ür **E**xtra-blöde." Hier werden **alle beitragsfrei, ohne Eignungstest** aufgenommen und können so zusammen mit Erwachsenen, die sich verhalten wie pubertierende 16jährige, die gemäß **Primaten in der ersten Reihe** stehen, sich im Takt nach **links und rechts wiegen**, sich mit beiden Händen abwechselnd **auf die Brust klopfen** und schreien: "**W-i-i-i-r s-i-i-i-nd d-i-i-i-e Gr-ö-ö-ö-ßten!**"

In den folgenden Kapiteln werde ich einige meiner Briefe (die als normaler Brief oder als E-Mails versandt wurden) an Ministerien, Politiker, Professoren und Institutionen wiedergeben. Dabei kann es vorkommen, dass gewisse Textteile sich wiederholen, weil es schwierig ist, diese jetzt herauszufiltern und sie nachher durch Verweisen zu kennzeichnen. Meine Briefe an Medienvertreter habe ich schon in einem anderen Buch erörtert.

Im nächsten Kapitel erfahren Sie einen kurzen Abriss der Geschichte der Banater Schwaben. Vorerst möchte ich aber noch einige Präzisierungen machen, die vielleicht wichtig sind. Die Banater Schwaben sind ein Teil der Donauschwaben, die keineswegs Schwaben aus Württemberg sind, sondern den Namen erhielten, weil sie bei der Ansiedlung des Banates (damals ein Teil von Österreich-Ungarn, genau Südungarn) in Ulm an der Donau eingeschifft wurden. Sie kamen aber aus vielen Ländereien Süddeutschlands: Bayern, Württemberg, Baden, Pfalz, Hessen, Luxemburg, Elsass, Lothringen, usw.

Von Herta Müller und ihrem zweiten Ex wurden aber alle „pauschal" zu Nazis und an „Geist und Kultur Desinteressierte" gemacht. Und wenn ich nun das Wort „pauschalisieren" verwende, dann müssten doch alle aufschreien – auch die linksverbohrten Chefideologen, die sich wohl als die kühnsten und intelligentesten Intellektuellen halten.

Gab es unter den Banater Schwaben Alkoholiker?
JA! Aber das kann nicht auf alle übertragen werden! Man darf das nicht pauschalisieren.

Gab es unter Banater Schwaben Nazis?

JA! Aber es waren nicht alle so wie Herta Müllers Vater. Und nach dem Krieg wurden (fast) alle (Deutschen) – nicht nur Männer, sondern auch Frauen – enteignet und in die Sowjetunion verschleppt. In der Nachkriegszeit konnte in den kommunistischen Schulen keinerlei Nazigeist aufkommen, denn dafür hat ein gut funktionierender Geheimdienst gesorgt. Ein einziges falsches Wort hätte 15 Jahre bei Salz und Brot „gekostet" und da haben sich alle gehütet davor. Es war also nicht nötig, dass Herta Müller und ihre Aktionsgruppe Banat eine Aufarbeitung der Nazizeit (ähnlich wie es die 68er hier in Deutschland taten) von den dortigen deutschen Landsleuten verlangt haben. Sollten denn die ein zweites Mal bestraft werden? Für die rumänischen Kommunisten waren sowieso alle Deutschen Nazis – und das wurde ohne Ausnahme pauschalisiert. (Und wenn Herta Müller pauschalisiert, dann liegt sie genau auf der Linie dieser kommunistischen Parteimitglieder!)

Warum sind die Werke „Niederungen" und die „Atemschaukel" von Herta Müller, sowie „Jacob beschließt zu lieben" von C.D.Florescu so umstritten unter den Banater Schwaben?

Personen unter den Banater Schwaben, sowie viele andere, auch Professoren Doktoren, die nur diese Werke betrachten und alles andere, z.B. die volksverhetzenden Seitenhiebe ausblenden, sind glühende Verehrer dieser beiden Autoren. Ein Professor-Doktor der Literatur hat sogar auf der Grundlage der „Atemschaukel" außergewöhnliche literarische Fähigkeiten Herta Müllers hervorgehoben. Geht man aber davon aus, dass die „Atemschaukel" das Werk von Oskar Pastior[6] ist, werden so eigentlich die Fähigkeiten von Oskar Pastior gewürdigt.

Es muss einen Unterschied zwischen den Banater Schwaben, die vor dem Fall des Eisernen Vorhanges – 1990 - nach Deutschland kamen und jenen, die nachher kamen, gemacht werden. Die Personen der älteren Generation haben fast alle noch die Gräueltaten der Altkommunisten erlebt: Enteignung, Verschleppung in die Sowjetunion, Deportation in den Bărăgan, Kollektivierung, Bespitzelung, Einschränkung sämtlicher persönlicher Freiheiten, usw.

---

[6] Im Buch „Atemschaukel" gibt Herta Müller auf Seite 299 zu, dass Oskar Pastior erzählt und sie ganze Hefte voll geschrieben hat. Oskar Pastior ist vor der Herausgabe des Buches verstorben.

Während z.B. die heute 40jährigen damals erst 10 waren und somit in der Schule Ceauşescus eine Volldoktrin von Kommunismus mitbekommen haben, unter welchem sie heute noch „leiden" – bloß nichts schlechtes über die Kommunisten sagen/schreiben. Andere wieder, die schon hier in Deutschland die Schulen besuchten, hatten unter der „Null-Bock-Mentalität" und der „Erziehungskatastrophe" zu leiden und verstehen die Vorwürfe nicht mehr, die man Altkommunisten und ihren Verehrern machen kann. [Es ist ein großes Versäumnis, dass in den Geschichtsbüchern kaum etwas über die Vertriebenen steht, denn es ist schließlich auf Hitlers Feldzug nach Russland zurückzuführen, dass in den osteuropäischen Ländern nach dem Krieg menschenunwürdige Diktaturen entstanden sind und dass es millionenfach zu Flüchtlingen und Vertriebenen kam. „Moderne Menschen" wissen darüber überhaupt nichts! Die „Nazi-Keule" gegen diese Opfer (sowohl von rechts, als auch von links) von einer Masse von Unwissenden (dazu gehören auch welche Professoren-Doktoren und selbsternannte Geschichtsexperten) ist aber omnipräsent.] Kinder von Flüchtlingen und Vertriebenen müssen sich in den Schulen in Acht nehmen, um nicht entlarvt zu werden, denn es wird ihnen sofort die „Nazi-Keule" nachgeworfen, sie müssen quasi ihre Herkunft verschleiern und verheimlichen.

In den Jahren 1968 bis 1989 kam es zu einem regelrechten Exodus der Rumäniendeutschen – den Banater Schwaben (die als Ansiedler des Banates – in Westrumänien – vor allem aus Süddeutschland kamen, von welchen kein einziger rumänische Vorfahren hatte) und den Siebenbürger Sachsen (die aus der Umgebung von Luxemburg nach Zentralrumänien kamen und von welchen ebenfalls kein einziger rumänische Vorfahren hatte). In diesem Sinne ist es eine Beleidigung den Rumäniendeutschen gegenüber, wenn man sie als „Rumänen" bezeichnet, nur weil sie auf dem Gebiete Rumäniens geboren wurden. (Erst recht nicht, wenn man bedenkt, was viele hier nicht wissen wollen, dass Ceauşescu ihre Identität auslöschen wollte, um eine kommunistische Gesellschaftsordnung aufzubauen. Hoffentlich werden die Banater Schwaben nicht auch noch der „Identitären Bewegung" zugeordnet, weil ich das Wort „Identität" verwendet habe!) Viele Banater Ortschaften haben Familiensippenbücher angelegt, in welchen alle Personen seit der Ansiedlung verzeichnet sind, um den hiesigen „Zweiflern" und „Ungläubigen" zu beweisen, dass sie deutscher Abstammung sind. In den vorhin genannten 21 Jahren wurden über 200.000 Rumäniendeutsche umgesiedelt. Die deutsche Regierung hat dabei sogar mitgeholfen, denn es wurden Freikaufpreise[7] bezahlt. Dass es im modernen, fortschrittlichen Deutschland auch Personen und Parteien (meist aus dem linken Spektrum) gab, welche diese „moderne Sklaverei" kritisierten, ist für deutsche Verhältnisse doch „ganz normal". In meinen Augen war es diesen Personen auch ganz egal, ob die Rumäniendeutschen das Recht hatten in einem freien, demokratischen Land zu leben – es wäre ihnen lieber gewesen, wenn diese wohl in dem großen Gefängnis „Rumänischer Kommunismus" zurückgeblieben wären! Die Rumänische Führung wollte diesen Freikauf natürlich auch geheim halten, was auch weitläufig gelang. Das „Weglaufen" der Menschen aus dem „glücklichen" Kommunismus wurde von den Regierenden (der RKP – Rumänischen Kommunistischen Partei) nicht gerne gesehen, war es doch eine große Niederlage für die verbohrten Ziele des Kommunismus und den Republikflüchtlingen wurden eine Menge „Steine in den Weg" gelegt. Man kennt in Deutschland den Schießbefehl an der deutsch-deutschen Grenze, aber vom Schießbefehl an der rumänischen Grenze hat man noch nichts gehört.

Nun erscheint 1982 Mitten in dieser Freikaufaktion das Prosawerk „Niederungen" (im Kriterion-Verlag Bukarest) der Literaturdebütantin Herta Müller, welches die Identität und die Sitten und Bräuche, sowie die Traditionen der Banater Schwaben, die gerade dabei waren in Deutschland Fuß zu fassen, auf das Äußerste erniedrigen sollte. Wer eigentlich zwei und zwei zusammenzählen kann, der versteht, dass dieses Werk im Sinne der RKP geschrieben wurde, wenn Herta Müller das auch nicht wahrhaben möchte. 1984 kamen die „Niederungen" im „Rotbuch-Verlag" Berlin heraus und da fehlten ganze vier Kapitel (dabei sollte aber in Bukarest zensiert worden sein). Ich bemerke hier: Die Banater Schwaben sind aus den Klauen der rumänischen Altkommunisten (die auch Rassisten waren, daher nennen Siebenbürger Kritiker sie auch Nationalkommunisten) aus Rumänien entkommen und sind hier in Deutschland von einer Gruppe linksverbohrter Rotgardisten empfangen worden. (Der Geist der 68er lebt noch und die sahen es nicht gerne, dass Republikflüchtlinge ihnen in ihre linksverbohrten Ziele Stolpersteine in den Weg legten. Das Schicksal der Kommunismusflüchtlinge muss für

---

[7] Siehe dazu das Buch „Wege in die Freiheit" des Verhandlungsführers aus jener Zeit Dr.H.G.Hüsch

sie eine sehr große Niederlage in ihrer linken Ideologie gewesen sein.) Die Presse und andere Medien sind auf die „Niederungen" abgefahren, wie die Eintagsfliegen auf die Straßenlaternen. Kritiken von Banater Schwaben wurden in der deutschen Öffentlichkeit seither nicht mehr gedruckt, denn sie hätten den „linken" Meinungen jener Zeit widersprochen.

Im Banat gab es in jener Zeit eine Gruppe deutscher Dichter und Schriftsteller, die sich auf die Seite der RKP gestellt hatten und verlautbarten, dass sie das Land nicht verlassen wollten. Richard Wagner, der zweite Ex von Herta Müller (die nicht zur Gruppe gehörte) schrieb sogar im Juni 2015 in der „Banater[8] Post": „Wir waren links, und wenn schon nicht die besseren Kommunisten, dann doch die gebildeteren Marxisten, eine Provokation für unsre Landsleute, deren Kultur wir nichts abgewinnen konnten." (Da kann ich nur ergänzen: Als das die Securitate[9] erfahren hatte, musste sie ja Angst bekommen, dass die Aktionsgruppe Banat einen noch besseren Kommunismus „aufbauen" wollten, als jenen, mit welchem sie schon Probleme hatten. Wurden sie daher beobachtet und zerschlagen?) Also hatten die Banater Schwaben schon frühzeitig mit „gebildeten" Landsleuten zu tun, die ihre Kultur nicht zu schätzen wussten. Die Bauern aus den Banater Dörfern wurden enteignet (ich weiß nicht, ob jeder Leser hier das versteht, sie waren nachher mittellos) und die Literaten jubelten über „die sozialistische Umgestaltung der Landwirtschaft" und die Aktionsgruppe wunderte sich, dass die Bauern das nicht verstehen und würdigen konnten. Weiter kamen die Redakteure dazu. Jeder rumänische Redakteur (auch wenn er bei einer deutschsprachigen Zeitung gearbeitet hat) musste mit der Securitate zusammen arbeiten, daran gab es keinen Weg vorbei. Diese Redakteure besorgten auch die Zensur für die Medien. Und die ehemaligen deutschsprachigen Redakteure, die auch vom Freikauf profitierten, sind heute (fast) alle in Deutschland und beweisen in der Banater Post (in welcher nur noch GUTES und SCHÖNES berichtet wird, keine Kritik an deutschen unwürdigen Literaturpreisträgern, wie zur Kommunismuszeit), dass sie ihr Handwerk gut gelernt haben. Das Ziel: Desinformation aller Banater Schwaben, wel-

---

[8] Die „Banater Post" ist die Verbandszeitung der Banater Schwaben in Deutschland, in welcher NUR GUTES und SCHÖNES berichtet werden darf

[9] Die Securitate war der berüchtigte rumänische Geheimdienst

che diese „Banater Post" lesen. Keinerlei Kritik oder Anregung auf Berichtigungen, wenn andere deutsche Medien Fehler (und es werden zum Teil gravierende Fehler, was Berichte aus Rumänien angehen, gemacht) machen.

Zu Ceaușescus Zeiten verließen auch etwa 3 Millionen Rumänen (auch aus anderen Landesteilen) das Land. Diese Auswanderung war auch verbunden mit der „Mitreise" von gewissen „Aufpassern". Die Auslandsrumänen mussten genau beobachtet werden, und wenn sie „BÖSES" über das Land im Ausland gesagt haben, so wurde ihnen gedroht, dass ihren Verwandten und Freunden in der Heimat etwas passiert. Der Überwachungsstaat funktionierte auch im Ausland (Rumäniens). So, nehme ich an, dass eine Menge Rumänen für den Roman von C.D.Florescu gestimmt haben und gleichzeitig dafür gesorgt haben, dass Kritiken Banater Schwaben gelöscht und nicht veröffentlicht wurden. Auch der Vorstand der Banater Schwaben in München war von Securitate-Spitzeln unterlaufen. Auch während der Freikaufphase wurde immer wieder versucht, solche Spitzel in Deutschland einzuschleusen. Daher ist es nicht verwunderlich, dass C.D.Florescu mit seinen Eltern 1982 einen Besucherpass (den er in 4 Tagen bekommen hat, Banater Schwaben mussten oft mehr als 10 Jahre darauf warten) für Italien hatten, sie wollten nach Deutschland, wo sie abgewiesen wurden und landeten schließlich in der Schweiz. Dabei konnten sie mit Leichtigkeit und ohne Kontrolle, wo man doch anderen den Wagen auseinandernahm, mit PKW, Dachgepäckträger und Anhänger verreisen, oder flüchten. Und das war kein Privilegierter? Herta Müller durfte auch 1984 drei Mal in einem Jahr Deutschland bereisen, um ihr Schmutzwerk „Niederungen" anzubieten, wo doch andere gleich beim ersten Mal hier geblieben wären. Und sie war auch keine Privilegierte?

Der Hammer der Zerrissenheit der Banater Schwaben war dann doch die Freikaufaktion. Es gab so eine Art „Komplizenschaft zwischen Täter und Opfer". Viele Banater Schwaben versuchten, um schneller den Ausreisepass zu bekommen Securitate-Mitarbeiter – in der Regel auf deren Geheiß – mit Schmiergeldern zu bestechen. Diese Schmiergelder mussten in DM bezahlt werden, obwohl rumänische Staatsbürger diese gar nicht besitzen durften. Die RKP brachte 1983 auch ein Gesetz heraus (das Dekret 402), in welchem von den Ausreisewilligen, die Ausbildungszeiten in Valuta (also DM oder Dollar) verlangt wurden. Das führte bei einigen zu mehr als 30.000 Dollar Ausreisegebühren. Während dieser Aktionen konnten offensichtlich einige Spitzel nach Deutschland, weil ihnen von Banater Schwaben, bestätigt wurde, dass sie Deutsche sind. Es gab diesbezüglich mehrere Aufrufe in der Banater Post, so etwas nicht zu tun. Und zu den Umsiedlern gehörten auch überzeugte Kommunisten, die sich ganz sicher nicht an unsere Verfassung halten und die heute noch nicht akzeptieren wollen, dass die Banater Schwaben ein freies, demokratisches Dasein führen dürfen.

Das nahm ich zum Anlass, um neben den schon angeschriebenen Medienvertretern, auch einige Bundespolitiker und den deutschen Presserat, sowie einige Professoren und Institutionen betreff Lügengeschichten über Herta Müller anzuschreiben. Und was die geantwortet haben – falls sie überhaupt geantwortet haben – und was ich daraus folgern konnte, habe ich in diesem Buch beschrieben.

Und nun gibt es noch die „intelligenten" Stadtbewohner, das Gegenteil der Dorfbewohner, die von „Geist und Kultur Desinteressierten", die genau (nichts davon) wissen, wie man auf den Banater Dörfern lebte, aber für positive Kommentare der Schundliteratur sorgen.

Und nicht zuletzt will ich noch den Fall Carl Gibson anführen. Carl Gibson war vom Ceaușescu-Regime inhaftiert und hat Herta Müllers Lügen in einem Zeit-Bericht („Die Securitate ist noch im Dienst") 2009, also im Vorfeld der Nobelpreisvergabe, entlarvt. Wem könnte das wohl nicht gefallen haben? Carl Gibson ist seither aus einer Menge Kommentarportalen ausgeschlossen, wohl, weil er nicht das sagte/schrieb, was Herta Müller (die übrigens die deutschen Medien seit 1984 belügt) von sich gegeben hat. Warum darf ein ehemaliger politisch Inhaftierter (also ein von Kommunisten inhaftierter) heute im freien, demokratischen Deutschland seine Meinung nicht äußern? Wer könnte das wohl behindern?

Wollt ihr meine Meinung wissen?
Die, die das verhindern, sind ideologisch verblendete, indoktrinierte Kommunisten (oder linksterroristische Verbrecher, wenn ich auf die anfangs angegebenen Toten der linken Diktaturen Bezug nehme), die mit der Einhaltung unserer Verfassung nichts am Hut haben. Sollten das auch einige Pressevertreter sein? JA! Und dann vielen Dank Pressefreiheit!

Ich bedanke mich bei Elisabeth Anton, eine Banaterin mit akademischem Studium, die es liebt die Wahrheit, genau so wie ich, zu schreiben. Sie hat ein Kapitel zur Verfügung gestellt: „Keine Ehrfurcht mehr vor unseren Werten, vor Wahrheit und Gerechtigkeit?"

Weiter gilt mein Dank Carl Gibson (einem ehemaligen politisch Inhaftierten der Ceauşescu-Diktatur, der als erster die Lügengeschichten von Herta Müller entlarvt hat), der es mir erlaubt hat, einige seiner Bücher vorzustellen.

Carl Gibsons Werk ist eine persönliche Empfehlung von mir, weil er – viel früher und unabhängig von mir – fast dieselben Themen recherchiert und bearbeitet hat. Er verwaltet einen Blog für Literatur, Geschichte, Politik und Zeitkritik.

Ein Buch – drei Meinungen?

Wer sind die Banater Schwaben? Oder Donauschwaben? (Kurze Geschichte.)

Rumänien: Die Römer ziehen sich (275 n.Ch.) vom Gebiet Dakiens südlich der Donau zurück. Es folgte eine Zeit von etwa 900 Jahren, in welchen Wandervölker das Gebiet nördlich der Donau heimsuchten... (Aus dieser Zeit fand man keine Unterlagen, oder will man keine gefunden haben...) Dort liegt auch Oltenien, das Ursprungsland von Florescus Vorfahren. Fand er dort ein Reservoir seiner Fiktionen?

1299 – 1923 Die Osmanen bedrohen, erobern und besetzen die Länder Osteuropas, auch die rumänischen Fürstentümer Moldau und Walachei und stehen letztendlichen (1683) vor den Toren Wiens. (1521 wird Belgrad von den Osmanen erobert. 1552 fällt Temeswar für etwa 150 Jahre unter Osmanische Herrschaft.)
1618 – 1648 Dreißigjähriger Krieg (Wikipedia bzw. Deutsche Geschichte): Religionskrieg in Mitteleuropa, in welchem sich Gegensätze zwischen der Katholischen Liga und der Protestantischen Union innerhalb des Heiligen Römischen Reiches und der habsburgisch-französische Gegensatz auf europäischer Ebene entluden... Von den Historikern wird der Krieg in mehrere Teile geteilt und einer war der französisch-schwedische Krieg, der auf deutschem Boden stattfand. Im Krieg waren Söldner aus GANZ EUROPA beteiligt, die je nach Kriegslage und Sold die Seiten wechselten: Dass dies speziell Lothringer waren, wurde nicht erwähnt. Bis 1760 fanden noch etliche Kriege statt. Der 30jährige Krieg gehört überhaupt NICHT zur Geschichte der Ansiedlung der Banater Schwaben und erst recht nicht zu der von Triebswetter (das 1772, eine Tatsache, die Florescu genau kennt, also 124 Jahre nach dem Ende des 30jährigen Krieges angesiedelt wurde, und zwar von der österreichisch-ungarischen Monarchie und nicht von „Verbrechern" aus Lothringen).
12.09.1683 Die Osmanen werden aus der Umgebung Wiens vertrieben.
05.08.1716 Prinz Eugen besiegt die Osmanen in der Schlacht von Peterwardein.
13.10.1716 Prinz Eugen befreit Temeswar von der 150-jährigen Osmanischen Herrschaft.

22.08.1717 Belgrad wird von der Osmanischen Herrschaft befreit. Erst jetzt kann die Ansiedlung des Banates beginnen! Und heute kommentiert ein Hohlkopf: „Und doch wurde jemand dafür vertrieben!"
1722 – 1726 Erster Schwabenzug, 1763 – 1772 Zweiter Schwabenzug. (Umgesiedelt sind arme Bauern und Handwerker, die im damaligen Banat verödete oder versumpfte Weidegebiete vorfanden, die durch Trockenlegung zu geschlossenen Ackerbaulandschaften wurden.)
1781 – 1787 Dritter Schwabenzug: "Die Ersten fanden den Tod, die Zweiten hatten die Not, und die Dritten erst das Brot".

Die österreichische Monarchie organisierte die Umsiedlungsaktionen und versprach den Siedlern steuerliche Erleichterungen. Die Siedler – anfangs wurde nur katholischen Familien die Auswanderung gestattet – kamen aus Süddeutschland (Bayern, Württemberg, Baden, der Pfalz), Luxemburg, Elsass, Lothringen, usw. Alle trafen sich in Ulm ein, um auf den „Ulmer Schachteln" die Reise auf der Donau bis nach Wien zu bewältigen. Von Wien bis ins Banat waren es noch 400 km, die teils auf der Donau, teils auf dem Lande zurückgelegt wurden. Diesem Umstand ist es wohl zu verdanken, dass sie „Donauschwaben" oder „Banater Schwaben" genannt wurden. (Und keiner von ihnen wollte sich mit fremden Federn schmücken! Und kein Siedler hatte in Wien andere ermordet, um dessen Platz einzunehmen!) Manche verunglückten auf der Donau, manche wurden von den dortigen Einheimischen überfallen, ausgeraubt und auch ermordet. Krankheiten und Überschwemmungen im Ankunftsgebiet waren nicht selten und haben so manche Siedler dahingerafft. Es gelang jedoch blühende Dörfer, Felder und Gärten zu gestalten. Das Banat war unter österreichisch-ungarischer Herrschaft, gehörte genau zu Südungarn. Das Banat wurde oft auch die „Kornkammer" Europas genannt. Obwohl die Landessprache einige Mal wechselte, blieb die deutsche Sprache – oder das, was aus der Verschmelzung der ganzen vorhandenen Dialekte, darunter auch Französisch – als „Banatschwäbisch" entstanden ist. Die „Idylle" wurde vom Ersten Weltkrieg gestört, das Banat gehörte letzten Endes zu den Verlierern und wurde in drei (ungleiche) Teile geteilt, der größte Teil fiel 1920 zusammen mit Transsylvanien an Rumänien. Ein rumänischer Journalist, Dan Adrian Cărămidariu, schreibt, dass damals „die Tragödie des Banates" („Tragedia Banatului") begann.

Und 90 Jahre danach – die Kummerkammer Europas – gibt es nur noch vereinzelt Rumäniendeutsche im Banat und Siebenbürgen.

(Was schreibt Alexander Graf in seinem Buch „Auf der Suche nach unseren Wurzeln". Zitat Seite 5: „Dass wir *fast* alle Nachkommen tüchtiger, fleißiger Bauern und Handwerker sind, die eine beispiellose Lebensleistung erbracht haben, ohne die es keine menschenwürdige Zukunft für uns und unsere Kinder und Enkelkinder gegeben hätte... In der sozialistischen Ära hat man versucht die Leistungen unserer Vorfahren klein zu reden, **einige Schriftsteller haben sich nicht gescheut das Menschenbild der Schwaben verzerrt, JA FALSCH darzustellen**." Aber es gibt auch Ausnahmen, so in dem Buch 'Ghidul Banatului' von Dr. Emil Grădinariu und Ion Stoia-Udrea: „Die Schwaben sind ein fleißiges Volk und haben mit ökonomischem Sachverstand in kurzer Zeit eine ausgezeichnete materielle Basis geschaffen... Sie sind bewundernswerte Landwirte... mit gut ausgestatteten, ordentlichen Bauernhöfen." Davon finde ich bei Herta Müller und C.D. Florescu NICHTS! Warum? Weil BEIDE „geistig" noch NIE dort waren! Und warum *fast* alle? Weil einige ihre Herkunft vergessen haben – sie vielleicht gar nicht kannten oder kennen – und heute ihre „freie Meinung" äußern dürfen, auch wenn die Sitten und Bräuche total falsch dargestellt werden!)

Mit dem Lebensstandard ging es abwärts aber mit der Unzufriedenheit mit den neuen Machthabern aufwärts, so dass Hitler nach seiner Machtübernahme ein leichtes Spiel hatte. Rumänien ging sogar einen Pakt mit Hitlerdeutschland ein und marschierte Seite an Seite mit Deutschland in die Sowjetunion ein. (Ob sich alle freiwillig ins deutsche Heer einreihten, sei mal dahingestellt. Bei dem Übergang aus der rumänischen in die deutsche Kaserne wurden die „Freiwilligen" mit aufgepflanzten Gewehren „begleitet". Wer nicht mitmachte, dem wurden die Fensterscheiben zertrümmert und auch Schlimmeres angetan. Mussten in Deutschland nicht auch alle „freiwillig" mit marschieren?) Nach dem Fiasko von Stalingrad, wechselten die Rumänen die Fronten und die Deutschen aus Rumänien wurden ALLE zu Nazis gestempelt und mussten vor der Roten Armee flüchten.

Nach dem Krieg begann die Zeit der Enteignungen und Deportationen (Russland für Banater Schwaben und Siebenbürger Sachsen - dass jeder, der es nur konnte, sich davor gedrückt hat, müsste jedem Leser einleuchten - und Bărăgan für Banater Schwaben, die dort der einheimischen rumänischen Bevölkerung – falls vorhanden – als Verbrecher vorgestellt wurden). In die leergeräumten Häuser zogen die rumänischen Nationalkommunisten der ersten Stunde ein. Gleichzeitig hatte man „Angst", dass Revanchisten aus dem Ausland kommen, um die „angeblichen" Errungenschaften und den Aufbau des Kommunismus zu stören, so dass man sich mit gut bewachten Grenzen und gut ausgebildeten und bewaffneten Grenzern, sowie mit einem Geheimdienst, der mit der Gestapo konkurrieren konnte, schützen musste. Es kam kein einziger Eindringling, es wurden nur Menschen, die aus dem „glücklichen" Kommunismus fliehen wollten, entweder gleich erschossen oder jahrelang eingesperrt. Durch die Kollektivierung verloren die deutschen Bauern (Rumänen zwar auch, aber die hatten nicht so große Verluste, gerade im Banat nicht, wo es auch keine rumänischen Großgrundbesitzer gab) fast alles was sie hatten. Mit der Landwirtschaft und Industrie ging es immer mehr bergab. Reisefreiheit und Meinungsfreiheit waren für alle Fremdwörter, nur für einige von der kommunistischen Partei (RKP) Privilegierte nicht. Das Spitzelwesen funktionierte hervorragend, auch heute noch. **Wenn die ehemalige DDR ein Unrechtsstaat war, was war dann Rumänien?**

Fast alle Rumäniendeutschen verspürten den Drang nach Freiheit, der aber vom Regime, welches verhindern wollte, dass der Kommunismus im Ausland „Schaden" nimmt, unterdrückt wurde. Ja auch für unsere 68er und jene, die deren Geist weiterpflegen, muss es eine Blamage ihrer stumpfen Ideen gewesen sein. Allerdings wollten nicht alle das Land verlassen, denn einige (wenige) hatten sich mit dem Regime „arrangiert" (und wurden zu Privilegierten). Irgendwann begann eine Ausreisewelle, viele „schmierten" mit Devisen gewisse Stellen der Securitate, um schneller an die Ausreisepapiere zu gelangen. Gleichzeitig hat der Deutsche Staat für die Ausreisewilligen (70er- und 80er-Jahre) bezahlt, was 2015 in den TV Beiträgen „Teurer Freikauf" und „Deutsche gegen Devisen" dargestellt wurde. Ganz sicher sind auch einige Spitzel „eingekauft" worden. Ja unter Banater Schwaben und Siebenbürger Sachsen waren auch welche dabei, die heute mehr Freiheiten genießen, als die Rumäniendeutschen seinerzeit unter Hammer und Sichel und sie dürfen auch ihre freie Meinung äußern (die ehemaligen Privilegierten). Und ganz besonders Privilegierte durften sogar mit PKW, Dachgepäckträger und Anhänger und das noch ohne Kontrolle, „obwohl man den anderen den Wagen beinahe auseinander nahm" auch noch ERNEUT „flüchten". (Man wollte nach Italien, dann doch 1982 nach Deutschland – da lief aber gerade die Freikaufaktion – und landete dann in der Schweiz!)

Nun wird in der neuen deutschen Literatur, die mit den ehemaligen Machthabern recht enge Kontakte hatten, versucht das Ansehen der Banater Schwaben – und sogar deren Vorfahren vor 250-300 Jahren – zu beschmutzen. Wie sagte doch Alexander Graf : „… die Leistungen unserer Vorfahren klein zu reden, einige Schriftsteller haben sich nicht gescheut das Menschenbild der Schwaben verzerrt, JA FALSCH darzustellen." Das war nicht nur damals so, das ist auch heute noch so und zwar unter dem „Schutz und Schirm" der Künstlerfreiheit. Und sie fanden sogar einen Fanclub, der am „Straßenrand" steht, jubelt und Preise vergibt! Trotz Volksverhetzung! Die gedemütigten und diskriminierten Banater Schwaben haben kein Recht, ihre Meinung in den Medien zu äußern. Moderne Pressefreiheit für Privilegierte! Oder menschenunwürdige, leserverachtende Volksverdummung?

Betr.: „Jacob beschließt zu lieben" von C.D. Florescu

In Herta Müllers „Niederungen" – woran sich auch Florescu orientiert hat, denn sie beackern beide dasselbe Thema – wird die Lebensweise der Banater Schwaben an einem wohl einzigartigen Beispiel im Banat derart übertrieben, dass eigentlich alle Deutschen Ämter, Verbände und Institutionen auf die Banater Schwaben – bei ihrem Freikauf (1982+/-10 Jahre) und ihrer Umsiedlung - als „gefährliche Übeltäter" hätten aufmerksam werden müssen. Die Inzucht hat Florescu vergessen, dafür gibt es bei ihm keine „übertriebene" Sauberkeit mehr, denn bei ihm haben sich die Protagonisten überhaupt nicht mehr gewaschen: „Sie fanden den eben so übel riechenden anderen, mit dreckverkrusteten Füßen, nach Kot und Urin stinkend unter der – in banatdeutschen Haushalten nicht vorhandenen – Strohdecken".

Er setzte aber noch einiges drauf, gerade was die Vorfahren aus Lothringen betrifft: Frontenwechsler, Mörder, Brandstifter, Geiselnehmer, Vergewaltiger, Zigeunerjäger, Zigeunerhenker, usw. Und diese „Verbrecher" sollen den Banater Ort Triebswetter gegründet haben?!... Da müsste jedem ein „Licht aufgehen", falls er überhaupt einen „Schalter" hat!

Wer könnte schon ein Interesse daran gehabt haben, die Banater Schwaben zu verleumden? Mitten in der „Freikaufaktion" 1982? Dem Jahr in welchem Florescu mehrfach mit eigenem PKW samt Dachgepäckträger und Anhänger flüchten konnte, der dann für die Beschreibung dieser Flucht, für das Referieren (in der Werbung zum Erstlingsroman) der Heldentaten Ceauşescus und dem Mitmarschieren am Nationalfeiertag der Nationalkommunisten in der ersten Reihe, dem Lobgesang auf Kommunisten und deren Einrichtungen, 2001 ebenfalls Preise bekommt? Wurden manche Preise nach dem rumänischen kommunistischen „Beziehungs-Prinzip" vergeben? Was in der Werbung stand, steht aber gar nicht im Erstlingsroman drin. Und seither werden die Leser bei allen Kommentaren, Berichten und Klappentexten belogen. Die Desinformationspolitik in den Medien (FAZ, NZZ, alle waren sie dabei) hat aber schon 1982 mit Herta Müllers „Niederungen" begonnen, wie in den menschenunwürdigen Regimes der Länder Osteuropas.) Was mussten sich die Ausreisewilligen in Rumänien für Vorwürfe und Erniedrigungen von der RKP (Rumänischen Kommunistischen Partei) und deren Handlanger – der Securitate – alles anhören: Überläufer, Verräter, Verbrecher usw., genau so wie in Florescus Roman die Triebswetterer und ihre Vorfahren beschrieben werden.

Das herausragende Beispiel von verlogener und volksverdummender Presseberichterstattung war im Sommer 2015 im Schwarzwälder Bote (SchwaBo) zu lesen: „Texte voll Sinnlichkeit" und das Lesen bereite ein „Erkenntnisse förderndes Vergnügen." Ja, das stimmt schon und zwar für Rassisten, die sich über die Verleumdung und Erniedrigung anderer lustig machen und freuen können! Wie „sinnlich" und „Erkenntnisse fördernd" schreibt hier ein „privilegierter" Rumäne mit altkommunistischen Wurzeln über Banater Schwaben: „Animalische Kopulation, Gestank nach Kot, Urin und dreckverkrusteten Füßen, fanden sie schnell den genau so übel riechenden anderen unter der Strohdecke, Geburten auf dem Mist, ständig besoffenen Burghütern und Feldwächtern." Ganz übel wird den Obertins mit ihren lothringischen Vorfahren mitgespielt: „Frontenwechsler, Verräter, Zigeunerjäger, Zigeunerhenker, Mörder, Brandstifter, Vergewaltiger, Geiselnehmer, usw." Zweimal werden den Triebswetterer Banater Schwaben und den Obertins Verbrecher untergejubelt (und keiner merkt wohl etwas): Einmal nimmt der Mörder und Geiselnehmer nach dem 30jährigen Krieg den Namen Obertin an und ein zweites Mal der Jakob „ohne Name" – der Zigeuner, der über die Karpaten aus dem Osten kam – Elsa heiratete und den Namen Obertin annahm, den Sohn an die Russen verriet und Katica ermorden ließ. Im Banat wurde nach einer Trauung, Vermählung (damals aus dem Familiensippenbuch der Triebswetterer: Kopulation) grundsätzlich immer der Name des Mannes angenommen. Und die Banater Schwaben hatten nie so gute Beziehungen zu den Zigeunern, dass je eine banatschwäbische Frau einen Zigeuner geheiratet und dass es auch Zigeuner als Halbbrüder gegeben hätte. **Und das ALLES wird in den Medien, in Lehrerfortbildungsanstalten und in Schulen vorgelesen (weil es wohl so anspruchsvoll ist) und verbreitet: „DAS waren die Banater Schwaben, die Überläufer, Verräter und Verbrecher, die dem Kommunismus den Rücken gekehrt haben!"** (Ausgenommen die Privilegierten!)

Der Roman: „Jacob beschließt zu lieben" von Cătălin Dorian Florescu: Das ist kein Geschichtsroman der Banater Schwaben, das ist kein Familienepos der Triebswetterer Familie Obertin, das ist eine Kriminalisierung unserer Ahnen und Vorfahren aus Lothringen, das ist eine Identitätsverfälschung[10] der Banater Schwaben, das ist eine Schmähschrift gegen die Triebswetterer im Besonderen und Banater Schwaben im Allgemeinen!

Der reale Name Triebswetter und alle real existierenden Triebswetterer Familiennamen, die zusammen mit ihren Kurzgeschichten, die negativ aufpoliert aus dem Familiensippenbuch übernommen wurden, dürfen kein Thema für einen Roman, der zwischen Wirklichkeit und Fiktion keinen Unterschied macht, sein.

Jakob (mit k, die deutsche Schreibweise) ist der Böse und Üble und Jacob (mit c, die rumänische Schreibweise) ist der Liebe und Gute, sagt in meinen Augen alles aus. Der Autor spielt mit Identitäten, die er mit „einem" Buchstaben verändern kann (siehe Thüringer Allgemeine). Das ist trotz literarisch vollkommen gestalteter schriftstellerischer Meisterleistung NATIONALISMUS und RASSISMUS!

---

[10] Identitätsverfälschung ist Volksverhetzung

Ihre Väter haben unsere Eltern um ihr Vermögen und ihre Freiheit beraubt und die Söhne berauben uns jetzt unserer Identität. Und die Privilegierten merken nichts? Oder wollen sie nichts merken?

Das ist eine Beleidigung, Erniedrigung und Diskriminierung sowie Verhöhnung und Verspottung der OPFER der rumänischen kommunistischen DIKTATUR!

Dies gilt auch für alle, die diesen Roman in grenzenlosen Kommentaren loben und für alle die, die angeblich viel für das Gelingen des Romans beigetragen haben, bei welchen sich der Autor bedankt: „Der Autor dankt dem Land Schleswig-Holstein und den Städten Erfurt und Baden-Baden sowie dem Literarischen Colloquium Berlin und der Bosch-Stiftung für die Unterstützung dieses Romans". Irgendwie lauter Privilegierte?...

Betr.: „Niederungen" von Herta Müller

Die Banater Bauern - so Herta Müller – die arbeiteten solange es hell war, kehrten oft spät am Abend nach Hause zurück und „dachten und sprachen nur über ihre Arbeit" in Nitzkydorf (warum redeten sie mit der gelehrten und hochbegabten Herta Müller nicht über ihre schmutzigen Gedanken?) Auch „die Kühe dachten nur ans Fressen." Ja woran sollten die denn denken? An Schnaps brennen, Polka tanzen? (Zitat aus Facebook.)

Hier ein Zitat aus einer Studienarbeit von N.M.Schulz über Herta Müllers Niederungen: „Die einzelnen Erzählungen weisen keine Handlung im herkömmlichen Sinne auf. Erzählt wird meist aus der **Perspektive einer Außenseiterin**... Die... Einblicke in den Alltag... konfrontieren mit oft als überkommen empfundenen Bräuchen, Ritualen und Traditionen."

In anderen wieder wird die Lebensweise der Banater Schwaben an einem wohl einzigartigen Beispiel im Banat derart übertrieben, dass eigentlich alle Deutschen Ämter, Verbände und Institutionen auf die Banater Schwaben – bei ihrem Freikauf (1982+/-10 Jahre) und ihrer Umsiedlung – als „gefährliche Übeltäter" hätten aufmerksam werden müssen: Das Jugendamt wegen Einprügeln auf Kinder, Frauenorganisationen wegen Diskriminierung und Erniedrigung der Frauen, Tierschutzorganisationen wegen Tierquälerei (z.B. den Hund mit dem Fuß getreten, bis er verendete, dem Kalb das Bein gebrochen, damit es notgeschlachtet werden konnte), der Drogenfahndung (weil „vermummte" Großmütter Mohnkuchen backten und auserwählte Banater Krähenmist als Drogen nutzten), die Polizei wegen gewalttätiger und besoffener Männer und Korruption. Die 68er dürfte es wohl auf den Plan gerufen haben, wegen der „Aufarbeitung der Nazivergangenheit". Die Nazis haben in Rumänien ihren Senf – siehe Enteignungen, Deportationen, Kollektivierung, Bespitzelung, usw. – abbekommen! Alles wird noch von Inzucht, Fremdgehen und übertriebener Sauberkeit und Sparsamkeit (was man auch den Schwaben, die Pfälzer schon als Ausländer ansehen, nachsagt) abgerundet.

Dass dies eine Fiktion Herta Müllers ist, belegt folgende Tatsache. Nachdem sich alle gewaschen hatten und die Dreckröllchen im verbrauchten Wasser flossen, „wurde es in den Abfluss geleert und es rann um die Mitte kreisend den Abfluss hinab." In jener Zeit gab es aber in den Banater Dörfern noch keine Wasserleitung oder Kanalisation, also gab es auch keinen Abfluss! Vom „deutschen Frosch" und von den Vorfahren aus dem „tiefen dunklen Schwarzwald" wird auch berichtet.

In den rumänischen Schulen der Nachkriegszeit hatte man keine ehemaligen Nazis als Lehrer und die Lerndisziplin war aber genau so exemplarisch, wie die unter Hitler, weil die kommunistische Doktrin nicht anders vermittelt werden konnte. Aus der Nachkriegsgeneration sind also keine Nazis hervorgegangen und es hat keinen Generationenkonflikt im Sinne der von dem KGB unterwanderten 68ern gegeben. Die 68er haben auch für das Recht den „Wissenschaftlichen Sozialismus" zu studieren demonstriert und die Banater Nachkriegsgeneration, Deutsche, Rumänen, Serben, Türken, Ungarn, und andere haben friedlich nebeneinander gelebt, studiert, und egal welche Fachrichtung sie studierten, der verhasste „Wissenschaftliche Sozialismus" war Hauptfach. Es ist also ÜBELSTE VERLEUMDUNG, was diese durch Herta Müllers „Prosa" und Anschuldigungen erfahren mussten. Und die, **die ihr Schundwerk kritisierten/kritisieren, sind keineswegs Nazis, sondern jene, die gegen Mitstreiter und Anhänger (Herta Müller und C.D. Florescu) der ehemaligen und zunächst letzten Diktatoren der Neuzeit**

eintreten. Der Spruch, dass die Kritiker Nazis wären, könnte von einem „bauernschlauen" Securitate-Offizier stammen, den Herta Müller einfach übernommen hat, um sich der Kritik ihrer Landsleute zu erwehren.

Wer könnte schon ein Interesse daran gehabt haben, die Banater Schwaben zu verleumden?   Mitten in der „Freikaufaktion" 1982? Dem Jahr in welchem der ANDERE mehrfach mit eigenem PKW samt Anhänger flüchten konnte? Wurden manche Preise nach dem rumänischen kommunistischen „Beziehungs-Prinzip" vergeben?

Die Um- und Aussiedlung hat sehr gut geklappt, die Rumäniendeutschen wurden gut aufgenommen (manchmal auch nicht) und integriert, da es ja kaum Sprachbarrieren gab. Und fleißig waren ja auch alle und sogar an schwerer Arbeit, die von den 68ern verpönt wird, gewöhnt. Dem musste ein Riegel vorgeschoben werden. Wer konnte schon ein Interesse haben, diesen Vorgang zu stören? Mitten drin erscheint nun „die Prosa" von Herta Müller, die jeden, der ihre „dreckige Prosa" kritisiert, als Nazi beschimpft. Wer war wohl der Drahtzieher eines solchen Werkes und wer hat sich so sehr gefreut, dass er ihm sogar einen Preis (1983) vergeben hat? Jawohl! „Die Securitate ist immer noch im Dienst!" Auch 30 Jahre später. Und die Deutsche Öffentlichkeit, an der Spitze mit den freien (oder vielleicht auch „gekauften" und/oder „linientreuen") Medien, kapiert Null Komma Nichts geteilt durch vierzehn!

Der Hass in ihrem Schmutzwerk. Herta Müller hasst alles: die Mutter, die Tante, den Vater, die Großmutter, die Nachbarn und alle Banater Schwaben, nur den Großvater mit seinem Hammer und den Nägeln in der Tasche nicht. Der meint ja auch: „Hier gibt es welche, und zwar viele, die vernagelt sind!"

Und für dieses Prosawerk bekam Herta Müller 1983 einen Preis vom Zentralkomitee der Kommunistischen Jugend Rumäniens (wo der Sohn von Ceauşescu Vorstand war). Dem nicht genug, 1984 wurde das Werk auch in Deutschland gedruckt, und sie bekam drei Preise dafür, aber hier fehlten ganze vier Kapitel. Herta Müller behauptete jedoch, dass ihr Werk in Rumänien gekürzt/zensiert und dass sie verfolgt wurde. Sie durfte etwa 3-4 Mal nach Deutschland (was kein anderer Rumäniendeutscher durfte, weil er hier geblieben wäre), um ihr Hasswerk vorzustellen. Eine Bürgerrechtlerin und Verfolgte hätte damals in Rumänien (oder in der ehemaligen DDR) NIE einen Preis für ein Prosawerk bekommen, das Werk wäre überhaupt nicht gedruckt worden. Wer war verfolgt? Wo wurde zensiert? FAZ und NZZ bejubelten schon damals diese „Niederungen". (Im Auftrag der RKP und Securitate? **Die Desinformationspolitik in den Medien hat schon damals begonnen, wie in den menschenunwürdigen Regimes der Länder Osteuropas**.) Was mussten sich die Ausreisewilligen für Vorwürfe und Erniedrigungen von der RKP (Rumänischen Kommunistischen Partei) und deren Handlanger – der Securitate – alles anhören: Überläufer, Verräter, Verbrecher, u.a.

Von verlogenen und volksverdummenden Berichterstattungen, will ich eine herausgreifen. Es stand in der BamS (Bild am Sonntag, FAZ, NZZ, TAZ, BNN, usw. sind in dieser Hinsicht auch nicht besser) aber war von Peter Hahne verfasst. Zitat: „Beim Streit um die Ehrenbürgerwürde für Herta Müller ist Berlin wieder dabei sich lächerlich zu machen... Bis heute schreibt sie gegen die Schreckensherrschaften kommunistischer Diktaturen an, die sie selbst erlebt hat. Im Kampf um die Rechte der Siebenbürger wurde sie vom rumänischen Ceauşescu-Regime gedemütigt und eingesperrt." Wie bitte?

Herta Müller war nie eine Bürgerrechtlerin, nie eine Dissidentin, schrieb eher FÜR die kommunistischen Machthaber (oder in deren Auftrag, Ausnahme „Atemschaukel", das war aber 2009, da war sie auch schon längst in Deutschland – seit 1987 – obwohl sie gar nicht ausreisen wollte, es kam sogar zur Trennung von ihrem ersten Mann, in dieser Hinsicht) und vor allem war sie NIE eingesperrt und wurde auch nie von der Securitate verhaftet, wie in dem Bericht in der Zeit-Online (2009): „Die Securitate ist immer noch im Dienst". Diesen Bericht sehe ich eher noch als Drohung all jener gegenüber an, die ihre Werke kritisieren. Denn wenn Banater Schwaben das Wort „Securitate" hören/lesen/sehen, dann verstummen und verkriechen sie sich sofort: Und das mehr als 25 Jahre nach dem Fall Ceauşescus. (Was doch eine „richtige Erziehung" alles bewirken kann!)

Zusammenfassend: Was steht auf einem Gedenkstein der Donauschwaben (Donauschwabenufer Ulm)?

„…Und so verstreuten sich die Donauschwaben über die ganze Welt und wurden überall geachtete Bürger…" … nur bei Herta Müller (in „Niederungen") und Cătălin Dorian Florescu (in „Jacob beschließt zu lieben") NICHT! (… Und das ist keine Fiktion, aber mit der Künstlerfreiheit kann man diese Menschen verleumden und diskriminieren, bei Florescu sogar zusammen mit ihren Vorfahren „mit Blut an den Händen" und als „Selbstmörder, Geiselnehmer, Vergewaltiger" kriminalisieren.)

Ich finde diesen Roman, oder diese Prosa daher „TOLL", und zwar als ein die BANATER SCHWABEN DISKRIMINIERENDEN Schundroman! **Das ist Verhöhnung und Verspottung der Opfer der menschenunwürdigen Regimes durch Privilegierte. Und so einem Schundwerk muss man Preise vergeben! Gratulation!**

Das Menschenbild und die Identität, die Lebensweise, die Sitten und Bräuche der Banater Schwaben verzerrt und falsch darzustellen, sehe ich nicht als Fiktion und Künstlerfreiheit, sondern als Volksverhetzung an!

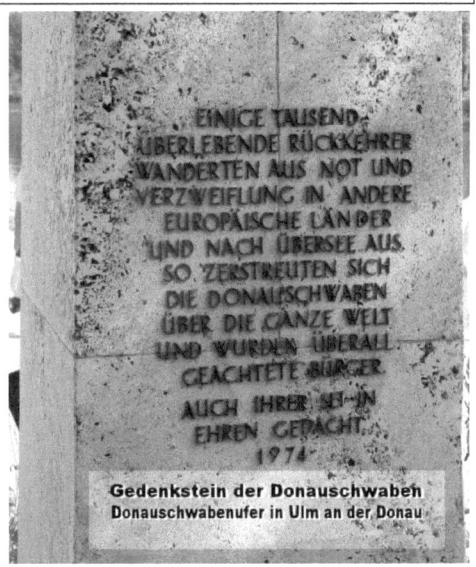

Gedenkstein der Donauschwaben
Donauschwabenufer in Ulm an der Donau

Briefe bzw. E-Mails an Bundesministerien und an die Schweizer Botschaft in Berlin und an die deutsche Botschaft in Bern

Rastatt, den 10.09.2012

<u>betr.</u>: Roman „Jacob beschließt zu lieben"
des in der Schweiz lebenden Rumänen Cătălin Dorian Florescu

Der Roman muss als das Diskriminierungswerk eines rumänischen Nationalisten gegenüber einer ehemaligen deutschen Minderheit im rumänischen Banat angesehen werden, wobei Geschichts-, Identitätsverfälschung, Kriminalisierung und Verwendung von Namen real existierender Personen und Orte vorgehalten werden. Es ist eine Beleidigung der Opfer der rumänischen kommunistischen Diktatur durch den Autor, der eigentlich einen zweifelhaften Lebenslauf, der aus unserer Sicht gelogen war, angibt. Dieselben Vorwürfe gehen an den C.H. Beck-Verlag, München, der das Diskriminierungswerk trotz unseres Protestes im Vorfeld der Erstausgabe, verbreitet hat.

Sehr geehrte Bundesminister|nnen,
Sehr geehrter Schweizer/Deutscher Botschafter,

es ist vielleicht außergewöhnlich, dass ich Sie wegen des Inhaltes eines Romans anschreibe. Jeder weiß doch, dass bei uns Künstlerfreiheit und Pressefreiheit herrscht, einen Umstand den es in den ehemaligen kommunistischen Diktaturen nicht gab. Sie werden aber nach der Lektüre meines Schreibens anderer Meinung sein! Was geht vor, Künstlerfreiheit oder die Identität und Würde von Menschen, die als verdreckt, besoffen und kriminell beschrieben werden?

Zuerst aber etwas über mich. Ich wurde 1947 in Triebswetter, im Banat geboren, besuchte dort die Volksschule, nachher in Temeswar ein deutschsprachiges Gymnasium (damals das Lyzeum Nr. 10) und studierte (1965-1970) Mathematik und Physik an der dortigen Universität. Im Lyzeum gab es Rumänen, Ungarn, Serben und Deutsche, die alle unter einem Dach lernten, jeder aber in seiner eigenen Muttersprache. Die Verständigung wurde in rumänischer Sprache erledigt. Und es gab keinerlei nationalistische Probleme. Ich war Mitglied in der Schulhandballmannschaft, in welcher ebenfalls Rumänen, Ungarn, Serben und Deutsche zusammen spielten, ja wir konnten sogar das ganze Land bereisen. Wir hatten aber alle einen gemeinsamen Feind: Den Kommunismus. Es wagte aber keiner etwas zu unternehmen, denn alle wussten, dass einer Wache hält: Die Securitate (der rumänische Geheimdienst). 1975 kam ich im Zuge der bekannten Umsiedlungsmaßnahmen nach Deutschland, war Realschullehrer und bin jetzt bereits Pensionär, so dass ich genügend Zeit hatte, den Warnungen und Bemerkungen meiner Landsleute i.B. auf den oben genannten Roman nachzugehen. Ich habe also 18 Monate lang (natürlich nicht täglich und ständig) recherchiert und alles, was ich gefunden habe, kann ich genau belegen: Zitate aus dem Roman, Zitate aus dem Familienbuch, Zitate von Presseberichten, Zitate von Radio oder Fernsehsendungen, Zitate von Kommentatoren zum Roman, die ALLE, wie ich feststellen muss, ein FALSCHES Bild der Triebswetterer und Banater Schwaben beinhalten. Wenn Sie genaue Quellen haben wollen, so müssten Sie nachfragen, denn ich werde jetzt nicht alle nennen, denn das würde den Rahmen dieses Schreibens sprengen.

Und jetzt etwas über „uns". Die mit „wir" bezeichneten Personen sind alle aus Triebswetter und sie haben auch alle studiert. Das sind vor allem 6 Deutschlehrer, Ingenieure, Professoren, Direktoren, Pfarrer, usw. Sie alle haben Stück für Stück etwas dazu beigetragen, dass wir so viel über den Autor und Roman wissen und alle sind empört darüber, wie unsere verfassungsmäßig zugesicherten Rechte von einem Autor, der angeblich seine „künstlerischen Freiheiten" genießt, mit Füßen getreten werden.

Etwas über den Autor. Cătălin Dorian Florescu wurde 1967 in Temeswar geboren, konnte eine Reisefreiheit, die kaum ein Banater Schwabe oder andere Rumänen hatten, genießen, so dass er mit 9 Jahren zusammen mit seinem Vater nach Italien und Amerika reisen (oder auswandern oder flüchten?) und nach 8 Monaten wieder zurückkehren konnte. Beim C.H.Beck-Verlag hieß es dann weiter: 1983 (also mit 15 Jahren) flüchtete er erneut und lebt seither in der Schweiz, wo er unter anderem Psychologie studierte und seit 2001 Romane schreibt. (Wenn Sie das einem Banater Schwaben vorlesen, antwortet der Ihnen prompt und sicher mit einem einzigen Wort: Securitate. Und das obwohl er noch gar nicht weiß, dass diese

Flucht mit dem eigenen PKW stattfand. Davon zeigte das Schweizer Fernsehen auch Bilder. Die Aussage „flüchtete er erneut" wurde später vom Verlag umgewandelt, so wie auch der Klappentext vom DTV-Verlag umgewandelt wurde.) Er hatte mit seinen ersten Romanen einen recht guten Erfolg, so dass er einige Preise kassierte, eine Tatsache, die wir ihm auch nicht schmälern wollen. Er beschrieb in der Regel seine eigenen Landsleute, die Rumänen, in einem nicht besonders glänzenden Licht, so dass er von diesen nicht unbedingt Lob erhalten hätte. Immerhin, unsere Literaturgurus fanden das gut, äußerst glaubwürdig (auch wenn er vom wahren erfundenen Leben der Zaira schrieb) und preisverdächtig, so dass er (hauptsächlich auf dem Gebiete der ehemaligen DDR) mehrere Stellen als Stadtschreiber bekommen hatte. Von hier hat er dann auch viele positiven Kommentare zu seinen Romanen bekommen, hier durfte er auch „unseren Roman" schreiben und das Manuskript im Büro des Chefs unterbringen/aufbewahren.

In seinem autobiografischen Erstroman „Wunderzeit", der ebenfalls als sehr glaubwürdig gilt, schreibt er, dass seine Reisen ins Ausland deswegen so leicht zu Stande kamen, weil sein Vater gute Beziehungen und täglich der Miliz Bericht zu erstatten hatte. Wenn ein Banater Schwabe das liest, dann zuckt der wieder zusammen, weil alles was bei der Miliz landete, war „Eigentum" der Securitate. Weiter beschreibt er noch, wie er die „Heldentaten Ceauşescus" vor der Klasse referierte und beim Nationalfeiertag in der „ersten Reihe" mit marschierte. Ich glaube allerdings, dass das ein Zeichen für alle jene (Schläfer) war, die heute noch die ehemaligen kommunistischen Diktatoren ehren, sein sollte. Der Nationalfeiertag war der 23. August. So ist es nicht verwunderlich, dass der Autor gerade am 23. August 2012 einen Bericht in der Zeit-Online über Ceauşescus Leiche schreibt, in welchem er behauptet: „Ceauşescu, der zu meiner Kindheit gehört hatte wie Mutter und Vater". Er beschreibt im letzten Roman - „Jacob beschließt zu lieben" - den unsere Literaturgurus als „großen Roman" bezeichnen, dass die Ahnen der Triebswetterer, ihre alte Heimat bei der Ansiedlung des Dorfes „machthungrig und mit Blut den Händen" verlassen haben, dass die Triebswetterer „Selbstmörder und Pechvögel" sind und dass wir „reaktionäre traditionalistische Kreise" (Schweizer Radio DRS2) sind, weil wir seinen Roman kritisieren. Das Wort „Reaktionäre" stammt aus dem kommunistischen Wortschatz, direkt aus dem Munde Ceauşescus, den man des öfteren einen rumänischen Nationalkommunisten nennt. (Ich muss hier allerdings hinzufügen, dass ich im Internet eine Menge Hinweise gefunden habe, dass aus diesen sich in der Regel strenge Nationalisten entwickelt haben. Zu Deutsch sagt man Nazi dazu, und das behaupten wir von Florescu i.B. auf seinen letzten Roman auch so.) Betrachtet man das, was ich bisher geschrieben habe, so müsste man zu demselben Schluss kommen. Ein Beatles-Fan bleibt ein Beatles-Fan, ein Elvis-Fan bleibt ein Elvis-Fan, ein Madonna-Fan bleibt ein Madonna-Fan ein Kommunist bleibt ein Kommunist. Und so muss man nun den letzten Roman sehen: „Wie sieht ein Kommunist Triebswetter und die Banater Schwaben?" Und wie sehen das alle, die positive Kommentare zu dem Roman abgeben? Und wer sind diese Leute? Viele, die den Kommunisten, der Securitate und der Stasi noch Nahe stehen; und noch **ein paar andere, die von der positiven Werbung, die total falsch und einseitig ist, abhängen. Unsere Kommentare werden hingegen gelöscht, gestrichen oder nicht veröffentlicht. Wir werden „wie Luft" behandelt. Das nenn ich Meinungsbildung durch Meinungsdiktatur** und eine Meinungsfreiheit sowie Pressefreiheit haben wir schon lange nicht mehr. Ich bin heute genau dort wo ich vor 40 Jahren bei Ceaușescu war. Und der Clou: Meine Landsleute haben Angst, dass diese Typen, die das Ohr überall daran haben, **heute immer noch hier herumlaufen und kaum einer wagt es, etwas zu sagen/zu schreiben.** Die Banater Landsmannschaft brauchen sie nicht zu fragen, die stehen noch immer unter Kontrolle der Securitate und der C.H.Beck-Verlag kennt nur Gewinn, Gewinn, koste es was es wolle. **Die Meinung – besser gesagt die Wahrheit zum Roman „Jacob beschließt zu lieben", muss aber vertuscht werden, nötigenfalls versucht man die Kritiker mit allerhand Drohungen mundtot zu machen.**

(Zwei Fälle fürs Innenministerium: Eine rumänische Bande betreibt in der Bundesrepublik mehrere Flatrate-Bordelle, zwingt rumänische junge Mädchen zur Prostitution und droht ihnen, dass ihren Angehörigen in Rumänien etwas passieren würde, wenn sie sich weigern. Die Typen wurden erwischt, aber ihre Arbeit trägt die Handschrift der Securitate, zumindest hatten sie dort einen „Lehrmeister" (eigene Meinung). Laut BAMS wurde eine junge Rumänin, die auch mit der Prostitution verstrickt war und aussteigen wollte, ermordet. Verdächtig ist der Liebhaber aber ich glaube das nicht, hier hat jemand anderer zugeschlagen, wie es der Liebhaber angibt.)

Die bisherigen Romane waren alle glaubwürdig, nun kommt aber der „große Roman", der aber plötzlich eine Fiktion – so der Autor bei mehreren Interviews – sein soll. Wieso kommen dann in diesem Roman die originalen Namen „Triebswetter", „Banater Schwaben" und eine Menge Namen aus dem Triebswetterer Familienbuch drin vor? (Fast alle Banater Ortschaften, in welchen Deutsche lebten, haben sich je ein Familiensippenbuch des Ortes angelegt, haben sozusagen Familienforschung betrieben, um festzustellen, wo ihre Ahnen hergekommen sind. In Rumänien durfte man das nicht und konnte es auch nicht.) **Wieso nehmen dann alle Kommentatoren den Roman für „bare Münze"?** Wieso wissen einige, auch Professoren Doktoren, ob diese Namen jetzt original sind oder nicht? **Woher wissen das Kommentatoren, die NIE – genau so wie der bekennende Rumäne** (der Autor Florescu, sein Geburtsort ist die zweitgrößte Stadt Rumäniens) **– in Triebswetter (**50 km entferntes Banatschwäbisches Dorf) **waren?**

Nun zu Kommentaren und zum Inhalt des Romans! (<u>Zitate sind immer in Anführungszeichen.</u>)
(Ich würde sagen fauler Inhalt in hervorragender glänzender Verpackung!)

Alle Kommentare, die ich auf verschiedenen Portalen, sowie die der Medien, gelesen/gehört habe, heben das Familienepos der Obertins, das eng mit der Geschichte der Banater Schwaben verbunden ist, hervor. Manche jubeln: „Ich habe aus diesem Roman sehr viel von der Geschichte der Banater Schwaben gelernt"; andere geben zu, dass sie **„endlich Mal etwas aus dieser dunklen Ecke Europas erfahren haben, was sie ja schon lange vermuteten"**. Außer Elke Heidenreich hat aber niemand etwas von Liebe im Roman erkennen können. Alle geben durchwegs an, dass der Jakob (mit k, vom Autor immer wieder unterstrichen), der böse, üble Mensch ist, der vergewaltigt, bedroht, den Sohn an die Russen verrät und Jacob (mit c), der liebe und gute Mensch ist, der sich nur bei der Zigeunerin wohlfühlt. **Was aber keiner weiß: Jakob (mit k) ist die deutsche Schreibweise und Jacob (mit c) ist die rumänische Schreibweise.** Den Schluss dürfen Sie selbst ziehen. Der Autor behauptet in einem Interview bei der Thüringer Allgemeinen, dass er mit der Identität spielt, manchmal genügt es <u>nur einen Buchstaben im Namen zu verändern, um „seine Identität"</u> zu verlieren. Da er kein Banater Schwabe wäre, konnte er sich „mehr Freiheiten herausnehmen und Risiken" eingehen. (Es ist also nicht so, dass er nicht wusste, was er schreibt, es war **volle Absicht die Banater Schwaben**, speziell die **Triebswetterer „durch den Dreck"** zu ziehen.) Den Höhepunkt stellt eine Kommentatorin dar: „<u>Der Roman endet mit der Deportation junger rumänischer Männer nach Sibirien</u>". Gemeint ist aber die Bărăgan-Deportation, 1951 etwas Einzigartiges in Rumänien. Und dieser Satz kommt mir jetzt gerade richtig, um die

Desinformationen und Lügen, die um den Roman in den Medien und Bewertungsportalen verbreitet werden, zu

dokumentieren/beweisen. Der Satz ist sogar teilweise richtig. Ich berichtige Mal. <u>Der Roman endet mit der Deportation</u> **der Banater Schwaben, bewacht durch** <u>junge rumänische Männer</u> **mit aufgepflanzten Gewehren** <u>in die Bărăgan-Steppe</u>. Siehe Fotomontage Bild links unten. Diese Fotomontage stammt von der Internetseite eines professionellen Lobliedschreibers. Die Bilder der Montage sind alle von Banatschwäbischen Internetseiten „gekapert" und sollen die Betrachter auch noch in die Irre führen. Das Bild rechts oben soll das ärmliche Leben im Banat und das Bild unten rechts das „schöne, bessere" Leben nach der Deportation symbolisieren. Beide Bilder – die Frau oben im Bild ist gar nicht von Triebswetter – wurden aber

während der Deportation im Bărăgan gemacht. Für mich kommt hier die Message herüber: **„Nach der Deportation ging es ihnen doch besser"** und **„sie waren ja nur zur falschen Zeit am falschen Ort"**. Dieses Bild stammt vom Deckel eines Buches über die

Bărăgan-Deportation: „Über uns nur der endlos blaue Himmel" und wurde mit einem anderen ähnlichen Text versehen. **Wie viel Hohn und Spott aber dahinter steckt, wissen wohl nur die, die deportiert waren.** Genau so wie auf diesem (zweiten) Bild werden in dem Roman „Jacob beschließt zu lieben" auch die Triebswetter und Banater Schwaben, Opfer der rumänischen kommunistischen Diktatur, verhöhnt und verspottet. Was haben die Professoren Doktoren, die den Roman freigegeben haben und die, die ihn in höchsten Tönen umjubelt haben, gemacht? Wo waren Sie? Im Urlaub? Und sie sind noch nicht zurückgekehrt? Die „falschen" Kommentatoren angemailt und „auf die Fehler" hingewiesen, ist für diese eine „Beleidigung" und für manche unserer „angeblich freien" Medien „unerwünschter, nichtbeantragter" Spam, der NICHT BEACHTET WERDEN MUSS! Das nenn ich VOLLE DISKRIMINIE-RUNG!

Und nun zum Inhalt. (Bitte entschuldigen Sie mich, wenn es jetzt vulgär wird, denn es gibt jetzt Zitate aus dem Roman. Sie werden nach den ersten Sätzen merken, was Erniedrigung und Diskriminierung bedeutet.)

Sie müssen sich vor Augen führen: **Ein Rumäne**, der unter Ceau-şescu außergewöhnliche Vorteile genoss, **beschreibt in seinem Roman eine deutsche Minderheit** aus dem rumänischen Banat (Opfer der rumänischen kommunistischen Diktatur!). Ich will gleichzeitig Bezug zu unserem **Familienbuch (das Treffil-Buch)**, sowie zur (tatsächlichen, NICHT von Florescu erfundenen) **Geschichte** machen.

Geschichte: die Auswanderung im 18. Jhd. aus Süddeutschland, der Pfalz, Luxemburg und Elsass-Lothringen fand in 3 Wellen, die als Schwabenzüge bekannt wurden, statt. Es waren in der Regel arme Handwerker und Bauern, die ihre damalige Heimat verließen. Von Ulm bis Wien wurde die Fahrt ins Banat, damals Ungarisches Gebiet, in den „Ulmer Schachteln" gemacht, daher wurden diese **Auswanderer auch Donauschwaben** genannt. Von Wien bis ins Banat waren es noch etwa 400 km, ein Weg, auf welchem **viele überfallen, ausgeraubt und auch getötet** (von den dortigen Ansässigen) wurden. Die Schwierigkeiten, die im Zielgebiet auftauchten, wurden mit: „Die Ersten fanden den Tod, die Zweiten fanden die Not und die Dritten erst das Brot" beschrieben. Der

30jährige Krieg, der 70-125 Jahre vorher zu Ende ging hat mit dieser Auswanderung/Ansiedlung NICHTS zu tun. Die Auswanderer, auch aus Lothringen, waren keine Söldner, die aus ganz Europa kamen, die, die Fronten je nach Belieben wechselten und bei Ausbleiben des Soldes Bauern überfielen, deren Häuser nieder brannten oder sie umbrachten.

Zigeuner: eine Volksgruppe, die zwar keine Kapitalverbrechen verübte aber immer wieder kleine Gaunereien. Sie zogen oft durchs Land, besuchten keine Schulen, hatten also auch keine Berufsausbildung, waren selten sesshaft und oft nicht polizeilich gemeldet, so dass sie manchmal „**keinen Namen**" hatten. Sie lebten vom Betteln, Einsammeln, Nichtstun, gelegentlich als Tagelöhner und zwangsweise vom Stehlen. Mit Sinti und Roma von heute darf man sie nicht vergleichen.

Familiensippenbuch der Triebswetterer (Das Treffil-Buch). Aus diesem Buch hat Florescu viele Namen und Geschichten, die er bis aufs Unkenntliche negativ (immer erniedrigt) „aufpoliert" (so bei Radio Temeswar) hat, übernommen. Einige Beispiele:
(Die Fußnoten[x] zeigen gleiche Begriffe und Namen aus dem Treffil-Buch und dem Roman an.)
Im Inhaltsverzeichnis auf Seite 580 steht der Name Oberten[1] (abgeleitet von Aubertin, Obertin, von den rumänischen Amtschreibern nach Gehör Oberten geschrieben) 18 Mal drin. Im Roman Florescus kommt es daher zur „Obertin-Dynastie[1], die als „Zivilisationsstifter von Triebswetter" galten (aus einem Werbe-Video für den Roman). So kommt es dann zur 300jährigen Geschichte der Obertins, die eng mit der Geschichte der Banater Schwaben verbunden ist. Was für Zivilisation sollen die „gestiftet" haben?
Und was hält Florescu von diesen Zivilisationsstiftern?

Treffil-Buch, Seite 564: „Die 1te Copulation[2] fand am 27 April 1773[4] stadt und wurde von Eugen Lenor kopuliert Ludwicus Godron[5] mit Anna Odromat[6]..." (Copulation/Kopulation steht also hier für standesamtliche Trauung.) **Im Roman, gleich am Anfang** (Florescu setzt auf die Macht der ersten Sätze, so im Schweizer Radio DRS2): „Die animalische Kopulation[2], wenn sie von Erregung und Verlangen durchflutet waren, war das Einzige, was ihnen ganz allein gehörte und sie entschädigte. Sie und der Schnaps in der Kneipe. Häufig fand der Beischlaf vor Sonnenaufgang statt, nicht, um sich vor Gott zu verstecken, sondern weil sie nur dann nicht müde waren. <u>Betäubt vom Stallgeruch, vom Kot und Urin</u> im Nachttopf, von der abgestandenen Luft, von <u>Mundgeruch</u> und dem <u>Gestank dreckverkrusteter Füße</u> und <u>ungewaschener Körper</u>, zerstochen von Flöhen und Mücken, rutschten sie <u>unter der Strohdecke</u> herüber und fanden schnell den <u>ebenso übel riechenden Körper</u> des anderen."

Da bleibt mir nur zu bemerken. So sieht Florescu die Triebswetterer und Banater Schwaben. Ich kann da nur ergänzen: **Hervorragende Verpackung aber stinkiger Inhalt**. Und es geht noch weiter (er hat überhaupt keine Namen und auch keine Geschichten aus dem Treffil-Buch abgeschrieben, so er bei Interviews und die Aussage von **allwissenden** Kommentatoren auf diversen Portalen).

Treffil-Buch, Seite 392: „Johann Manöwer (französisch Manoeuvre) Der Sohn starb als Lehrerkandidat[3]".

Im Roman: „Der erste Tote hatte nicht lange auf sich warten lassen. Der Knecht[3] Roland Manoeuvre sollte die Glocke kurz vor der Einweihung polieren, verhedderte sich in den Seilen und stürzte kopfüber in die Tiefe... Vielleicht war es der Schnaps[14] gewesen, vielleicht etwas anderes, Unerklärliches. Jedenfalls war dies der Anfang einer langen <u>Serie von Unfällen, Morden und Selbstmorden, die das Dorf heimsuchen sollte. Das alles war Gottes Land.</u>" Und jetzt beginnt auch noch Mystik und Aberglaube, der ganze Roman ist davon durchsetzt, nur war **dieser Aberglaube bei den Banater Schwaben nicht verbreitet**, weil sie zum Großteil alle katholisch waren, das war anfangs bei der Ansiedlung Bedingung. Es geht weiter:

Im Roman: „Die erste Hochzeit in Triebswetter wurde nach dem ersten Toten, dem unglückseligen[3] Knecht Manoeuvre, am 27. April 1773[4] eingeläutet. In der Dorfchronik (?..das Treffil-Buch ist keine Dorfchronik) steht geschrieben, dass sie aus Gründen unerlaubter Kopulation[2] erfolgt sei. Nicht, dass man sich in dieser Gegend der Welt nicht gerne paarte. <u>Die dumpfen, ihrer Lust ausgesetzten Männer drangen häufig und heftig in die Körper ihrer Frauen ein...</u> Also schliefen auch Ludwicus Godron[5] und Anna Odromat[6] miteinander, allerdings übereilt. **Sie waren beide noch keine sechzehn.**"

Fazit: Wilder Sex unter ungewaschenen, dreckigen, stinkigen Deutschen unter Strohdecken (die von den Banater Schwaben NICHT verwendet wurden) und das auch noch unter Minderjährigen.
So etwas gehört NICHT in Schulen und anderen Bildungseinrichtungen!

Wenn man dann noch bedenkt, dass das ein Rumäne über Deutsche aus dem Banat schreibt, dann sollte man sich genau überlegen, ob man dieses Werk mit einer „Lobeshymne" belegt.

Treffil-Buch, Seite 169: „1920 Am 28t. Feber haben 2 Strolche[7] aus Apathfalvar in Bartu Peter[8] seine Schwiegertochter auf der neuen Kleinischen Csarda todtgeschlagen[9]."
Im Roman: „Hatten nicht erst vor wenigen Jahren zwei solcher Männer[7] die Schwiegertochter von Peter Bartu[8] erschlagen und waren erst nach einer tagelangen **Hetzjagd** gefasst worden, bei der **sogar die Gendarmerie**[9] aushelfen musste?..."
Bemerkung: Diese Leute wollten **Selbstjustiz** verüben und die **Gendarmerie** (Polizei) waren **nur** ihre **Gehilfen**[9]. Was für ein unzivilisiertes Volk, „machthungrig und mit Blut an den Händen", so Florescu in einem Interview beim Schweizer Radiosender DRS2.

Treffil-Buch, Seite 445: „Dieser Josef Renon[10], Gogo Joschka[11] benannt, ging wie es damals Ortspflicht geweßen ist, wegen Räubereien, am 5ten Februar 1869 Abend's auf die Gassenwache, bei Mitternacht gewahrte Josef einen Dieb[12]. Josef verfolgte Selben, der Dieb sprach, Joschka bleib zurück, sonst erschieß ich dich! Joschka unerschrocken geht nicht zurück, der Dieb kehrte sich, ein Schuß[13] fiel, Josef im Bauch getroffen von einer Schroodladung viel nieder."
Im Roman: Und schon wieder der Schnaps[14]: „...Waren sie nicht zahm und reuig gewesen und hatten vorgegeben, sich an nichts mehr zu erinnern, und alles dem hochprozentigen Rausch zugeschrieben? Und noch früher, war da nicht der Burghüter Josef Reno[10] oder Gogo Joschka[11], wie sie ihn alle nannten, in einem schlimmen Winter auf Gassenwacht von einem Pferdedieb[12] mit seinem eigenen Gewehr[13] erschossen worden?"
Bemerkung: Der Spitzname (war in Triebswetter sehr verbreitet) sollte aber Coco[11] (oder Koko) und nicht Gogo heißen, weil der von Coqueron (Kokron, Cocron abgeleitet wurde). Treffil hat den Namen

falsch geschrieben und Florescu hat ihn auch „genau so" falsch geschrieben. Reiner Zufall?

Es folgen nun einige **Einträge aus dem Familienbuch** (Treffil-Buch nach dem Manuskript von Peter Treffil), die das „**Übernehmen der Namen und Geschichten**" aus diesem Buch nachweisen sollen, gleichzeitig aber entsprechende **Erniedrigungen** wiedergeben, wie z.B.: Der Richter wird zum besoffenen Burghüter (der wurde in Triebswetter aber Messner genannt), tagsüber schlafende und besoffene Feldwächter und Burghüter, der Apotheker wird zum Trottel, Todbringer am Krankenbett (obwohl es in Triebswetter ausgebildete Ärzte und Hebammen gab) und Feuerwehrmann, der sein Heim samt Gewehr einem gerade eben Dahergelaufenen „zur Verfügung" stellt, unzivilisiertes Essen[19], usw. **Der Dahergelaufene „Jakob ohne Name"[18]" ist eigentlich ein Zigeuner, denn nur Zigeuner hatten in jener Zeit keinen Namen**, weil sie oft polizeilich gar nicht gemeldet waren. Er wird aber (im Roman) durch seine Heirat mit der „Amerikanerin" (der reichsten Frau am Ort) zum Jakob Obertin, (also einem Banater Schwaben) weil er ihren Namen angenommen hat, was eigentlich unter Banater Schwaben so zu sagen NIE passierte, in der Regel nahmen die Verheirateten den Namen des Mannes an. **Und dieser Jakob Obertin oder (heute rumänisch geschrieben) Jacob Oberten ist eine real existierende Person, die heute noch in Triebswetter lebt.**

Treffil-Buch, Seite 169: „1928 Der Blitz[15] ist am 6t. August an 3 Stellen hier im Orte eingeschlagen. Nämlich bei Nro. 284, Nro. 221 und Nro. 663". Seite 225 „Richter Nikolaus Strubert[16] 1855-1938". Seite 544 „Nikolaus M. als Practicant in der Viktor[17] Nepperschen Apotheke".

Im Roman: Ein Gewitter nahte und „inzwischen schlugen weit entfernt Blitze[15] in den Acker" und der Feldwächter,

Auszüge aus dem Treffil-Buch

Mediziner und Hebammen in Triebswetter
Ab 1877 kennen wir die Namen der *Triebswetterer Ärzte:* ...

Oktober 1891–1925/26: Dr. Gustav Öhler (ein Jude, der hier segensreich wirkte; nach 1919 wurde die Bezeichnung „Gemeindearzt" durch „Bezirksarzt" abgelöst); 1923–25: Dr. Oskar Ziegler (als Privatarzt), 1925/26–1927 als Bezirksarzt; 1927: Dr. Nikolaus Reiser (Privatarzt; praktizierte ab 1930 als Internist und Röntgenologe in Temeschburg; 1. April 1927–1944: Dr. Jakob Koch (1898–1946), wirkte als Amtsarzt in Triebswetter; ab 1929/30: Dr. Nikolaus Roth (als Privatarzt); ab 1929: Dr. Nikolaus Schreiber (als Privatarzt, lebt jetzt in der Bundesrepublik).
Nach 1944 wirkten (teilweise) folgende Ärzte in unserer Gemeinde: 1945–53: Dr. Tiberiu Ortopan; 1953–54: Dr. Ecaterina Nakov; 1954–58: Dr. Andrei Barbu; 1958–59: Dr. Emil Popovici; 1959–62: Dr. Petru Arcan; 1960–63: Dr. Aurelia Arcan; 1962–77: Dr. Helmut Hubert; 1977–82: Dr. Käthe Helga Tuschak-Touttenuit; ab 1973: Dr. Helene Wolf-Pierre.

Hebammen: 1778: Katharina Clodon; Katharina Bruk; 1825–70 Susanne Wolf (1794–1878); 1837: Anna Kurtz; Maria Getsch; 1859: Katharina Paul; 1878: Margaretha Feiler; 1900–1930: Elisabetha Schady (als Gemeindehebamme von 1910–1930); 1910–1936: Susanna Balzer (1930–1936 als Gemeindehebamme); 1910–1940: Margaretha Fritz (1936–38 als Gemeindehebamme); ab 1938: Fina Adam (als Gemeindehebamme); ab 1931: Lucretia Danila (als Privathebamme).

Apotheker Viktor Nepper
Alexander Nepper, der in Wien studiert und dort Anna, geb. Skribeck geheiratet hatte, starb 1911. Nach ihm erhielt die Konzession sein Sohn Robert, der sich 1914 erfolgreich um die Konzession in Marienfeld bewarb und den Betrieb seinem jüngeren Bruder, Apotheker Viktor Nepper (1887–1940) überließ. Dieser übersiedelte die Apotheke nach 1914 in das Haus seines Schwiegervaters Anton Jung in der Polengasse.

der gerade Mal wieder „geschlafen" hatte, wurde von „Marian" geweckt „aber der Schnaps hatte seinen Mund trockengelegt. Er nahm wieder einen kräftigen Schluck, und jetzt erklang sein Ruf durch die verlassenen Gassen". Marian lief mit dem Horn zum „Burghüter Strubert[16], der an derselben Leidenschaft wie der Feldwächter litt"... Nachdem das Unwetter vorbei war, hat der Blitz[15] bei der „Amerikanerin" (die Jakob ohne Name, so ganz einfach Mal heiraten wollte) eingeschlagen. Feldwächter und Burghüter waren schon wieder besoffen. Während der Apotheker Neper[17] mit Mantel und Eimer zum Haus der Amerikanerin eilte, um das Feuer zu löschen, „hütete Jakob ohne Name[18], der über die Karpaten hergekommen war" Nepers Haus, Hof und Vieh. Als Belohnung für seine „Dienste" durfte sich Jakob dann um das leibliche Wohl kümmern: Neper fand „Jakob friedlich am Tisch sitzend vor, wie er sich einen Brotlaib an die Brust drückte und ihn mit dem Messer durchschnitt. Er riss ein Stück vom Teig heraus[19] und tunkte es in die Maisbreireste der letzten Nacht[*#]. Damit stopfte er sich den Mund voll[19]. Dann folgten einige dicke Wurstscheiben[19]. Das ist doch alles was man brauch Bruder!" Über den Apotheker Neper[17] erfährt man auch, dass er „früher ans Krankenbett geholt, woraus nicht selten das Totenbett wurde". Von Nepers[17] Vater weiß Florescu, dass er seine Medizin, Flaschen und Pulver in allen Farben aus Wien und Budapest „importiert" hat. „Als leidenschaftlicher Chemiker hatte er alles Mögliche hergestellt und eines Tages sich selbst und den Laden in die Luft[17] gejagt"

Anmerkung [*#]:So etwas **unzivilisiertes**[19], das heute in schmutzigen, unordentlichen Studentenwohngemeinschaften vorzufinden ist, **hat es zu jener Zeit in Banatschwäbischen Haushalten NICHT**[19] gegeben!

Bitte auch den anbei eingefügte Auszug aus dem Treffil-Buch über Ärzte, Hebammen und Apotheker aus Triebswetter zu beachten. Helfen Sie mir bitte, die Frage zu beantworten: Wo hat Florescu recherchiert, was er in vielen Interviews behauptet? Es würde sich niemand aufregen oder es anstößig finden, wenn er die Geschichten wahrheitsgetreu übernommen hätte!

Hier ein paar Bilder von Grabmäler (sowie auch die Damas-Gruft) aus Triebswetterer, die u.a. im Roman vorkommen.

Welche Rolle spielt die Frau (Elsa Obertin, auch die „Amerikanerin" genannt) in dem Roman „Jacob beschließt zu lieben"? Man muss auch hier darauf hinweisen, dass in jener Zeit die Banatschwäbischen Mädchen/Frauen nie Elsa sondern Else genannt wurden. Ein Merkmal dafür, dass er keine Banater Schwaben beschreibt, denn er war NIE in einem Banatschwäbischen Dorf. Er lebte 15 Jahre zwar im Banat aber in einer Großstadt!

Die **Frau hat im Roman** eine mehr oder weniger „**unwürdige**" Rolle, sie wird auch dementsprechend relativ „negativ" dargestellt;– aber es war ja eine Banatschwäbische Frau! Es bleibt etwas unklar, was sie in Amerika gemacht hat, es wird aber auch nicht ganz verheimlicht, dass sie durch Prostitution zu Reichtum gekommen ist. Warum war sie alleinstehend und warum hat sie den ersten dahergelaufenen „Jakob ohne Name" (ein Zigeuner, wie ich vorher schon erklärt habe) geheiratet, wobei er den <u>Namen Obertin angenommen</u> hat. **Und dieser wird dann als Teil der Familienchronik der Obertins und Geschichte der Banater Schwaben** verkauft! Zigeuner und Banater Schwaben haben sich nie so gut verstanden, dass es auch Mischehen gab. Das waren derart unterschiedliche Kulturen und Lebensweisen, dass sie nie zusammenpassten. **Das ist eine der übelsten Unterstellungen, die der Autor den Triebswetterern und Banater Schwaben, bzw. deren Frauen macht!**

Ja es kommt noch schlimmer. Die **Elsa Obertin** bekommt ein **Kind auf dem Mistwagen**. Das ganze Dorf steht um den Mistwagen herum und die ausgebildeten Ärzte und Hebammen werden ausgeschlagen und die Elsa nimmt als Geburtshilfe eine Zigeunerin. Das ist eine andere üble Erniedrigung der Gelehrten unter den Banater Schwaben, deren Ärzte und Hebammen! (In Triebswetter gab es zu jener Zeit einen Arzt und drei Hebammen, siehe Auszüge aus dem Treffil-Buch weiter oben). Bei mir stellt sich erneut die Frage der Recherche. Aber dem Leser soll vorgegaukelt werden, dass das wahre Geschichten sind. **Ein Nichtsahnender erkennt da nicht,** dass es sich um ein Mix aus realen Personen und einer Fiktion handelt.

Da dies eine außerordentliche Diskriminierung der Banat-schwäbischen Frauen ist, gehört dieser Roman NICHT zur Lektüre von Schülern. Daher müssten Lesungen in Schulen verboten werden, genau so Übersetzungen in anderen Sprachen! Banater Deutsche werden so lächerlich gemacht. Denn alle Leser wissen: Ein Rumäne schreibt das über Banater Schwaben! Nur Deutsche- und Schweizer Literaturgurus und Kulturredakteure wissen es noch NICHT!

Geschichte: 1772 wurde der Ort Triebswetter von der Habsbur-gischen Monarchie gegründet. Die Ansiedler, arme Handwerker und Bauern (und keine Söldner und Kriegsverbrecher, wie vorher schon beschrieben), kamen 60% aus Lothringen und 40% aus Süd-deutschland. Es fand eigentlich eine Umsiedlung innerhalb des Römischen Reiches Deutscher Nation statt. Der 30jährige Krieg war zu jener Zeit schon längst vorbei (124 Jahre) und hat mit dieser Ansiedlung und den Beweggründen der Ansiedler nichts zu tun. Die Triebswetterer und Lothringer haben es aber Florescu angetan, so dass er auch in Interviews behauptet: „**Triebswetter ist ein Ort von Selbstmördern und Pechvögeln**", was sowohl im Roman von der Zigeunerin Samira behauptet wird, wie auch vom Autor Florescu bei einem Interview im DRS2, wo es noch weiter geht „**die Lothringer haben ihre alte Heimat mit Blut an den Händen**" verlassen und dass die geteilte Minderheit der Banater Schwaben (das sind die Triebswetterer und einige Personen, die er Banater Schwaben nennt, die seinen Roman dauernd mit „gut" bewerten) etwas gegen seinen Roman hätten, das wären aber „**reaktionäre traditiona-listische Kreise**". Und wenn ich diese Worte höre/lese, dann sehe/höre ich immer noch Ceaușescu: Ein Alptraum nach über 20 Jahren. Und der Gipfel der Unverfrorenheit: „**Von Triebswetter wusste ich fast überhaupt nichts**" (siehe Vergleich Treffil-Buch und Roman weiter oben), das meiste erfuhr ich – so Florescu – von „**meinen rumänischen Informanten**". (Als Informanten wurden in der Regel Spitzel der Securitate bezeichnet, unter welchen leider auch Banater Schwaben waren, wobei es heute immer noch welche gibt: Jene die seinen Roman dauernd mit „gut" bewerten.)

Wie werden **die Lothringer – die Vorfahren der Triebswetterer - im Roman** beschrieben? Sie wechselten die Fronten und verrieten so ihre Landsleute, sie jagten und hängten Zigeuner und bekamen Kopfgeld dafür, sie überfielen Bauern und zündeten ihre Höfe an, sie erkannten ihr eigenes zu Hause nicht mehr, ermordeten die dort lebenden Bauern und nahmen die Tochter als Geisel. Schließlich heiratete der Kriegsverbrecher seine Geisel und nimmt ihren Namen „Obertin" an. Ein Nachkomme dieses Übeltäters wandert 100 Jahre später ins Banat aus und begeht in Wien, vor seiner Weiterreise ins Banat, noch einen Mord. Kommt schließlich in Triebswetter an, gilt hier als Zivilisationsstifter (so im Werbevideo bei Amazon) und wird so zum „Banater Schwaben". **Steht aus diesem Grunde im Klappentext: „das 300jährgie Familienepos der Obertins, die eng mit der Geschichte der Banater Schwaben verbunden ist"? Das ist Geschichts- und Identitätsverfälschung! Im Roman kommt kein einziger Banater Schwabe oder Triebswetterer vor. (Siehe weiter unten: Erkennungsmerkmale.)**
Soll das wirklich in Schulen verbreitet werden? Ist das eine Lektüre für Schüler? (Da hat doch eine Kommentatorin – „Die Vorleserin" genannt – behauptet, der Roman ist **so anspruchsvoll**, dass man ihn **für die Schullektüre empfehlen** sollte!)

<u>Ich wiederhole Mal das Wichtigste: Überläufer, Zigeunerjäger, Zigeunerhenker, Kopfgeldjäger, Bauernmörder, Brandstifter, Geiselnehmer, Identitätsverfälschung, Geschichtsverfälschung!</u> Soll das in Schulen verbreitet werden? Wie weit sind wir gekommen? Dieser Roman gehört NICHT IN SCHULEN und auch nicht in andere deutsche Institutionen, die deutsche Literatur weiterempfehlen oder verkaufen! Wie wäre es aber mit etwas Geschichte? (Professoren, Doktoren der Literatur und Mediendiktatoren eingeschlossen!) Und in der Schweiz?...

Erkennungsmerkmale: Genau so wie jeder wissen würde, dass es sich bei Ouzo und Giros um Griechenland handelt, bei Merquez und Champagner um Frankreich, bei Raki und Döner um türkische Angebote, bei Goulasch und Csardas (Tschardasch) um Ungarn, genau so können wir Merkmale diverser  Nationen, die im Banat leben/gelebt haben voneinander erkennen und unterscheiden. Hier eine Aufzählung solcher Merkmale, die den

Schluss erlauben, dass der Autor Florescu in „Jacob..." **gar KEINE BANATER SCHWABEN oder TRIEBSWETTERER beschreibt**:

-in Rumänien gab und gibt es Aberglaube, aber nicht bei den Banater Schwaben, der Roman ist VOLL davon – schon der erste Satz beginnt damit – das weist schon darauf hin, dass es Florescus bekannte Sitten und Bräuche sind, die beschrieben werden, denn er lebte nie in einem Banatschwäbischen  Dorf, also kann er die Leute, die er hier beschreibt, auch gar nicht kennen;

-in Triebswetter waren Strohdecken unbekannt, das war ein typischer rumänischer Gebrauchsgegenstand und regelmäßig gewaschen hat man sich dort auch, ist also nicht stinkend, besoffen und verdreckt herumgelaufen;

-die Banater Schwaben (das gilt auch immer für die Triebswetterer) haben sich NIE mit „Bruder und Schwester" angesprochen, das war eine typisch rumänische Ansprache;

-bei den Banater Schwaben sah man NIE einen Ochsenkarren – die Ochsenkarren erschienen erst mit den rumänischen Kolonisten (nach 1920 oder nach 1945);

-kein Banater Schwabe stieg je von den Karpaten herab, das waren nur Oltener/Rumänen aus dem Osten, Jakob ohne Name mit allen schlechten Eigenschaften, ein nichtalltägliches, außergewöhnliches Exemplar (ich kenne Oltener und Rumänen, die verhalten sich anders – aber im Roman handelt es sich allerdings um einen Zigeuner);

-wir haben in Banater Dörfern keinen Maisbrei gegessen, das war ein typisch rumänisches Gericht;

-bei uns wurde kein Teig aus dem Brot herausgerissen, damit man sich den Mund damit vollstopfen konnte und es folgten auch keine dicken Wurstscheiben hinterher, denn so weit wäre es gar nicht gekommen, da hätten mich meine Eltern oder Großeltern bereits vor die Tür gesetzt;

-schmutziges Geschirr mit Essensresten blieb nie über Nacht auf dem Tisch stehen, es wurde sofort nach dem Essen abgewaschen und weggeräumt – nicht etwa wie in heutigen Studentenbuden;

-unsere Apotheker waren gebildete Leute und nicht etwa Trottel, wie sie in Florescus Roman beschrieben werden,

-keine Mutter bekam ihr Kind auf dem Mist, wobei das ganze Dorf außen herum stand und zugesehen hat;

-bei der Geburt half nie eine Zigeunerin als Hebamme (die B - Schwaben hatten ihre eigenen Hebammen), die dann 18 Jahre lang wöchentlich ein Huhn und sonstige landwirtschaftliche Erzeugnisse bekommen hat;

-kein Vater hat seinen Sohn an die Russen verraten, so dass er von diesen nach Sibirien deportiert werden konnte und vom Deportationszug ist keiner entkommen, das ist Utopie;

-genau so hätte sich kein Pope in Gefahr gebracht, einen Deutschen nach dem Krieg aufzunehmen und zu verstecken;

-kein Zigeuner oder "Jakob ohne Name" hat je einen B-Deutschen Bauernhof auf Vordermann gebracht (so etwas konnten nur Nationalkommunisten in ihren eigenen entsprechenden Publikationen);

-kein Banater Schwabe hatte je als Halbbruder einen Zigeuner und keiner hätte sein Heim gegen das der Zigeunerin getauscht;

-bei den Banater Schwaben gibt es keine Burghüter, die gibt es allerdings bei den Siebenbürger Sachsen und die schliefen auch nicht den ganzen Tag und waren auch nicht ständig besoffen (vrgl. Komasaufen heute);

-in Triebswetter war es so eben, dass kein Blitz in den Acker einschlagen konnte (erster Satz im Roman), das kann nur in einem Hügelland passieren, dort wo sich Florescus Roman „Zaira" (in Oltenien im Osten) abspielt;

-in Triebswetter sind keine Karpaten zu sehen, auch vom Kirchturm nicht;

Triebswetter: Blick vom Kirchturm, keine Hügel, keine Berge...

Jacobs Triebswetter in der NZZ: Irreführung der Öffentlichkeit. Bild aus einem Hügelland mit rumänischen Schafhirten in Tracht.

-es war unmöglich, dass 400 Familien nach dem zweiten Weltkrieg mit der großen Kirchenglocke (die damals **635 kg** wog und 40 m hoch im Kirchturm hing) zusammen mit ihren aus den Grüften entnommenen Toten, zurück nach Lothringen ziehen konnten (wenn man aber die 15 kg schwere Glocke aus rumänischen Glockentürmen nimmt, dann geht das auch);

-wie sollten sich Elsa (bei uns hieß es Else) mit „Jakob ohne Name", der mit einer Anzeige über die Karpaten kam, verständigen? Zu jener Zeit (1926) – bis 1920 gehörte das Banat zu Österreich-Ungarn – konnten die B-Schwaben nicht rumänisch und die Rumänen nicht deutsch!

Glauben Sie an Zufälle? Der Roman erschien Februar 2011. In demselben Jahre haben wir den Roman kritisiert und in Triebswetter (Rumänien) wurde vom Kriegerdenkmal ein Relief „die gebrochenen Eltern" gestohlen.

Der Autor Florescu schreibt genau am 23. August (am Nationalfeiertag in Rumänien) in der Zeit-Online einen Bericht über „Ceaușescus Leiche", in welchem er behauptet, dass „Ceaușescu wie Vater und Mutter zu ihm gehörte", „ein ehemaliger Geheimdienstoffizier, der Zugang zu Ceaușescus Konten hatte (wo könnten die wohl gewesen sein?...) besitzt Zeitungen und Fernsehsender, somit eine geballte Propagandamaschinerie", (die offensichtlich bis zu uns reicht, die verhindert, dass unsere Kommentare veröffentlicht werden?...) und er lobt das rumänische Kulturinstitut, welches mit dem Goethe-Institut zu vergleichen ist und endlich Mal „mit den Berichten über rumänischen Waisenhäusern, Dieben und Umweltverschmutzung aufräumt". Und durch seinen „großen" Roman hat Florescu jetzt auch dazu beigetragen.

Unsere Schlussfolgerungen betr. Roman „Jacob beschließt zu lieben" von C.D. Florescu:
Ein Rumäne beschreibt Triebswetter als Banater Dorf, in welchem er nie gelebt hat und dichtet den deutschen Einwohnern identitätsfremde Lebensgewohnheiten an. Er beschreibt sie als dreckige, stinkige, besoffene, Mörder, Zigeunerjäger, Hausab-

fackeler, Geiselnehmer und verwendet dabei die Namen REAL existierender Personen und deren Vorfahren mit NEGATIV aufpolierten Geschichten aus dem Familienbuch der Triebswetterer mit einer <u>wortgewaltigen hervorragend gestalteten schriftstellerischen Meisterleistung. Er hat sich wirklich Mühe gemacht unsere Identität und Geschichte zu verfälschen</u>. Von uns erfährt man alles, was nichtsahnende Leser wissen müssten und alles, was von der Werbung zum Roman mit vorsätzlicher Vehemenz verschwiegen wird.

Daher kann unsere endgültige Wertung des Romans nur so ausfallen:

Das ist kein Geschichtsroman der Banater Schwaben, das ist kein Familienepos der Triebswetterer Familie Obertin, das ist eine Kriminalisierung unserer Ahnen und Vorfahren aus Lothringen, das ist eine Identitätsverfälschung der Banater Schwaben, das ist eine Schmähschrift gegen die Triebswetterer im Besonderen und Banater Schwaben im Allgemeinen!

Der reale Name Triebswetter und alle real existierenden Triebswetterer Familiennamen, die zusammen mit ihren Kurzgeschichten, die negativ aufpoliert aus dem Familienbuch übernommen wurden, dürfen kein Thema für einen Roman, der zwischen Wirklichkeit und Fiktion keinen Unterschied macht, sein.

Jakob (mit k, die deutsche Schreibweise) ist der Böse und Üble und Jacob (mit c, die rumänische Schreibweise) ist der Liebe und Gute, sagt in meinen Augen alles aus. Der Autor spielt mit Identitäten, die er mit „einem" Buchstaben verändern kann (siehe Thüringer Allgemeine).

Das ist eine Beleidigung, Erniedrigung und Diskriminierung der OPFER der rumänischen kommunistischen DIKTATUR!

Das ist das Werk eines rumänischen Nationalisten! Auch für diesen Nationalismus darf es bei uns keinen Platz geben!

Das ist doch ein Roman, also eine Fiktion.
Wenn das eine Fiktion ist, dann dürfen die Namen der Obertins, alle Triebswetterer Namen, der Name des Dorfes, die Bezeichnung Banater Schwaben NICHT drin stehen, da diese Fiktion sowohl eine Geschichtsverfälschung als auch eine Identitätsverfälschung der Triebswetterer und Banater Schwaben darstellt, wenn der Roman auch mit noch so perfekten, literarischen Techniken und erzählerischer Kunst geschrieben ist. Daher halte ich es für sehr fragwürdig, dass gerade dieser Roman einen Schweizer Buchpreis bekommen hat und noch andere Preise bekommen soll. Dass man als Schriftsteller Fiktion und Wirklichkeit, sowie Namen real existierender Personen in einem Roman nicht verwenden soll, lernen die Literatur-Studenten schon im ersten Studienjahr, obwohl sich „gewaltgeile Leser" das wünschen! Hallo Jury!...

Wir verlangen daher, dass die Lesungen zu diesem Roman in deutschen Schulen und Bildungseinrichtungen eingestellt werden sollen, dass keine Verbreitung, Übersetzung und Werbung durch deutsche Institutionen (wie Goethe-Institut, Donauschwäbisches Zentralmuseum, usw) erfolgen soll und dass weitere Preisvergaben zu diesem Roman (nicht aber auf seine anderen Romane) eingestellt werden sollen! (Es geht dabei um den Eichendorff-Preis in Wangen, Hermann-Hesse-Stipendium in Calw, sowie Stadtschreiberstellen auf der Grundlage dieses Romans.)

Oder? Sind wir wirklich schon so weit, wie der rumänische Politiker Ponta es im Spiegel-Online behauptet. Die westlichen Medien werden bereits von ehemaligen Geheimdienstlern Ceauşescus kontrolliert? Das würde die WORTLOSE, KOMMENTARLOSE Verweigerung unserer Berichte und Kommentare erklären. Wie ist das in der Schweiz? Dort gibt es eine echte rumänische Kolonie, die in rumänischer Sprache ihre Leser aufgefordert hat, die Stimme für den Roman „Jacob" abzugeben. Durch Anklicken von „Internetabstimmung" kommt man zum DRS2! Toll!!!

Auffällig zu diesem Roman ist noch, dass aus der ehemaligen DDR viele positiven Kommentare kommen, dort durfte der Autor auch sein Manuskript im Büro des Chefs unterbringen und aufbewahren. Gibt es noch Seilschaften zwischen Securitate und Stasi?

Vielen Dank.
Mit freundlichen Grüßen.
Franz Balzer

PS.: **Dieses Schreiben ging an folgende Ministerien/ Botschaften**:

Bundesinnenministerium, weil ich annehme, dass einige der beschriebenen Probleme nur vom Bundesinnenministerium angegangen werden können, so z.B. die Verbreitung des Romans durch das Goethe-Institut oder das DZM (Donauschwäbisches Zentralmuseum Ulm) und anderen deutschen Institutionen (was auch verschiedene Preisvergaben angeht). Aktionen und Seilschaften der ehemaligen G-Dienste Stasi und Securitate kontrollieren. (In Wikipedia steht, dass 500-1000 Securisten in Deutschland untergetaucht sind und wahrscheinlich ihr Unwesen in den Medien treiben.)

Bundesaußenministerium, weil ich annehme, dass die Verbreitung des Romans als „gute deutsche Literatur" im Ausland sowie die Übersetzung durch das Goethe-Institut vorgebeugt werden kann. Kontakt mit der Schweiz, Rumänien und eventuell Frankreich, der Roman soll ins Französische und Rumänische übersetzt werden, aufnehmen.

Bundesfamilienministerium, weil ich annehme, dass so ein Roman nichts in Schulen und deutschen Bildungseinrichtungen verloren hat. Die Lesungen zu diesem Roman muss in Schulen verboten werden.

Bundesbildungsministerium, weil ich annehme, dass so ein Roman nichts in Schulen und deutschen Bildungseinrichtungen verloren hat. Die Lesungen zu diesem Roman muss in Schulen verboten werden.

Schweizer Botschafter in Berlin, weil ich die Schweizer Botschaft, den Schweizer Buch und Verlegerverband und einige Schweizer Medien, **auch im Vorfeld der Schweizer Buchpreisverleihung 2011, schon angeschrieben, das Problem erläutert aber keinerlei Reaktion oder Antwort erhalten habe.**

„Der Roman ist in einem Stil geschrieben, der einem manchmal schaudern lässt!" (Schweizer Radio/TV DRS2)

„Es stinkt nach Vergewaltigung, es stinkt nach Brandstiftung..." „... wir bereichern die Schweizer Literatur mit neuen Themen und einem neuen Ton..." (so Florescu. Und der Ton kommt mir so bekannt vor – so ich...) (Schweizer Radio/TV DRS2)

Kommt doch einer, dessen Vorfahren dafür gesorgt haben, dass es keinerlei freie Meinungsäußerung gab, dass im menschenunwürdigen Regime keinerlei Freiheiten herrschten und nutzt den Schutz und Schirm der „künstlerischen Freiheit", um eine deutsche Minderheit im vorher genannten unterdrückten Regime im nie da gewesenen Modus zu erniedrigen und diskriminieren, <u>deren verfassungsmäßig zugesicherten Rechte mit Füßen zu treten und erntet Lob und Preis dafür</u>. Handelt er auf dem Boden der Verfassung? Was kann man über den Verlag sagen? Und was ist mit den professionellen Lobliedschreibern? Ist das heute Deutschland? Ist das heute Europa?

Was schrieb Peter Hahne in der BAMS:
„Schweigen, weggucken, abtauchen scheint inzwischen Methode in Deutschland geworden zu sein, nachdem wir uns von einer der wichtigsten Tugenden verabschiedet haben: Verantwortung."

Und ich ergänze (Hinweis an die 68-er):
Es fehlt noch Lug, Betrug und Heuchelei, dann wäre das Bild komplett. Und wenn ich 40 Jahre zurückdenke, dann kenne ich das doch schon alles!...

Das sollte aber nicht zu „Europa" gehören!

Die einzige Antwort kam von der Extremistenprävention – hier meine Antwort

Rastatt, den 29.09.2012

Sehr geehrter Herr H.,

betr.: Ihr Schreiben vom 17.09.2012
Schilderungen zum Roman „Jacob beschließt zu lieben"

entschuldigen Sie, dass ich ein Problem mit Ihrem Schreiben (Antwort auf meine Schilderungen zum Roman „Jacob...") habe und ich Sie jetzt gewissermaßen als „Blitzableiter" betrachten muss.

Dass der Roman einen Schweizer Buchpreis bekommen hat, wissen wir, wir haben aber immerhin etwas dagegen auszusetzen, denn die Kommentare, die wir im Vorfeld dieser Preisverleihung gemacht haben wurden gelöscht, missachtet oder nicht veröffentlicht. Unsere Bemerkungen waren viel zu dezent und beinahe „höflich", die aber mit der Zeit, in welcher wir zunehmend mehr vom Roman erfuhren (z.B. durch nochmaliges Lesen wurden „Hinterlistigkeiten" des Autors besser durchschaubar) entsprechend vehementer und zielsicherer wurden. Nebst dieser Missachtung unserer „angeblich freien" Medien uns gegenüber, wurden zum Roman so viele Lügen veröffentlicht, wie ich in fast 30 Jahren Kommunismus nicht gelesen habe. Es wurden nur immer „Meinungen" veröffentlicht, wogegen unsere Fakten und Tatsachen natürlich verschwiegen werden mussten, denn sie waren der guten Sache des Autors und seines Verlages nicht dienlich. Ein weiterer Punkt, den ich dazu noch anführen will, ist der Aufruf (in rumänischer Sprache) einer rumänischen Gemeinschaft in der Schweiz, doch für den Roman ihres Landsmannes zu stimmen. Wie viele Personen haben da den Roman gar nicht in deutscher Sprache lesen können? Wie viele Rumänen geben auf Florescus Internetseite positive Wertungen für den Roman ab, obwohl sie gar kein Deutsch können? (Und wenn man ihnen Fragen stellt, oder sie auf Realitäten hinweist, sind sie „beleidigt".) Die Schweizer Leser wurden somit regelrecht belogen, weil man ihnen vorgaukelte, dass der Roman und die Protagonisten eine Fiktion seien. Ich will jetzt nicht alles wiederholen, was ich schon in meinem Schreiben vom 10.09.12 geschrieben habe.

Ich habe in den letzten Tagen auch seinen Roman „Zaira" gelesen, aber mit Bleistift und Papier. Der Roman wird in den Himmel gelobt, aber alle vergaßen auch den Inhalt zu beurteilen: 68 Mal wird darin von Schnapstrinkern, Alkoholikern und Besoffenen berichtet, 30 Mal geht es um Fremdgehen, Ehebruch, Huren, Edelnutten (sowohl für Bürgermeister, normale Männer und Frauen sowie für Abgeordnete - manchmal meint man, die tun gar nichts anderes), 8 Mal geht es um das Spucken (heute auch schon bei unseren Fußballern verbreitet), dem Spucken widmet sich der Autor auf mehreren ganzen Seiten, 3 Mal wird der Mund mit dem Ärmel abgewischt, 3 Mal wird ein Joint geraucht („das ist ein guter Stoff!"), die Edelnutte, die an einer Überdosis starb, badet lieber in Whiskey und die Tochter Joana, die beim Stehlen erwischt wurde, behauptet: „Ich weiß es nicht, ich muss es einfach tun". 3 Mal wird von Geburten berichtet, wobei jedes Mal eine „fachfremde" Hebamme" anwesend war. Geburten auf dem Mist, wie in „Jacob" gab es aber nicht. Die stinkenden, dreckverkrusteten Füße (gab es hier nur bei den Zigeunern in Bukarest), die herumsurrenden Mücken, die übel riechenden anderen und die Ochsenkarren usw. gab es in beiden Romanen. (Die Vorfahren der Lothringer, die Verbrecher, Mörder, Zigeunerhenker gibt es in „Zaira" nicht.)

Die Deutschen, die nach Moskau in den Krieg zogen, kamen mit „ihren wundersamen Maschinen" und die haben sich sogar am Brunnen gewaschen, Hitler war ein „schlauer Mensch" und auf der Flucht des Rumänen - Eugene - halfen die Deutschen Gefangenen in Serbien ihm mit falschen Papieren: Sie wären doch Waffenbrüder gewesen.

Daher darf auch dieser Roman „Zaira" nicht zur Schullektüre gehören! Und die Spitze der Ironie. Kein Kommentator oder Literaturguru bemerkte es - oder tun die es bloß, als würden sie es nicht bemerken. Am Ende des Buches (Seiten 471-475) gibt der Kommunist Dumitru (ein starker Mann, ein Bär von einem Mann) zu, dass er im ganzen Leben von Zaira, die Fäden gezogen hat und beweist so, **die Überlegenheit der Kommunisten allen anderen gegenüber**.

Ich habe Angst, dass alle Preisverleihungen letzten Endes auf das Gleiche hinauslaufen werden. Im Anbetracht der „Verblödung" unserer Gesellschaft und unserer Medien (nichts wissen, aber zu allem eine Meinung haben) ist nichts anderes zu erwarten. Es wird immer wieder davon berichtet, dass wir Naturwissenschaftler brauchen, wir haben aber in anderen Sparten viel größere Probleme: z.B. das durchzublicken, was Florescu in seinen Romanen beschreibt. Jetzt habe ich mehr geschrieben als ich wollte.

Sind wir jetzt in der Extremisten-Datei?
(Also sind wir die Verbrecher? Das hat doch Florescu im Roman von unseren Vorfahren geschrieben, also wenden wir es gleich an.)

Werden wir jetzt beobachtet?
Das will ich jetzt aber ganz genau wissen!
Wer hat das veranlasst?
Florescu? Der C.H.Beck-Verlag?
Oder dessen Freunde? Ehemalige Stasi? Securitate?

Wartet man jetzt auch so lange, wie bei den Türken und der NSU, bis man etwas bemerkt? Ich sehe schon, wie man jammert, wenn 10 Banater Schwaben herumliegen!

Ich stufe den Roman in dieselbe Sparte ein, wie der Mohammed-Film eingestuft werden muss. Nur sind die Triebswetterer eine so kleine Minderheit, dass man sie nicht beachten muss. **Nebst künstlerischer Freiheit muss vorab auch noch etwas anderes gelten!...**

Auf eine Minderheit, die sich kaum wehren konnte, hat man doch schon im letzten Jahrhundert herumgetrampelt. Sind wir Triebswetterer und Banater Schwaben jetzt dran?

Wie anfangs gesagt, Sie sind nur der Blitzableiter, es bitte nicht persönlich nehmen und weiter leiten.

Vielen Dank.
Mit freundlichen Grüßen.
Franz Balzer

Ich habe diesbezüglich einen riesigen Verdacht. Es war eigentlich ein Fehler an Bundesministerien zu schreiben, deren Minister aus dem Bayerischen Lande kamen. Die Bundesfamilienministerin kam aus München, der Bundesinnenminister kam aus München, Der Chef des G.B.Drecks-Verlages kam aus München, der Chef des Hanser-Verlages (der Herta Müllers „Niederungen" und „Atemschaukel" gedruckt hat) kam aus München und nicht zuletzt haben die Landsmannschaften der Banater Schwaben und Siebenbürger Sachsen ihren Sitz in München.

In meiner Fantasie sehe ich die sechs an einem „virtuellen" Stammtisch (es kann auch ein echter gewesen sein) sitzen und darüber „nachgrübeln", wie man sich der Kritiker der „Niederungen" und „Jacob beschließt zu lieben" los werden kann (streng bewacht von Stasi und Securitate, denn es darf nichts an die Öffentlichkeit).

Und nachdem mehrere Maß ihren Besitzer gewechselt hatten, kamen ihnen die „göttlichen Eingebungen". Machen wir doch die Kritiker zu „Extremisten", so stellen wir sie in die gleiche Ecke, wie die NSU (das hat doch Herta Müller 1984 auch schon gemacht und Erfolg bei den „geistig Schwachen" gehabt), und so kann man ihnen kommentarlos einen Maulkorb umhängen.

Und wenn sie nicht,... dann saufen sie heute noch!

Mein Brief und E-Mail an den Bundespräsidenten Joachim Gauck

Rastatt, den 20.12.2014

betr.: **Deutschland auf dem Weg zur Bananenrepublik? Fest im Griff der 68er? Wie Persönlichkeiten aus der Öffentlichkeit für deren unwürdigen Ziele – z.B. Preisverleihungen, welchen jeweils in den Medien ein Paket von Lügen vorausgehen – missbraucht werden!**
Zum Roman „Jacob beschließt zu lieben" von Cătălin Dorian Florescu über meinen Geburtsort, der dasselbe Thema „beackert" wie Herta Müller in „Niederungen": Verleumdung, Diskriminierung, Erniedrigung und Entwürdigung der Triebswetterer und Banater Schwaben, wofür man sowohl im ehemaligen menschenunwürdigen altkommunistischen Regime Ceauşescus als auch „heute" in Deutschland noch Preise bekommt.

Sehr geehrter Herr Bundespräsident Gauck,

zuerst möchte ich mich vorstellen. Ich bin 1947 in Triebswetter (rum. Tomnatic, Judeţul Timiş) im rumänischen Teil des Banates geboren, habe dort die Grund- und Allgemeinschule besucht, und nach einer Aufnahmeprüfung am Lyzeum Nr.10 in Temeswar (Timişoara), an welchem Rumänen, Serben, Ungarn und Deutsche aus dem ganzen Banat lernten, mein Abitur (dort Bakkalaureat) gemacht. Nach einer erneuten Aufnahmeprüfung an der Temeswarer Universität (heute UVT – Universitatea de Vest Timişoara) habe ich ein 5jähriges Mathematik-Physik-Studium im Jahre 1970 mit Diplom absolviert. In dieser Zeit habe ich nebenbei auch Sport betrieben. Ich war sowohl während der Lyzeumszeit (wir waren 1965 Schülermeister Rumäniens) als auch während der Studienzeit (wo wir in der zweiten Liga spielten) in der Handballmannschaft tätig. Dass die kommunistischen Machthaber großen Wert auf sportliche Erfolge legten, das wissen Sie. Dadurch hatte ich die Möglichkeit das Land kreuz und quer zu bereisen: Bukarest, Constanţa, Ploieşti, Craiova, Bacău, Braşov (Kronstadt), Oradea (Großwardein), Hermannstadt (Sibiu) habe ich gesehen. In unserer Mannschaft gab es Rumänen, Deutsche, Ungarn und Serben. Ich kann mich aber nicht erinnern, dass ich Leuten, wie C.D. Florescu und Herta Müller begegnet bin.

Bis 1975 war ich Lehrer (Professor für Mathematik und Physik) an der Allgemeinschule Guttenbrunn (Zăbrani, Judeţul Arad), also im anderen Teil des Banates, von wo aus ich dann nach Deutschland umgesiedelt bin (dass wir von der Deutschen Regierung damals „gekauft" wurden, war nur ein unbestätigtes Gerücht, dass sich erst lange danach als richtig erwiesen hat). Ich wurde in den Schuldienst übernommen, unterrichtete an der Realschule Mathematik, Physik, Musik, Computer und Biologie, und begann 1983 als eine der ersten Realschulen im Schulkreis mit dem Computerunterricht. Seit einigen Jahren bin ich pensioniert, so, dass ich mich mit „Schundliteratur" und den drum herum stattfindenden volksverdummenden Berichterstattungen beschäftigen kann, was ich während meiner Dienstzeit nicht konnte, denn mit Computerräumen und Netzwerken ging so manche Nacht und so manches Wochenende drauf. (So etwas wie „Subotnik" war man ja gewöhnt.)

Mein Bruder, der es viel schwerer hatte als ich, hat Germanistik studiert (ich habe also einen Literaturexperten bei der Hand), und ihm erging es viel schlechter, denn er wurde 1983 nachdem er einen Ausreiseantrag gestellt hatte, entlassen und war monatelang in Rumänien ohne Einkommen wie viele andere auch. Nach 1983 wurde es aber für ausgesiedelte Lehrer aus Rumänien schwerer, einen Job zu bekommen. (1982 kamen ja die aus „niedrigen Beweggründen" verfassten „Niederungen" von Herta Müller heraus. Sie wollte nicht ausreisen, jedoch die meisten ihrer Landsleute wollten es.)

Meine/Unsere „Kontakte" mit der Securitate (der rumänischen Stasi).
Ich glaube, wenn das Wort Stasi fällt, dann müssten Sie Bescheid wissen, denn Sie hatten ja nähere Kontakte zu den „besten Söhnen" des geliebten Vaterlandes. Nur sollten Sie auch wissen, dass dies die übelsten Geheimdienstler des Ostens waren. Nicht selten haben sie bei Hausdurchsuchungen die Beweise gleich mitgebracht, die zu finden waren, um sich „ungeliebter" Republikkritiker zu entledigen. Leute verschwanden einfach von der Bildfläche und niemand hat je wieder etwas von ihnen gehört. Sie wurden irgendwo verscharrt und ihren Angehörigen hat man gesagt, dass sie „Selbstmord begangen hätten". Beweise gab es nie. 1956 wurden zwei Triebswetterer von der Securitate erschlagen. (So kann nun C.D. Florescu von Triebswetter behaupten, dass es ein Dorf von „Selbstmördern und Pechvögeln" wäre, und das noch aus dem Munde der Zigeunerin.)

Ein naher Angehöriger, der noch immer nicht will, dass man seinen Namen nennt, wurde Ende der 60er-Jahre zwei Wochen lang von der Securitate verprügelt, damit er unterschreiben soll, dass eine Person aus der BRD, die ihm damals ein Paket eines Verwandten mitgebracht hatte, ein Spion wäre. Ein 3-wöchiger Krankenhaus-aufenthalt wurde nötig und ihm wurde gedroht, bloß nichts zu er-zählen.

Meine Frau kam im Sommer 1973 nach einer Besuchsreise nicht mehr nach Rumänien zurück. Daraufhin erhielt mein gehbehinderter Vater, der nur bestimmte Arbeiten machen konnte, am 16.Dezember 1973 ein Schreiben, in welchem ihm mitgeteilt wurde, dass er seit 01.Dezember 1973 entlassen sei. Arbeitslose wurden aber als Ver-brecher behandelt. (Reiner Zufall!)

In der Anfangszeit mussten die ausreisewilligen Banater Schwaben, falls sie die Pässe überhaupt erhalten hatten, über den Flughafen Otopeni Bukarest ausreisen. Nun wohnte eine gebürtige Triebs-wetterin, die mit einem Bukarester verheiratet war, eben in Buka-rest. Dort übernachteten viele Triebswetterer eine Nacht vor ihrer endgültigen Ausreise, meine Tochter und ich auch. Eines Nachts wurde der Mann beim Zigarettenholen von einem PKW überfahren. Tot. Und der Fahrer: Ein Securitate-Offizier! Reiner Zufall?

1997 machte ich mit meiner Tochter eine Besuchsreise – es war eher eine Fotosafari – nach Rumänien. Sie hat Material (Bild und Ton) von der Bărăgan-Deportation für ihre Diplomarbeit zusammen gesucht. Und eines Tages wurde in ihr Auto eingebrochen und nichts anderes geklaut, als dieses Bild-und-Ton-Material. Auch ein reiner Zufall? (Die Diplomarbeit war aber allerdings schon fertig. Glück gehabt.)

(Dem Vorstand der „ResRo" - Restitutionen Rumänien - wurden vor wenigen Jahren die Schrauben an den Felgen gelockert, der daraufhin seine Tätigkeit aufgegeben hat. Dies gebe ich als Hinweis darauf an, dass diese menschenverachtenden Halbaffen immer noch bei uns als „freie" Bürger herumlaufen, so dass auch Herta Müller im Vorfeld der Nobelpreisvergabe in der Zeit-Online behaupten konnte: „Die Securitate ist immer noch im Dienst". Alle kritisch veranlagten

Banater Schwaben haben sich seither verkrochen und sind verstummt.)

2011 kam der „Triebswetterer Roman" des in der Schweiz lebenden Rumänen C.D. Florescu heraus (seine fragwürdige Flucht, von welcher jeder ehemalige DDRler geträumt hätte, weiter unten), und ich, als Webmaster der HOG-Triebswetterer (HOG = Heimatortsgemeinschaft) bekam von meinen Landsleuten ALLE NÖTIGEN Informationen; habe die Angelegenheit verfolgt, und auf der Internetseite veröffentlicht. Schließlich fehlten an meinem Auto an den Felgen auch vier Schrauben. Auch reiner Zufall? (Die fünfte Schraube war ein Sicherheitsschloss.)

Viren auf der Homepage von Triebswetter. Im März und April des Jahres 2010 fand in Lothringen ein Festival „Mir redde platt" statt, und weil viele Triebswetterer (60%) Vorfahren aus Lothringen hatten, waren auch Triebswetterer dort vertreten. Ich selbst war auch dort und habe das auf der Internetseite publiziert. Und irgendwann, ich konnte keinen Grund finden, war die Internetseite mit Viren infiziert. Wohl auch ein Zufall? In dieser Zeit war der Triebswetterer Roman laut einer Sendung des Radio Temeswar schon fertig, nur am 04.08.2010 behauptete der Autor C.D. Florescu, dass er noch nicht einmal den ersten Satz geschrieben hat.

E-Mail-Kontakte werden gestört. Was maßen sich diese E-Mail-Dienste eigentlich an? E-Mails als Spam zu kennzeichnen oder diese gar nicht zuzustellen? **DAS IST MEHR ALS NUR REINE ZENSUR!** Überhaupt, wenn ich etwas herausgefunden habe und es meinen Triebswetterer Landsleuten zusenden will. Eines Tages konnte ich meine E-Mails (nur) von T-Online nicht mehr abrufen und ich rief dort 3-4-mal an und die Experten konnten mir keine plausible Antwort darauf geben, was ich machen muss, damit es wieder funktioniert. Ich habe mir weitere E-Mail-Adressen zugelegt. Ich gehe weiter davon aus, dass mein Telefon überwacht wird. Das liegt daran, dass ich manche Tage Minuten lang nicht telefonieren kann und eventuelle Nachrichten nicht abhören oder löschen kann. Es hat aber jetzt plötzlich aufgehört, ohne dass ich etwas Besonderes unternahm.

Kurze Zeit danach kam die Geschichte mit der NSA heraus. Was soll die NSA mit Triebswetter? Ich bin mir sicher (es ist nur ein

Verdacht), dass diese Securitate ihre schmutzigen Finger immer noch drin hat. Denn die Idee allein, könnte schon von diesen Verbrechern stammen. (Banater Dörfer, so auch Triebswetter, haben Familiensippenbücher herausgegeben – das Triebswetterer heißt Treffil-Buch –, in welchen alle Familiennamen seit der Ansiedlung drin stehen. Die „selbsternannten" Amerikaner behaupten, dass sie selbst bessere und wissenschaftlicher besser fundierte Bücher hätten, wie die Banater Ortschaften selbst, und diskreditieren Triebswetterer und Banater Publikationen im Internet und finden auch noch Mitstreiter, die das mit „Daumen hoch" bewerten. Wo sollen diese die „genaueren" Daten her haben, wenn sie sie nicht direkt aus der Quelle bezogen haben? Und wer konnte und kam an ganz genauen Daten ran? Genau: „Die Securitate ist immer noch im Dienst!"

Bewertungsportale oder andere „Daumen-auf-(und-ab-)Urteile". Oder Fünf-Sterne-Kommentatoren. Bei uns gibt es Pressefreiheit und Meinungsfreiheit! Heißt es! Aber für wen? Steht die Künstlerfreiheit höher im Kurs als die Herabwürdigung von real existierenden Personen und ganzen Volksstämmen? Warum gibt es nur „Daumen-auf"-Bewertungen? Ich hätte gern so manchen Mist mit „Daumen-ab" bewertet. Warum gibt es nur 5-plus-Sterne und nicht auch 5-minus-Sterne? Warum müssen sich die **Kommentatoren nicht mit ihrem richtigen Namen** anmelden? Oder warum kann man den richtigen Namen und sogar den Wohnort nicht auch erfahren? **Wenn man etwas behauptet, so soll man auch mit seinem Namen dazu stehen**! Es würde so manchen Unfug nicht geben. Und bei den „tollen, großen, literarischen, beispielhaften" Romanen (oder unwürdigen Krixeleien) könnte man feststellen, wie viel mal ein und dieselbe Person seinen „positiven Senf" (als Lüge und Nonsens) abgegeben hat. Ein Beispiel: Einer sagt die Wahrheit und gibt seinen richtigen Namen an, und hundert anderen (die in Wirklichkeit nur ihrer 20 sind, denn jeder hat sich 5-Mal unter verschiedenen Namen angemeldet) gefällt diese Wahrheit nicht und „meckern" anonym (sind also für eine Lüge, entweder weil sie es nicht besser wissen, oder bewusst) dagegen. Soll jetzt die Lüge gelten, weil die Mehrheit dafür ist, obwohl sie zudem auch noch keine Ahnung hat. Dasselbe gilt für anonyme Telefon- oder Internetwertungen. **Wieso kann da eine Person zig-Mal anrufen? Das Ergebnis ist doch ein Schwindel**! (Das war es auch bei der Internetwertung des „großen" Romans „Jacob beschließt zu lieben" über meinen Geburtsort Triebswetter. Alle positiven Wertungen gehen durch, wenn die Absender auch kein Deutsch können, nur die Meinungen der Kritiker werden „abgewürgt" und was DISKRI-MINIERUNG PUR IST, es wird nicht auf Beanstandungen Betroffener reagiert, nicht einmal: „Wir haben Ihr Schreiben erhalten". **Das soll „moderne" Pressefreiheit sein? Es gibt einen Pressekodex, den ich kenne. Keiner der Pressefuzzis, die ich angeschrieben habe, hat je etwas davon gehört und sich daran gehalten!**) Das bringt mich zu dem Schluss: **„Das rote Gesindel – das können auch 68er mit (noch immer) roten Scheuklappen sein – taucht hier in Scharen auf und blendet alle mit ihren „wahren, erfundenen Geschichten", blendet Persönlichkeiten aus der Öffentlichkeit und spannt diese – eher ahnungslos, als involviert, weil sie und die Masse der Leser durch „linientreue" Medien belogen werden – vor ihre Karren**. (Warum? Weiter unten!)

Auf dem Weg in die Bananenrepublik? Oder sind wir schon längst da? Muss man sich bald als Deutscher im Ausland schämen? Da will ich mal daran erinnern, wie Ihre Vorgänger aus dem Amt geekelt wurden. Und Sie wurden von dem gewissenlos agierenden Gesindel auch schon angegriffen. Dürfen nur diese theatralisch auftretenden Pressefuzzis (Fuzzi soll dabei ein nicht ernst zu nehmender Experte sein) eine „eigene" (meist erlogene) Meinung haben und ein Bundespräsident nicht? Als ich nach Deutschland kam, wurde gerade über den Radikalenerlass diskutiert. Ich finde, dass weder die von rechts noch die von links im öffentlichen Dienst etwas zu suchen haben und dazu sollten auch apolitische Publikationen zählen, denn bei solchen Leuten ist es nicht gewährleistet, dass sie die breite Öffentlichkeit nicht mit ihren politischen Ansichten betrügen und belügen. Es bleibt ihnen immerhin noch die Zeitung ihrer eigenen politischen Orientierung vorbehalten. Da können sie sich gegenseitig im Lügen übertreffen. (Ich wusste schon lange, dass man in den Medien belogen wird – nur die halbe Wahrheit ist auch Volksverdummung – **aber seither ich lesen musste, was man von meinem Geburtsort Triebswetter alles weiß und wie die Leser IMMER auf die übelste Art und Weise, für welche es im Deutschen gar kein Wort gibt, verdummt und verblödet werden, kann ich erst das Ausmaß beurteilen. Und Berichtigungen? Nein danke!**)

Was hat es für Aufschrei gegeben, als man hörte, das Orban (Ungarn) die „Pressefreiheit" einschränken will? Das ungarische Volk hat „rechts" gewählt! Warum? Die Ungarn haben schon 1956 gegen die „glückliche, rote" Gesellschaftsordnung rebelliert, und ich hör die Panzer (in Triebswetter) noch Tag und Nacht fahren, als der Aufstand unterdrückt wurde. Die Ungarn hatten sich zwischendurch von der „roten" Knechtschaft befreit, mussten aber bemerken, dass die Pressebergichterstattungen sich immer mehr mit Lügen überlagern und für Betroffene ist es nicht schwer festzustellen, dass diese Lügerei von weit links kommt. Und was macht man, wenn man zur Wahl geht, man wählt rechts. Und was wollte Orban? Er wollte nur ausgewogene Berichterstattung und keine Halbwahrheiten, also Lügen. Und ich kann heute so manchen Pressefuzzi bei uns verstehen, dass er da Angst haben muss, dass man das bei uns auch eines Tages verlangt.

Dass es Manager bei uns gibt, die Millionengehälter haben und die Arbeiter, die „ihr Brot" eigentlich in Schweiße ihres Angesichts verdienen müssen, immer weiter auf der Strecke bleiben, ist kein Umstand, der uns erfreuen sollte. Der soziale Frieden „lebt" noch! Wenn diese Manager eines Tages dafür sorgen, dass noch mehr Arbeiter entlassen werden, damit die Börsenkurse stimmen und die Firma in die Pleite ziehen, bekommen sie noch einen Bonus von drei Millionen, und die Politik tut nichts dagegen, dann müssen wir uns nicht wundern, dass die Wähler links wählen. Haben Sie schon mal nachgerechnet, wie lange ein Arbeiter mit einem 2100 Euro Nettogehalt arbeiten muss, bis er eine Million verdient: etwa 40 Jahre, also fast ein ganzes Leben. (Und ich habe den Eindruck, dass die Millionenboni von den Firmen von der Steuer abgesetzt werden und dann im Ausland verschwinden, und das Finanzamt hat zwei Mal das Nachsehen.)

Die Firma Nokia gibt ihren Standort in Bruchsal auf und produziert einige hundert Arbeitslose. Die Firma wird wieder in Rumänien aufgebaut, weil dort nur um ein Viertel der Kosten für den Arbeitgeber produziert werden kann. Und nach dem Motto „Geiz ist geil" werden die Handys bei uns zum gleichen Preis wie vorher verkauft. Aber nachdem die steuerlichen Vorteile abgelaufen waren, wurde das Werk in Rumänien auch geschlossen und die Rumänen waren auch wieder arbeitslos. Den Bauern im Bărăgan haben „tüchtige" Geschäftemacher aus dem Westen den Grund und Boden abgekauft und diese hatten plötzlich nichts mehr, weder Arbeit, noch ein sonstiges Einkommen. Glauben sie nicht, dass diese Leute sich Ceauşescu wieder zurückwünschen?

In einer Fernsehreportage hat man deutsche Arbeitgeber gezeigt, die ungarische, rumänische oder bulgarische Tagelöhner beschäftigt haben. Die Unterkünfte waren unter aller Würde, für welche sie auch fast noch mehr „blechen" mussten, als sie verdient haben. Was werden diese Leute Zuhause erzählen, wenn sie wieder zurück fahren?

Unser Rentensystem funktioniert noch, aber nicht mehr lange! Zeitarbeit, Kurzarbeit, Minijobs, Leiharbeit und Werkverträge werden dazu führen, dass sowohl weniger Steuern in die Kassen kommen, so wie auch, dass in die Rentenkasse, Gesundheitskasse und Arbeitslosenkasse weniger einfließt, und wenn diese Leute in Rente gehen – falls sie es überhaupt noch können – werden sei von Hartz IV (im Kontainerdorf) leben müssen.

Zum neuen Gesetz über die Mauterhebung habe ich auch eine Kritik. Warum konnte es nicht so gemacht werden wie in Österreich und in der Schweiz? Plakette und fertig! Dass diese PKW-Kennzeichen wieder gelöscht werden, möchte ich noch glauben, aber dass die, die nie an solche Daten herankönnen dürfen, nicht wieder eher dran sind als sie unsere staatlichen Stellen löschen können, da kommt bei mir unermessliches Unbehagen auf. (Die Stasi und Securitate weiß wieder besser als meine Frau, wo ich unterwegs bin!)

Die ehemalige DDR war ein Unrechtsstaat!
Sind wir heute wirklich noch ein Rechtsstatt? Ich will nur einige Beispiele angeben: Der Fall Kachelmann, ein Schmierentheater sondergleichen, wo auch echte kommunistische Vetternwirtschaft, wie ich sie aus Rumänien kenne, zum Tragen kam. Fazit: Nicht schuldig, aber persönliche Pleite! Der Fall Gustl Mollath. Falsches psychologisches Gutachten, da eine Bank ja keine „krummen" Geschäfte macht, 7 Jahre psychologische Anstalt (sprich Irrenhaus) und Psychologe und Richter laufen noch immer frei herum, obwohl es sich herausgestellt hat, dass der Mann unschuldig war! Das ist nur die Spitze des Eisberges.

Wenn die ehem. DDR ein Unrechtsstaat war, was war dann die Kommunistische Republik Rumänien unter Ceauşescu? Wenn

heute unter dem unaufhörlichen verlogenen Applaus der Medien <u>bei uns Leute</u>, die diesem Regime Ceaușescus gelinde gesagt „gewogen" waren, <u>literarische Preise</u>, trotz Diskriminierung und Verleumdung eines ganzen Volksstammes, für welchen dieses Regime unerträglich war und geflüchtet ist, und <u>trotz anhaltender Proteste</u> der (von den Medien erneut diskriminierten) Betroffenen, <u>bekommen</u>, dann muss dieser „wohl beispielhafte kommunistische Staat" ein Rechtsstaat gewesen sein! Oder? Handelt es sich um einen Stasi-Securitate-Sumpf (oder Seilschaften mit Beteiligung der 68er) ungeahnten Ausmaßes?

Was weiß ich über die 68er? Sie haben demonstriert (für den „wissenschaftlichen Sozialismus") und Steine geworfen und wir in Rumänien haben studiert (gegen den verhassten „wissenschaftlichen Sozialismus", der in jeder Fachrichtung Hauptfach war). In einer deutschen Fernsehsendung trat einmal der ehemalige Botschafter der Sowjetunion, Valentin Falin, auf und sagte beinahe wörtlich: „**Die Studentenunruhen 1968 wurden vom KGB unterwandert und angestachelt, damit die westlichen Politiker von den Ereignissen in der damaligen CSSR abgelenkt wurden.**" Der Name der deutschen Terroristen muss irgendwie auch damit zusammenhängen: RAF (Rote Armee Fraktion)!

In diesem Kontext müssen wir uns freuen, dass 1989 der Umsturz nicht umgekehrt verlaufen hätte können, denn hier gäbe es genug Mitläufer und Kollaborateure. Und der „Geist" der 68er spukt noch immer in den Köpfen mancher Personen herum. Viele haben sich davon gelöst – haben mir Kollegen bestätigt – aber es gibt schon noch einige, bei welchen sich die kommunistischen Theorien „festgefressen" haben. So waren die ankommenden Umsiedler aus dem Ostblock, also auch die <u>Banater Schwaben und Siebenbürger Sachsen, keine gute Reklame für ihre verbohrten Ziele</u> und scheinbar verfolgen sie das heute noch. Auch die „Aktionsgruppe Banat" (1972-1975) war vielleicht nicht direkt mit den 68ern verbündet, denn das war vielleicht damals in Rumänien nicht möglich, dass sie aber einen Einfluss hatten, ist nicht von der Hand zu weisen. Diese Art von Literatur (der 68er) gefiel den traditionsverbundenen Banater Schwaben aber nicht, denn sie hatten genug vom Kommunismus erlebt und daran verloren. Richard Wagner war damals schon in der Partei (der RKP=Rumänische Kommunistische Partei) und Herta Müller wollte nicht in die Bundesrepublik auswandern, sie hat sich sogar von ihrem ersten Mann getrennt, weil sie lieber bei ihren „angeblichen" Peinigern und Verfolgern bleiben wollte. Die Deutschen aus Rumänien wanderten langsam aus und die Deutschlehrerin Herta Müller blieb zurück, was sie veranlasste ihre „Niederungen" voller Hass im Sinne der RKP und Securitate, sowie der 68er zu schreiben. So fand sie nun Verehrer, Fans und Kollaborateure, die ihr „Schmutzwerk", das vom Zentralkomitee der Jungkommunisten Rumäniens einen Preis für kommunistische Ethik bekam, in Deutschland zu verbreiten.

Wenn **Herta Müllers „Niederungen" eine Verleumdung, Diskriminierung und Volksverhetzung aller Banater Schwaben** darstellt, so wird **Cătălin Dorian Florescus Roman „Jacob beschließt zu lieben" zusätzlich das Persönlichkeitsrecht** eines noch lebenden Rentners und aller **Familien, deren Namen aus dem Familiensippenbuch** – dem „Treffil-Buch" – aus Triebswetter entnommen wurden, sowie das **Verunglimpfen des Antlitzes von Toten** vom Triebswetterer Friedhof darstellen. Florescu behauptet schließlich, dass er und Herta Müller dasselbe Thema „beackern". **Und die Medien JUBELN „so eine gute deutsche Literatur hat es noch nie gegeben" und die Betroffenen – Triebswetterer und Banater Schwaben – hatten und haben kein Recht, je ein Wort in den „freien Medien", die in JEDEM BEITRAG glatt weg LÜGEN, abzusetzen.**

Das ist nichts anderes als „gute kommunistische" Berichterstattung, die in einem Deutschland von heute nichts verloren hat! Das ist Diskriminierung PUR!!!

Wer in Rumänien geboren ist, ist automatisch ein Rumäne. Dem muss ich allerdings vehement widersprechen, wenn sich die Betroffenen eben nicht als Rumänen halten. Warum kann man nicht selbst bestimmen, ob man Rumäne, Ungar, Serbe, Zigeuner oder Deutscher ist? Und wenn man, obwohl man in Rumänien geboren wurde, sich als Deutscher hält, darf man trotzdem nicht als „Nazi" beschimpft werden! Das ist so eine allgemeine altkommunistische und 68er Theorie. Ich habe schon des Öfteren gehört, dass Landsleute (Banater Schwaben) sich beklagten, dass man sie, nachdem sie ihren Geburtsort genannt haben, als Rumänen gehalten hat. Und gehen wir noch weiter. In Rumänien, gerade in Oltenien, wo unser Romanschreiber des Triebswetterer Romans herkommt, leben sehr viele Zigeuner (man sollte heute Rroma sagen/schreiben, aber der Autor nennt sie auch Zigeuner) und man kann sogar in Wikipedia nachlesen, dass die oft keinen Namen hatten und in Altrumänien unbeliebt, verfolgt, gefangen und als Sklaven (1852) verkauft wurden. Diese Zigeuner fuhren mit ihren Pferdewagen (die im deutschen Schlager so schön als „Zigeunerwagen" besungen wurden) herum und lebten von dem, was sie auf ihren Wegen gefunden haben. Diese Zigeuner wurden auch in Rumänien geboren, sind also laut „obiger" Theorie auch Rumänen. FAZIT: Schon kann man die Banater Schwaben mit den Zigeunern von der Mitte des letzten Jahrhunderts gleichsetzen, was der Verfasser des Triebswetterer Romans – bauernschlau, wie er ist – auch tatsächlich macht.

In den lokalen Radiosendern und in der Presse hört man immer wieder, dass **rumänische Banden hier in Deutschland** unterwegs sind und immer wieder irgendwelche Einbrüche verüben. Das Highlight war, dass eine Crew mit „brachialer Gewalt in eine Sparkasse" eingedrungen ist, und den Kontoauszugsdrucker aus der Verankerung gerissen und mitgehen hat lassen. Werden Deutschstämmige aus Rumänien – Banater Schwaben oder Siebenbürger Sachsen – jetzt auch zu dieser Gruppe gezählt, wenn man da keinen Unterschied macht? Noch schlimmer sind die Betreiber eines Flatrate-Bordells in Stuttgart gewesen (man hat ihnen mittlerweile das Handwerk gelegt), die junge Rumäninnen hierherlockten, die dann den Freiern rund um die Uhr zur Verfügung stehen mussten, weil man ihnen gedroht hat, dass ihren Angehörigen in Rumänien etwas passieren würde, wenn sie nicht gefügig wären. Zwei Rumänen manipulierten Geldautomaten, konnten die Geldkartendaten auslesen und im Ausland (teils in Südamerika) wurde dann das Konto der Betroffenen geplündert. An einer Tankstelle wurden „Anhängsel" fürs Auto „verschenkt", damit konnte man feststellen, wo der Inhaber hinfährt, und wann er nicht Zuhause war und bei ihm einbrechen. Dazu gehört schon mehr, als nur ein „kleiner Ganove" zu sein. Das sind schon Spezialisten, die so etwas tun, können und das Wissen haben, vermutlich von der ehemaligen Securitate!

Warum wird nicht mehr gegen Cyberattacken unternommen?
Man muss eben mehr Leute dafür einstellen, denn was hier läuft, hat die Qualitäten von millionenfachen Betrugsversuchen erreicht! Ich habe in den letzten 2-3 Jahren mindestens 500 solcher Attacken erfahren. Einige habe ich auch angezeigt, aber ohne Erfolg. Wie

lange will man noch warten, um etwas dagegen zu unternehmen? Das muss natürlich international geschehen. Aber man muss irgendwann damit beginnen.

Was läuft alles auf unseren Fußballfeldern ab? Das sind öffentliche Veranstaltungen, die auch noch im Fernsehen übertragen werden und **stellen den Ausdruck einer unzivilisierten Gesellschaft** dar (leider merkt man das bei anderen auch, aber wir müssen ja nicht alles nachmachen). Das menschenunwürdige Schmierentheater, welches man teilweise mit Trainern macht, die entlassen werden, wenn die „Millionäre" von 3 m vor dem Tor, das Tor nicht treffen, gehörte gesetzlich verboten. Die antiautoritäre Erziehung der 68er war es wohl doch nicht gewesen. Aber werden diese Leute es irgendwann mal merken? Die positiven Kritiken zu den von Mobbing und Verleumdung geprägten Romanen „Niederungen" (von Herta Müller) und „Jacob beschließt zu lieben" (von C.D. Florescu) gehören in dieselbe Kategorie: Unzivilisierte Gesellschaft, in welcher jeder seine eigene Meinung sagen darf, wenn er auch nichts weiß.

Welches ist das Wesen der Banater Schwaben? (Über Siebenbürger Sachsen will ich jetzt nichts schreiben, denn die gehören nicht zu dem Volksstamm, der in der Literatur verleumdet und erniedrigt wird, es ist aber nicht ganz auszuschließen, dass sich einige an der Hetze – in geistlosen Rezensionen und Kommentaren – gegen die Banater Schwaben beteiligen.)

Was schreibt Alexander Graf in: „Auf der Suche nach unseren Wurzeln/Anfang und Ende der Odenwälder Gemeinde Guttenbrunn im rumänischen Banat" Zitat Seite 5: „Dass wir *fast* alle **Nachkommen tüchtiger, fleißiger Bauern und Handwerker** sind, die **eine beispiellose Lebensleistung erbracht** haben, ohne die es keine menschenwürdige Zukunft für uns und unsere Kinder und Enkelkinder gegeben hätte."

„In der sozialistischen Ära hat man versucht die Leistungen unserer Vorfahren klein zu reden, einige Schriftsteller haben sich nicht gescheut das Menschenbild der Schwaben verzerrt, JA FALSCH darzustellen. Aber es gibt auch Ausnahmen, so in dem Buch 'Ghidul Banatului' von Dr. Emil Grădinariu und Ion Stoia-Udrea: Die Schwaben sind ein fleißiges Volk und haben mit ökonomischem Sachverstand in kurzer Zeit eine ausgezeichnete materielle Basis geschaffen... Sie sind bewundernswerte Landwirte... **Die schwäbischen Dörfer mit gut ausgestatteten, ordentlichen Bauernhöfen.**" Davon finde ich bei Herta Müller und C.D. Florescu NICHTS! Warum? Weil BEIDE noch NIE dort waren!

Wie hieß es da doch? „Fleißige, tüchtige Bauern und Handwerker". Finden wir die auch in Herta Müllers und C.D. Florescus Romanen? Nein! Sie haben ja Künstlerfreiheit! Das akzeptiere ich auch noch, aber nur bis zur Volksverhetzung (wenn etwas über eine Minderheit so dargestellt wird, wie es nie war, was z.B. zum Lächerlich machen führt). Aber in Interviews, selbstverfassten Berichte und Kommentare erwarte ich keine „Fiktionen", das Synonym für „glaubwürdiges Lügen", sondern die Wahrheit. Diese fehlt aber bei beiden, es gibt eine regelrechte Leuchtspur von Lügen, die nur gelingt, weil „hier" keiner (vom ehemaligen kommunistischen Lügen- und Kleptokraten-Staat etwas weiß und) den Wahrheitsgehalt überprüfen kann und AUCH NICHT TUT, weil den angeblichen „Dissidenten" geglaubt wird.

Genau für die Nachkommen dieser „tüchtigen, fleißigen Bauern und Handwerker" setze ich mich ein, weil es andere, die es tun sollten, nicht tun, um die „menschenwürdige Zukunft für uns und unsere Kinder und Enkelkinder" zu sichern. Diese Nachfahren, die aufs Äußerste in den Romanen entwürdigt wurden, ihre Identität regelrecht entstellt wurde (das ist Volksverhetzung), sind heute nicht in der Lage, sich gegen diese unverschämten, menschenunwürdigen Krixler zu wehren bzw. sind sie immer noch traumatisiert vom Erlebten im Unterdrückungs- und Unrechtsstaat und seinen Spitzeln.

Daher schreibe ich nicht für alle Banater Schwaben, weil es einige nicht verdienen, dass man sich für sie einsetzt. Das sind die, die sich so aufführen, dass andere sie als Nazis bezeichnen müssen und die andere Gattung, die der Verräter und Kollaborateure. Diese hat es schon vor der Umsiedlung und erst recht danach gegeben und es gibt sie heute noch. **Fans der ehemaligen menschenunwürdigen Regierungen des Ostens, die heute noch immer versuchen, die Identität der Banater Schwaben zu untergraben, ins Gegenteil zu verdrehen, solche die diese Schmutzromane auch noch loben und weiterempfehlen.** Das gilt auch für die Banater Landsmannschaft! Es reicht nicht nur Tanzveranstaltungen zu organisieren! Daher heißt es auch weiter oben *fast* alle!

**Schriftsteller, die in Romanen die Künstlerfreiheit für „Persön-
lichkeitsrechtverletzung"** (C.D.Florescu), **„Volksverhetzung"**
(Herta Müller und C.D.Florescu) und **„Verunglimpfung des Antlitzes von Toten"** (C.D.Florescu) **missbrauchen, sollten von deutschen Institutionen keine Preise erhalten.** (Den Holocaust darf
niemand leugnen, aber die Opfer der Vertreibung und des
totalitären Unrechts durch kommunistische Diktaturen sollte
man auch nicht vergessen und nicht wie den letzten literarischen Dreck behandeln.) Eine Banater Landsmannschaft (in der
Zeitung „Banater Post" wird ein Kommentar von Triebswetterern
verweigert, dafür aber der eines ehemaligen kommunistischen Kul-
turredakteurs abgedruckt, die Banater Leserschaft in Deutschland
belogen und betrogen), **ein DZM** (Donauschwäbisches Zentralmuseum Ulm), **ein DAAD** (Deutscher Akademischer Austauschdienst,
der mir eher rassistisch als akademisch vorkommt, wie alle anderen
auch, die Deutschland im Ausland vertreten), das **Goethe-Institut**,
der **Wangener Kreis**, die **Hesse-Stiftung**, der **SBVV** (Schweizer
Buch und Verleger Verband) und **ALLE deutschen und Schweizer
Medien** sollten es auch **unterlassen, die Opfer der menschenunwürdigen Diktaturen zu verhöhnen und verspotten**, sei es
durch „Texte voll Sinnlichkeit", Romane, bei welchen das Lesen ein
„Erkenntnisse förderndes Vergnügen" sei und anderen **Lobgesängen**, sowie das **Übersetzen** in andere Sprachen (darunter auch
ins Russische, was vor kurzer Zeit erst stattfand).

**Auszüge aus meinem Schreiben an
die NZZ (Neue Zürcher Zeitung),
das SRF (Schweizer Radio und Fernsehen 2 Kultur)
und SBVV (Schweizer Buch und Verleger Verband)**
„… Ich bin in Triebswetter geboren und habe Rumänien 1975
verlassen (im Zuge der Umsiedlungsmaßnahmen, die sich im Nach-
hinein als „große Freikaufaktion" herausgestellt haben) und arbeite
heute noch an der Homepage von Triebswetter, die keine Fiktion
(das neue Wort für Lügen) darstellt. Wir pflegen gewöhnlich die
Wahrheit zu sagen und haben es nicht nötig unsere Gesprächs-
partner zu belügen, was man von jeglicher Berichterstattung zum
Roman „Jacob beschließt zu lieben" nicht sagen kann. Es ist
durchaus möglich, dass Sie gar nicht genau wissen, was Ihnen
Florescu alles „auftischt", denn Sie wissen es nicht (was kein

Vorwurf sein soll, man kann nicht alles über Banater Schwaben wissen) aber Sie müssten zumindest dann darauf reagieren, wenn Sie von uns, den Betroffenen – und auch von Ihnen Diskriminierten – Hinweise erhalten.

Wir haben uns im Vorfeld der Schweizer Buchpreisvergabe gemeldet, aber unsere Kommentare wurden unterdrückt, in Bewertungsportalen gelöscht oder gar nicht abgedruckt. Deswegen zweifeln wir (und vor allem ich) dass die Prozedur bei dieser Buchpreisvergabe (um 2011 geht es) mit rechten Dingen zuging. Frau Cantieni hatten Sie nicht auch ein Werk dabei? Ich hatte Ihnen damals eine Mail geschickt. Ist die verloren gegangen? Wer nimmt sich das Recht E-Mails zu „kappen" und nicht zuzustellen oder sie so als „Spams" zu kennzeichnen, dass sie nicht gelesen werden können? Ich kenn da einige Spezialisten, die das „hauptberuflich" machten und unter Umständen gar nichts anderes gelernt haben.

Wenn Sie ein Beispiel anstandsloser, verlogener und Triebswetterer diskriminierender (wer ein rassistisch motiviertes Werk lobt, ist auch ein Rassist) Berichterstattung lesen möchten, können Sie die Datei http://www.triebswetter.de/Roman-SchwaBo.pdf herunterladen und aufmerksam, nicht so schlampig, wie unsere von PISA geplagten Schüler, lesen. Durch solche Berichterstattungen, einer regelrechten Volksverdummung „par excellence" durch Presse und Radio, kam es dann dazu, dass irgendwelche Preise vergeben wurden, und der nächste begründet damit, dass „er" ja schon so viele andere Preise erhalten hat und vergibt einen neuen Preis. Aber wie sind denn die ersten Preise zu Stande gekommen?...

… Er gibt an die Banater Schwaben zu beschreiben, beschreibt hingegen die etwa 300km weit entfernten Dörfer aus Oltenien, von wo seine ganze Sippschaft (siehe „Der kurze Weg nach Hause", angeblich äußerst glaubwürdig) herkommt und von dort hat er sich die übelsten Exemplare heraus gepiekt und sie den Banater Schwaben aus Triebswetter untergejubelt. Und keiner merkt etwas. Es merkt auch keiner, dass er aus dem Familiensippenbuch, dem Treffil-Buch, abgeschrieben hat. Na ja, abgeschrieben, wie unsere Doktoren hat er ja gerade nicht, er hat nur die Namen (eventuell einen Buchstaben verändert und damit kann er auch die Identität - siehe Thüringer Allgemeine - der Personen verändern) und ihre Geschichten **übernommen, verändert, verdichtet und bis zum**

vollen Glanze poliert. (Radio Temeswar August 2010, daher die Kopier- und Poliervorlage.) Daher will Triebswetter die ausgeliehenen (oder geschenkten) Bücher wieder zurück, weil er Schindluder damit getrieben hat. Er hatte Kontakt mit den beiden Rentnern **Jakob** Oberten (was rumänisch **Iacob** Oberten geschrieben wird, der ihm den Friedhof zeigte und hilfsbereit etwas über die Bărăgan-Deportation erzählte) und **Heinz Vogel**, dem Herausgeber des „Treffil-Buches"… **Wehrlose Rentner aus Rumänien kann man allerdings in der Schweiz auf das Übelste hintergehen und die Schweizer Öffentlichkeit betrügen und belügen.** Gibt es in der Schweiz dafür keine Gesetze? **Verdient so einer wirklich den Schweizer Buchpreis? Mein Rechtsempfinden sagt mir: NEIN!**

Die verdächtige Chronik der Literaturpreise. Überlegungen und Schlussfolgerungen können Sie selbst ziehen, die will ich Ihnen nicht vorwegnehmen. Fragen werde ich selbstverständlich stellen, die Sie sich beantworten können oder nicht. Die Arroganz mancher Medienfuzzis ist nicht zu überbieten.

Die Freikaufaktion der Banater Schwaben und Siebenbürger Sachsen (**Rumäniendeutsche** und bitte KEINE Deutschrumänen, und wenn wir Deutsche sein wollen, obwohl wir in Rumänien geboren wurden, sind wir keine Nazis!) begann gegen Ende der 60er-Jahre. 70er- und 80er-Jahre erreichte die Aktion seinen Höhepunkt. 230.000 Rumäniendeutsche konnten in die BRD ausreisen. Die Aktion wurde von der Securitate (dem rumänischen Geheimdienst) organisiert, deren Mitglieder sich auch noch ein Stück extra abschneiden/verdienen konnten, denn die B-Schwaben und S-Sachsen haben auch – mehr oder weniger erfolgreich – Schmiergelder bezahlt, die oft das übertrafen, was der Deutsche Staat für sie bezahlt hat. (Siehe „Teurer Freikauf" im Phönix-TV oder „Deutsche für Devisen" im Ersten, dieselbe Autorin). Na wo wohl diese Gelder, die in Devisen (also harte DM oder Dollar) bezahlt wurden, obwohl keine rumänischen Staatsbürger solche besitzen durften, hingeflossen sind? Drei Mal dürfen Sie raten!

Die Aktion lief aus der Sicht der Rumäniendeutschen gut, das waren fleißige Leute, alle gut ausgebildet, denn sie wussten schon als sie zur Schule gingen, (was die 68er nie – und auch heute noch nicht wissen) warum sie lernten, hatten bald einen Job und waren (außer bei Herta Müller und C.D.Florescu) angesehene und geschätzte

Mitarbeiter und Bürger. Und damit hatte man bei der Rumänischen Führung (RKP=Rumänische Kommunistische Partei) und ihrer Schützlinge, der Securitate, für so manchen „Westler" eine „**Hu**manitäre **Hi**lfs-**Org**anisation Kloster Secu" (HuHiOrg), nicht gerechnet. Für die RKP waren die Deutschen, die das Land verließen öffentlich: Verbrecher, Überläufer, Verräter und Deserteure. (Einen Umstand, der sich in Florescus Roman bei den Vorfahren der Triebswetterer aus Lothringen, die ihre „Heimat machthungrig und mit Blut an den Händen verließen", niederschlägt.)

1982 kommt das Werk (oder das Schriftstück oder die Prosa oder das Schmutzwerk) „Niederungen" von Herta Müller raus, die den guten Ruf der Banater Schwaben bis ins Mark verunstalten und verleumden sollte. Sie beschreibt natürlich auch einige Szenen aus der Nazi-Zeit. Ein „Wultschmann" wie in diesem Prosa-Werk gab es nach dem Krieg nie wieder, denn die rumänischen kommunistischen Machthaber haben überall – auch in Schulen – dafür gesorgt, dass niemand, aber auch niemand den Nazis frönen konnte. Wenn die Banater Schwaben sich über dieses Schriftstück beklagt haben, die überhaupt nicht die Sache mit den Nazis meinten, sondern die restlichen Verleumdungen und Erniedrigungen, wurden sie von Herta Müller als Nazis beschimpft, was die Kritiken verstummen ließ. Ob das Werk im Auftrag der RKP oder Securitate geschrieben wurde, weiß wohl Herta Müller selbst. Die Abwehrreaktion, dass die Kritiker Nazis wären, kann nur von einem „bauerschlauen" Securitate-Offizier stammen, denn das waren die Einzigen, die aus der Verleumdung der Banater Schwaben Nutzen gezogen haben. **Dass ihr Prosa-Werk zensiert wurde und dass sie damals von der Securitate verfolgt war, ist ganz sicher GELOGEN.** Leider hat die NZZ damals schon etwas über dieses Schmutzwerk, aber freudenfroh, berichtet. Warum? Wieso? Woher die Info?

Die „Niederungen" von Herta Müller bekamen 1983 einen Preis (wohl für kommunistische Ethik) vom Zentralkommitee (ZK, CC = Comitetul Central) des Verbandes der Kommunistischen Jugend (VKJ, UTC= Uniunea Tineretului Comunist), wo auch noch der Sohn des Diktators, Nicu Ceausescu, 1. Sekretär war. 1983 war die Diktatur in „voller Blüte" und eine Verfolgte von der Securitate mit einem zensierten Werk hätte NIE und NIE einen Preis vom ZK des VKJ bekommen. Die waren nicht so „blauäugig" wie unsere westlichen Literaturgurus. Der Roman wurde ... 2 Jahre später vom Rotbuch-

Verlag gedruckt. Diese Version hatte aber 4 Kapitel weniger. WO WURDE DER ROMAN JETZT ZENSIERT? Sie durfte mit dem Segen der Securitate, also HuHiOrg, drei Mal ausreisen (was in jener Zeit kein Banater Schwabe durfte, weil die in Deutschland geblieben wären), um ihr „Schmutzwerk" der Deutschen Öffentlichkeit, **wohl mit dem Segen der 68er**, vorzustellen und zu verkaufen und wieder nach Rumänien zurückzukehren. Das hätte die Securitate nur gemacht, um sie zu kompromittieren. Wer hat es in Deutschland veranlasst, diesen Roman mit einem Preis zu versehen: Stasi, Securitate, Kollaborateure?... Mit dieser Person hätte ich gern gesprochen.

Ist es ein reiner Zufall, dass ihr damaliger Mann, **Richard Wagner, RKP-Mitglied, im Jahre 1984** ebenfalls einen Literatur-Preis bekommen hat und zwar genau vom ZK des VKJ? Das war kein Verfolgter.

[Über die „Atemschaukel" will ich mich nicht negativ äußern, nur so viel sei gesagt. Sie begann die Arbeit daran mit Oskar Pastior, der für die Securitate gearbeitet haben soll, wobei sie nichts wusste. Er wäre plötzlich verstorben und sie musste das Werk allein zu Ende bringen. Ist sie deswegen bei der Securitate in Ungnade (20 Jahre danach?) gefallen? Das wäre allerdings möglich. Aber sonst bräuchte sie uns nichts vorzulügen. **Und bei der „Banater Post" sitzen heute lauter ehemalige HuHiOrg-Mitarbeiter**.]

Glauben Sie, dass ich vom Thema abgekommen bin? Nein. Da gibt es noch jemanden, der wie Herta Müller, dasselbe Thema beackert: Die Verleumdung und Erniedrigung der Banater Schwaben, der auch noch die Frechheit besitzt zu behaupten, mehrmals geflüchtet zu sein. Genau 1982 verlässt die Familie Florescu „erneut auf der Flucht" Rumänien. Wo Flüchtige erschossen wurden, kann er und seine Eltern erneut flüchten. In seinen Erstlingsromanen, die äußerst glaubwürdig sein sollen, beschreibt er diese Flucht. Im Roman heißt es, dass die Familie nach Italien wollte, in einem Interview beim Tagesanzeiger.CH heißt es, dass sie nach Deutschland wollten (da lief gerade die Freikaufaktion und Deutschland hat sie wohl als „Nichtdeutsche" abgewiesen.). Gelandet ist man dann in der Schweiz. Mit einem eigenen PKW (den man nur mit Beziehungen gekauft hat/kaufen konnte) mit Anhänger mit doppeltem Boden und Dachgepäckträger (siehe Bilder im SRF2) und das **ohne Kontrolle**

bei der Ausreise an der Grenze, obwohl man „anderen den Wagen auseinandergenommen hat". Geholfen hat der Aberglaube, den die Triebswetterer im Roman „Jacob..." auch ertragen müssen, die verstreuten getrockneten Gräser aus der Oltenischen Tiefebene. Damit hat er den ganzen Westen geblendet. Beide Romane sind in einer sexistisch-vulgären Fäkaliensprache geschrieben, Frauen verachtend, es gibt nur dicke, fette Hausfrauen, die sich voll laufen lassen, die Beine spreizen und Huren. Alle anderen Nationen, die absichtlich oder zufällig in seinen Romanen vorkommen, Ungarn, Österreicher, Schweizer werden entsprechend nationalistisch abgestraft. [Ungarische Muschi, Österreichische und Ungarische Huren am Straßenrand, die Schweizer könnte man ausnehmen und die merkten es nicht einmal, weil sie so viel haben, und der Gipfel die Ungarn (bozgori= rumänisches abwertendes Schimpfwort über Ungarn) sind Schuld am Gelingen der Revolution 1989 in Rumänien.] **Und für diesen Mist bekommt er einen oder mehrere Preise?** Was für Hohlköpfe waren das? Doch keine Hohlköpfe: Stasi, Securitate und Co? 68er?

Wenn Sie mich fragen, die beschriebene Flucht aus den beiden Erstlingsromanen, ist die Ausreise eines von der Securitate und der RKP beauftragten Spions in den Westen, was geschickt getarnt wurde. Das ist nie ein Dissident, denn sonst hätte er nicht den <u>die Banater Schwaben verleumdenden Roman „Jacob..."</u> geschrieben. So ist das Problem ähnlich wie bei Herta Müller gelagert, im Auftrag oder im Sinne der Securitate und RKP, nur packt Florescu noch einige Dinge dazu: **Mörder, Frontenwechsler, Zigeunerjäger, Zigeunerhenker, Brandstifter, Vergewaltiger und Geiselnehme**r. Triebswetter ist ein „**Dorf von Selbstmördern und Pechvögeln**". Ihre Vorfahren haben die alte Heimat Lothringen „**machthungrig und mit Blut an den Händen verlassen**". Eine „**geteilte Minderheit**" (also die Triebswetterer) hat etwas gegen seinen Roman, das wären „**reaktionäre, traditionalistische Kreise**", Wörter, die direkt aus dem Munde Ceauşescus kommen.
<u>**KEINE FIKTIONEN!**</u>

Wundern Sie sich noch, dass Triebswetterer aufgebracht sind, und dass sie von einer unverantwortlichen, verlogenen Presseberichterstattung die „Schnauze" gestrichen VOLL haben?

Der Roman „Jacob beschließt zu lieben" von Catalin Dorian Florescu hätte nie einen Schweizer Buchpreis 2011 erhalten dürfen:

- weil es ein nationalistisch-rassistisches Werk eines Ceauşescu Verehrers ist
(siehe http://www.triebswetter.de/roman-schwaben.htm Nr. 18 mehrere Indizien);
- es wird eine real existierende Person als Hauptprotagonist beschrieben, der sich nicht dagegen wehren kann;
- es wurde ein Familiensippenbuch der Triebswetterer verwendet, aus welchem wieder Namen real existierender Familien genommen und durch die „Scheiße", um auf dem Niveau des Romans zu bleiben, gezogen wurden;
- im Vorfeld der Preisvergabe wurden unsere Kommentare gelöscht/verweigert, die Leser wurden daher in die Irre geführt;
- ähnlich wie auch jetzt beim ADAC vermuten wir „undurchsichtige Machenschaften" (ein Schweizer meinte, dass er den Eindruck hatte, dass dieser Roman den Preis gewinnen musste, und da sind wir auf dem Niveau der Preisvergaben im Kommunismus);
- die rumänische Vereinigung (Asociaţia Romanilor din Elveţia) hat in rumänischer Sprache auf ihrer Internetseite aufgerufen, für diesen Roman zu stimmen (haben da Leute gestimmt, die den Roman gar nicht Deutsch lesen konnten, ja vielleicht auch direkt aus Oltenien in Rumänien);
- der Lektor des Romans, Martin Hielscher, hat Vorlesungen in der Schweiz, in München, in Bamberg.
Haben seine Studenten auch abgestimmt?

Kommentar einer Schweizerin: „Ich schäme mich als Schweizerin, dass dieser Roman, den Schweizer Buchpreis erhalten hat". Und ich auch für die Schweizer, die das Recht haben, die Wahrheit zu erfahren." (Ende des Auszuges aus dem Brief an die Schweizer.)

Werden wir Banater Schwaben nach den „Fiktionen" (also Lügen, denn die Romanschreiber haben „Narrenfreiheit", wenn es auch Rassismus ist) zweier Hassromanschreiber, die für ein Regime arbeiteten, dass längst untergegangen ist, beurteilt und behandelt? Ich habe schon die Bemerkung gehört, dass das ja dasselbe wie bei Herta Müller wäre. Das stimmt leider nicht. Bei Herta Müller wurden keine Namen genannt! (Dafür behauptet sie aber, dass es die ganze Väterngeneration war, die sie im Sinne der 68er voller Hass beschreibt, gemeint sind also alle Banater Schwaben.

So eine einmalig zerrüttete Familie, wie die, die sie in „Niederungen"
beschreibt, gab es nie im Banat.)

**Alle Pressemitteilungen bezüglich Herta Müller,
C.D.Florescu oder Richard Wagner sind zum Teil gelogen!**

Zitat ADZ (Allgemeine Deutsche Zeitung Rumäniens) **Dez 2012:**
Florescu: »... sprach über den Schaffensprozess, die persönlichen
Hürden, die man überwinden muss und die Ängste, die Schriftsteller
meist belasten und er selten spürt. Rumänien ist und bleibt seine
Inspirationsquelle, obwohl er in der Schweiz lebt und auf Deutsch
schreibt. Die Geschichten, die er in seinen Büchern erzählt, sucht er
im Banat. Bisher fing er meist bei einer realen Begebenheit an und
ließ sich dann von der Handlung treiben, die nicht selten seine
Romanfiguren um die halbe Welt brachten.

Mit „Jakob beschließt zu lieben" liefert Catalin Dorian Florescu seinen ersten rein fiktiven Roman, der zwar von dem Schicksal der Rumäniendeutschen aus dem Banater Dorf Triebswetter/Tomnatic
inspiriert wurde, sich jedoch von der Biografie realer Personen
distanziert. Durch seine Figur Jakob Obertin erzählt Florescu von der
Einwanderung der Deutschen im Banat sowie von den harten Jahren
während, zwischen und nach den beiden Weltkriegen. Die Deportation der Deutschen nach Russland greift Florescu ebenso auf, wie
die harten Jahre der Kolonisierung, als viele Deutsche im Banat den
Tod fanden.«

MEIN KOMMENTAR: 24.10.2014
In jedem Kommentar zum „großen" Roman „Jacob beschließt zu
lieben" werden die Leser aufs „Kreuz" gelegt. Dass dieser rassistisch
konzipierte Schundroman sein erster fiktiver Roman sein soll, das
erfährt man hier bei der ADZ zum ersten Mal. Alle anderen waren
„äußerst glaubwürdig" und real verfasst, was ich auch bestätigen
kann. Auch alle (gekauften) Kommentatoren unterstreichen das
immer wieder, indem sie den Klappentext jeweils in einer anderen
Form widergeben. Wieso kann ein Roman eine „Fiktion" (der
erfundene Begriff für schriftstellerisches LÜGEN) sein, wenn darin
der echte Name des Dorfes vorkommt, wenn darin echte Familien-
Namen der Triebswetterer vorkommen, deren Geschichten durch

den Dreck (durch die Scheiße geritten) gezogen wurden, wobei man auch nicht zurückschreckte das Antlitz von Toten zu beschmutzen. Wie wird der Rentner Jakob (83, als Banater Deutscher) sowie Jacob (aus seinem rumänischen Ausweis) beschrieben? Entwürdigend und erniedrigend. Äußerst persönlichkeitsverletzend. Und da wird behauptet, dass der Roman „sich jedoch von der Biografie realer Personen distanziert", was eigentlich im Grunde stimmt, weil der Autor die IDENTITÄT aller Triebswetterer, die im Roman vorkommen, verändert hat. Selbst die Auswanderer aus Lothringen, die ihre alte Heimat „mit Blut an den Händen verlassen" haben, auf dem Weg noch schnell einen Mord begingen, um danach als „Zivilisationsstifter" das Dorf Triebswetter zu gründen! Kapiert denn kein Leser oder Kommentator, dass diese ständigen Rückblenden eine „Kriminalisierung" der Ansiedler Triebswetters darstellen? (Ich nehme mich zurück, um den geistigen Zustand dieser Leute zu charakterisieren: Nationalisten und Rassisten.) **Was waren denn die Vorfahren Obertins: Frontenwechsler, Zigeunerjäger, Zigeunerhenker, Geiselnehmer, Irre (kannten das eigene Zuhause nicht mehr), Brandstifter und Vergewaltiger** (Das sind wohl die harten Jahre der Kolonisierung!). Und wie ergeht es dem wehrlosen Rentner Jakob Oberten, der sowohl als Jakob (mit k, der böse verbrecherische Deutsche mit Lothringer Wurzeln), wie auch als Jacob (mit c, der liebe und gute Rumäne, der sich nur bei der Zigeunerin wohlfühlt, weil Florescu diese so gut findet und gut kennt, dass er in einem Roman schreibt, dass ihre „Brüste so groß wie die Sonne" waren und „nur ER reinbeißen" durfte – das war glaubwürdig!) beschrieben wird: Seine Mutter war eine Hure, heiratete einen Zigeuner, er wurde auf dem Mist geboren, er verriet seinen Sohn an die Russen, die ihn verschleppten, er säuberte menschliche Knochen, hielt sich in einer Gruft bei den Toten auf, usw. Ja geht es noch übler zu? Zwei Mal wurde den Banater Schwaben ein Verbrecher (einmal der Frontenwechsler und Mörder in Lothringen und einmal der Zigeuner, der über die Karpaten aus dem Osten kam, um Elsa zu heiraten und deren Familiennamen annahm und Katica umbringen ließ) untergejubelt und keiner hat wohl etwas gemerkt! Kann man das noch TOPPEN? **JA, man liest es Schülern vor: DAS waren die Banater Schwaben und ihre Vorfahren! TOLL! SUPER! SPITZE!** Und was macht die Presse? Dermaßen LÜGEN, dass das Schundwerk noch einen PREIS bekommt. Gratulation für EURE „intelligent", volksverdummende „Pressefreiheit"! Was schreibt eine Schweizerin: „Ich schäme mich als Schweizerin, dass gerade dieser Roman den Schweizer Buchpreis erhalten hat". Darauf sollten alle Positivkommentatoren und Pressefuzzis achten und es beherzigen!

Zitat ADZ, Juli.2014:
»Literarische Aufarbeitung der Diktatur Von politischer Verfolgung handelt auch der jüngste Roman des Schweizer Schriftstellers Cătălin Dorian Florescu. Der aus Temeswar/Timişoara gebürtige Autor erhielt für „Jakob beschließt zu lieben" den Schweizer Buchpreis – die bedeutendste Literaturauszeichnung in seiner Adoptivheimat. Florescu eröffnete das Lectora-Festival mit einer Lesung an der Stefan-cel-Mare-Universität. Neben „Jakob beschließt zu lieben" stellte er auch seinen Roman „Zaira" vor.
In seinem jüngsten Buch erzählt Florescu eine abenteuerliche Geschichte über das Leben der Rumäniendeutschen im Banat. Er greift die Deportationen der Minderheit auf, zuerst nach Russland und später in die Bărăgan-Steppe.«

MEIN KOMMENTAR: 23.10.2014
Das was ich in diesem Artikel gelesen habe, „haut dem Fass den Boden raus". Das kann doch nicht wahr sein: C.D. Florescus „Schmutzwerk" über Triebswetter ist eine „Literarische Aufarbeitung der Diktatur"? Das gibt es doch nicht! Was für Diktatur? Die „Mediendiktatur", die bei uns betrieben wird, hat wohl schon Früchte „geworfen", die bis nach Temeswar geflogen sind. Wer lügt jetzt wen an? Florescu Sie oder Sie Ihre Leser? Wenn Sie nicht wissen, was ich meine, dann nehmen Sie sich doch Udo Ulfkottes „Gekaufte Journalisten" vor, dann wissen Sie auch, warum der Roman „Jacob..." einen Schweizer Preis bekommen hat. Auch das Zitat: „Von politischer Verfolgung handelt auch der jüngste Roman des Schweizer Schriftstellers Catalin Dorian Florescu" ist für mich niederschmetternd und ERLOGEN. Wer ist im Roman politisch verfolgt? Die Triebswetterer? Die Banater Schwaben? Oder der wehrlose Rentner Jac/kob Oberten (Jakob als Deutscher und Jacob im rumänischen Ausweis), oder die, die laut Florescu „Wahnideen" haben, oder jene, die „besoffen und unzurechnungsfähig" sein müssen, wenn sie „so einen großen Roman" (oder den untergegangenen Kommunismus) kritisieren. Dann wird dieser und „Zaira" noch vor Schülern vorgelesen. **Beide Romane „Zaira" und „Jacob..." gehören auf den Index jugendgefährdender Schriften, die nicht in Schulen vorgelesen werden sollten.** Vielleicht glaubt sich der

Autor C.D.F. als „politisch" Verfolgter? Wer gibt an „Ceauşescus Heldentaten" zu referieren, wer gibt an am Nationalfeiertag (23. August) in der ersten Reihe mit zumarschieren? (Das steht aber nur in der Werbung und nicht in den beiden Erstlingsromanen drin.) Wer schreibt einen Bericht über Ceauşescu genau am 23.August 2012 in der Zeit-Online? Wer behauptet, dass er „eine Welt verloren hat" und muss jetzt eine neue „erobern"? (Was für Welt hat er denn verloren? Den Kommunismus?) Wer nennt die Triebswetterer „reaktionäre traditionalistische Kreise"? (Diese Wortkombination stammt aus dem Ceauşescu-Repertoire, das kennen Sie aber vielleicht nicht mehr.) Wer darf es sich erlauben „Triebswetter als Ort von Selbstmördern und Pechvögeln" zu bezeichnen? Genau: „Ein politisch Verfolgter"! Sein Vater ist ein „positiver Held", ja genau, das ist derjenige, der seine Nachbarn an die „Miliz" (und wer war die Miliz?) verpfiffen hat! Sein Roman „Jacob..." stellt eine Persönlichkeitsrechtverletzung des 83-jährigen Rentners Jakob Oberten dar, weiterhin ist es eine Volksverhetzung, weil das keine Triebswetterer sind, die er beschreibt, und letzten Endes die Verunglimpfung des Antlitzes von Toten (aus dem Triebswetterer Familiensippenbuch). Und was machen Sie? Irgendwie komm ich also mit den Begriffen: „Literarische Aufarbeitung der Diktatur" und der „politischen Verfolgung" in seinem letzten Roman nicht zurecht. Und Sie sollten auch nicht damit zurecht kommen, oder sind Sie auch von der „Krankheit", die Ulfkotte in seinem Buch beschreibt, befallen?

Außer dem „Blinden Masseur" habe ich alle Romane von Florescu gelesen. Fazit: „Sexistisch, vulgäre Fäkaliensprache" mit zum Teil nationalistischen Seitenhieben (hauptsächlich gegen die Ungarn, die SCHULD daran sind, dass Rumänien HEUTE DIKTATURFREI ist) und dem Lob ehemaliger kommunistischer Einrichtungen, sehr „sinnlich" und „Erkenntnisse fördernd", laut einer deutschen, verlogenen, leserverachtenden Verdummungspresse. Unsere Gesellschaft ist aber so weit fortgeschritten, dass man so etwas mit „Preisen" belegen muss, denn was besseres haben wir im Moment auch nicht (nur die 68er, Gehilfen und Kollaborateure).

NACHTRAG
Noch ein Nachtrag über Florescus „Aufbereitung mit der Diktatur". Am 23. August 2012 behauptet er in der Zeit-Online, dass Ceauşescu zu ihm gehörte „wie Vater und Mutter". Fragen wir mal einige

(ehemalige) DDRler, ob sie das Gleiche mit Erich und Margot auch behaupten können oder würden?

„Er greift die Deportationen der Minderheit auf, zuerst nach Russland und später in die Bărăgan-Steppe." Das habe ich total und „ganz" übersehen. Erst stört mich das Wort „Minderheit", über welche man sich jetzt in der „neuen, deutschen Literatur" mit einem neuen Ton, der mir so bekannt vorkommt, entwürdigend und erniedrigend äußern kann und dann diese Deportationen, die er beschreibt. Der Vater „Jakob" (der böse und üble Deutsche aus einer Minderheit) verrät seinen Sohn „Jacob" (der gute Rumäne) an die Russen, damit der deportiert wird. Und der „bauernschlaue Jacob" entkommt von dem Deportationszug der Roten Armee?

Das ist wirklich Fiktion, oder doch nicht? Diese Szene kommt aus einem Bogart-Film, in welchem der Vater den Sohn verrät und dieser wird dann mit „Verbrechern und Nutten" abtransportiert. Und der Roman endet mit der Bărăgan-Deportation, welche von Pro-Florescu-Kommentatoren so beschrieben wird: „Zur falschen Zeit am falschen Ort, über ihnen nur der Himmel". Wie entwürdigend muss das für die ehemaligen Deportierten sein? Florescu behauptet in einem Interview im Schweizer Radio (DRS2, das den Dienst mittlerweile eingestellt hat): „Und wieder gründeten sie ein neues Dorf". Gleichzeitig postet eine Kommentatorin: **„Der Roman endet mit der Deportation junger rumänischer Männer nach Sibirien".** Ein Beweis dafür, dass aus dem Roman NICHTS verstanden wurde, dass er einen falschen Eindruck bei den Lesern hinterlassen hat und dass man zwischen Bărăgan und Sibirien einen Unterschied machen muss. Gleichzeitig ist der Satz symtomatisch für eine „rücksichtslos falsche, volksverdummende Berichterstattung". Ich will mal den Satz richtig stellen bzw. ergänzen: **„Der Roman endet mit der Deportation der Banater Schwaben bewacht durch junge rumänische Männer mit aufgepflanzten Gewehren in die Bărăgan-Steppe."**

Diese Leute (Banater Schwaben im Allgemeinen und Triebswetterer mit Lothringer Wurzeln im Besonderen) haben es nicht verdient, von einem Rumänen (mit altkommunistischen Ansichten) derart durch die „Scheiße" gezogen zu werden. (Scheiße, das ist das Niveau dieses Romanes.)

NACHLESE:
Mit „Literarische Aufarbeitung der Diktatur" und „politischer Verfolgung" hat man eigentlich nicht ganz unrecht, wenn man ergänzt,
dass es sich um die verhöhnten und verspotteten Opfer, die unter
der rumänischen kommunistischen Diktatur zu leiden hatten, handelt, deren Geschichte und Identität im Roman total verfälscht wurde, so dass es als rassistische Schundliteratur angesehen werden
muss und der Tatbestand der Volksverhetzung erreicht wird!

Anmerkungen zu „Niederungen" von Herta Müller.
Hier ein Zitat aus einer Studienarbeit von N.M.Schulz über Harta
Müllers „Niederungen". Ich habe diese Studienarbeit aufgeschlagen
und das Folgende gelesen: „Die einzelnen Erzählungen weisen
keine Handlung im herkömmlichen Sinne auf. Erzählt wird meist aus
der Perspektive einer Außenseiterin." „Die... Einblicke in den Alltag...
konfrontieren mit oft als überkommen empfundenen Bräuchen, Ritualen und Traditionen." (Oft bediente sie sich der Rumänischen Sprache und der Redewendungen.) War es jemand, der die Bräuche und
Traditionen gar nicht kannte und diktierte, was zu schreiben war,
oder gar die fertigen Geschichten gleich mitlieferte und sie zum
Schein auch noch zensierte, weil die Arbeiten von Banater Dichtern
und Schriftstellern in der Regel zensiert wurden? Ein perfektes
Täuschungsmanöver? Oder wurde sie gezwungen das zu schreiben?

Was die Namen angeht, wurde aber niemand mit seinem Originalnamen beschrieben, wie es Florescu tut. Im Klappentext wurde
nicht einmal der Geburtsort der Autorin genannt. Die beschriebenen
Protagonisten in manchen Kapiteln sind aber KEINE BANATER
SCHWABEN! In anderen wieder wird deren Lebensweise an einem
wohl einzigartigen Beispiel im Banat derart übertrieben, dass
eigentlich alle Deutschen Ämter, Verbände und Institutionen auf die
Banater Schwaben als „gefährliche Übeltäter" hätten aufmerksam
werden müssen: das Jugendamt wegen Einprügeln auf Kinder, Frauenorganisationen wegen Diskriminierung und Erniedrigung der
Frauen, Tierschutzorganisationen wegen Tierquälerei (z.B. den
Hund mit dem Fuß getreten, bis er verendete, dem Kalb das Bein
gebrochen, damit es notgeschlachtet werden konnte), der Drogenfahndung (weil Großmütter Mohnkuchen backten und auserwählte Banater Krähenmist als Droge nutzen), Polizei wegen gewalt-

tätiger und besoffener Männer, Vermummte, Vetternwirtschaft und Korruption. Ganz zu schweigen von der Beschreibung im Kapitel „Schwäbisches Bad", wo mit dem Ordnungssinn und der Sauberkeit der Banater Familien regelrechtes unverschämtes Mobbing getrieben wurde. (**Das alles hat nichts mit Nazis zu tun**!) Die 68er dürfte es wohl auf den Plan gerufen haben, wegen der „Aufarbeitung der Nazivergangenheit" durch die Nachkriegsgeneration. Was Herta Müller eventuell weiß, es aber verschweigt, die 68er aber ganz sicher nicht wissen: Manche Banater Schwaben wurden gezwungen „freiwillig" ins Deutsche Heer einzurücken, weil Rumänien mit Hitlerdeutschland verbündet war (wurden die Banater Schwaben, die in rumänischen Einheiten rekrutiert waren mit aufgepflanzten Gewehren zu den deutschen Einheiten überstellt – ganz freiwillig). Nach dem Krieg durfte keiner darüber sprechen, denn bei einem „falschen" Wort hätte es unter Umständen 10 Jahre Haft, aber in rumänischen Gefängnissen, gegeben. In den Schulen hatte man keine ehemaligen Nazis als Lehrer und die Lerndisziplin war aber genau so exemplarisch, wie die unter Hitler, weil die kommunistische Doktrin nicht anders vermittelt werden konnte. Aus der Nachkriegsgeneration sind also keine Nazis hervorgegangen und es hat keinen Generationenkonflikt im Sinne der von dem KGB unterwanderten 68ern gegeben (Hinweis für Kommentatoren zu „Niederungen"). Die 68er haben auch für das Recht den „Wissenschaftlichen Sozialismus" zu studieren demonstriert und die Banater Nachkriegsgeneration, Deutsche, Rumänen, Serben, Türken, Ungarn, und andere haben friedlich miteinander studiert, und egal welcher Fachrichtung sie waren, der verhasste „Wissenschaftliche Sozialismus" war Hauptfach. Es ist also ÜBELSTE VERLEUMDUNG, was diese durch Herta Müllers „Prosa" erfahren mussten. **Und die, die ihr Schundwerk kritisieren, sind keineswegs Nazis, sondern jene, die gegen Mitstreiter und Anhänger** (Herta Müller und C.D. Florescu) **der ehemaligen und zunächst letzten Diktatoren der Neuzeit eintreten.** „Darüber hinaus besitzen die wenigsten Protagonisten in den ‚Niederungen' einen eigenen Namen. Meist wird die soziale Funktion oder der Beruf als Name verwendet." Das soll dem Leser auch vorgaukeln, dass das Geschriebene für ALLE BANATER SCHWABEN gelten soll. Wer könnte schon ein Interesse daran gehabt haben, die Banater Schwaben zu verleumden? Mitten in der „Freikaufaktion" 1982? Dem Jahr in welchem der ANDERE mehrfach mit eigenem PKW samt Anhänger flüchten konnten? Wurden manche Preise nach dem rumänischen kommunistischen „Bezie-hungs-Prinzip" vergeben?

Die Um- und Aussiedlung hat sehr gut geklappt, die Rumänien-deutschen wurden gut aufgenommen und integriert, da es ja kaum Sprachbarrieren gab. Und fleißig waren ja auch alle und sogar an schwerer Arbeit, die von den 68ern verpönt wurde/wird, gewöhnt. Dem musste ein Riegel vorgeschoben werden. Wer konnte schon ein Interesse haben, diesen Vorgang zu stören? Mitten drin erscheint nun die „Prosa" von Herta Müller, die jeden, der ihre „dreckige Prosa" kritisiert, als Nazi beschimpft. Wer war wohl der Drahtzieher eines solchen Werkes und wer hat sich so sehr gefreut, dass er ihm sogar einen Preis vergeben hat? Jawohl! „Die Securitate ist immer noch im Dienst!" Auch 30 Jahre später, ist wieder einer da, der dasselbe Thema „beackert" und den gleichen Schund, diesmal aber mit Ortsbezeichnung und genauen Familiennamen, noch einmal beschreibt und noch einiges drauf setzt. Und die Deutsche Öffent-lichkeit, an der Spitze mit den freien (oder vielleicht auch gekauften und „linientreuen") Medien, kapiert Null Komma Nichts geteilt durch vierzehn!

Der Hass, der beiden gemeinsam ist, strömt einem bei Florsescu allein schon durch das Lesen der ersten 30 Seiten der Vorablesen-Version von Seite zu Seite immer mehr entgegen und Herta Müller hasst alles: Die Mutter, die Tante, den Vater, die Großmutter, die Nachbarn und alle Banater Schwaben, nur der Großvater mit seinem Hammer und den Nägeln in der Tasche nicht. Der meint ja auch: „Hier gibt es welche, und zwar viele, die vernagelt sind!"

Auszüge aus einem Kommentar von Richard Wagner
(in „Anführungszeichen")
„Helfen Sie uns, Die ACHSE DES GUTEN noch besser zu machen und auszubauen!" (Wer sind hier die Guten? 68er und/oder Altkom-munisten?)

Richard Wagner, am 21.10.2010.
„Die Gibsons oder Die Banater Schwaben, ihre selbsternannten Sprecher…" Wer sind die Gibsons? Wer sind die Banater Schwa-ben? Und wieso „selbsternannte Sprecher"? Darf bei uns nicht jeder seine eigene Meinung sagen/schreiben? Muss er erst die Lands-

mannschaft der Banater Schwaben fragen, wie bei der RKP – kurz „die Partei" genannt? Es gibt mehrere Rezensenten und Kommentatoren, die bei der Banater Post unerwünscht sind und deren Beiträge nicht veröffentlicht werden, auch wieder wie bei der RKP (Rumänische Kommunistische Partei).

„Meine Landsleute, die Banater Schwaben, waren immer schon dafür bekannt, dass sie sich mehr dem Haben zuneigten als dem Sein. Deswegen ist auch nicht viel übrig von einer eventuellen geistigen Disputation…" [Das ist die Meinung eines Gelehrten (eines Akademikers) über seine Landsleute und deren geistige Verfassung.] Und es geht weiter mit dem überlegenen Geist der Banater Schriftsteller: „Wahr ist, dass das Privateigentum eine Voraussetzung für die individuelle Freiheit darstellt, aber wahr ist auch, dass die Freiheit eines geistigen Horizonts bedarf. Es ist bis heute so, dass der kritische Schriftsteller, der sich unpassend über die Gemeinschaft geäußert hat, nicht nur kein gutes Ansehen genießt, sondern auch mit einem regelrechten Sündenregister behaftet wird. Sowohl die Aktionsgruppe, unsere literarisch-politische Vereinigung der Siebziger- und Achtzigerjahre, als auch Herta Müller, könnten ein Lied davon singen…" [Wenn diese Aktionsgruppe 68er-freundlich war, dann müssen die Mitglieder sich nicht wundern, dass sie von Banater Schwaben gemieden wurden, weil sie deren Sitten und Bräuche verunglimpft haben.] Was auch das folgende Zitat beweist: „Während wir, solange wir in Rumänien waren, immerhin dafür sorgten, das eine zeitgemäße, westlich geformte Literatur in deutscher Sprache (also 68er) erscheinen konnte, die sich zugleich kritisch mit den Gegebenheiten der lethargischen Gesellschaft (also den Sitten und Bräuchen der Banater Schwaben) des Ostens auseinander setzte, saßen sie lastenausgeglichen in München und bezeichneten uns von ihren Balkonen aus als Kollaborateure, Agenten, Kommunisten und Rolling- Stones-Fans."

[Was hatte es mit der „Forderung nach der Aufarbeitung der Banater NS-Vergangenheit" auf sich?. War die Flucht, Enteignungswelle, Russlanddeportation 1945, und Bărăgandeportation 1951 für die Banater Schwaben nicht Strafe genug? Sollten sie sich erneut dazu bekennen, damit die Securitate Gelegenheit hatte, erneute Verhaftungen durchzuführen?]

Richard Wagner wurde „vorgeworfen in der Partei gewesen zu sein... man hat ihn inzwischen sogar zum ‚Parteifunktionär‘ gemacht“, wobei er gleichzeitig einen „zu kurzgekommenen Schriftsteller aus Siebenbürgen, namens Ingmar Brantsch“, beschimpft: „Er hat Herta Müller jahrzehntelang mit Invektiven der schlimmsten Sorte verfolgt, um, nach dem Nobelpreis für die Autorin,.. eine hymnische Rezension zu verfassen... Seither beschimpft er, der in seiner Jugend gelegentlich auch Parteigedichte verfasste, wieder verstärkt mich und die Aktionsgruppe.“

Und weiter behauptet Richard Wagner: „Im Übrigen war ich in der Zeit, in der ich in der Partei war,...“. [Also doch in der Partei, das Gegenteil zu dem, was vor wenigen Zeilen behauptet wurde.]

Nun ist Carl Gibson dran, der „in einer krawalligen Unterschriften-Aktion die Ausreise, die seine Familie lange davor beantragt hatte, beschleunigen konnte. Er machte sich erfolgreich zum Trittbrettfahrer einer kurzlebigen, freien Gewerkschaftsgründung.“

[Das Ziel, das menschenunwürdige Regime zu verlassen, hatten doch alle Rumäniendeutschen (Banater Schwaben und Siebenbürger Sachsen) – mit wenigen Ausnahmen, darunter gehörten auch Richard Wagner und Herta Müller - und jeder versuchte, so schnell wie möglich weg zu kommen, manche haben sogar „harte Devisen“ dafür bezahlt. Nun wirft Richard Wagner Carl Gibson vor, er hätte eine „krawallige“ Aktion veranstaltet, um die Ausreise zu erlangen, das sieht aber schon so wie eine Partei-Aktion seitens Richard Wagner aus, und dass Carl Gibson wegen seiner Tätigkeit in der Gewerkschaft auch unter Ceaușescu eingesperrt war, wird von Richard Wagner, der sich über die Kurzlebigkeit der freien Gewerkschaft eigentlich freut, verschwiegen.]

Nicht zuletzt werden noch andere Kritiker genannt, wo sich „all die zwielichtigen Figuren der Zeitgeschichte tummeln, Gibson, Brantsch (verstorben) und der Schriftsteller Dieter Schlesak, der uns neuerdings als ‚Luxusdissidenten‘ abqualifiziert. Sie scheuen, warum auch immer, keine Mühe, das Verleumdungswerk der Securitate zu vollenden.“

[Wer hat Preise im kommunistischen Rumänen bekommen, und wer durfte während des geschlossenen eisernen Vorhangs mit dem

„Segen der Securitate" mehrmals in den Westen reisen? Sowohl Richard Wagner, als auch Herta Müller und C .D. Florescu! Und wessen Verleumdungswerke sind es jetzt?]

Literaturpreise an Herta Müller:
Hamburger Autorenvereinigung und
"Die schärfste Klinge" der Stadt Solingen,
trotz Proteste und Lügen aber mit dem Segen
der Banater Landsmannschaft (05.11.2014)

Hamburger Autorenvereinigung vergibt Preis an Herta Müller
Mittwoch, 10. September 2014

Hannelore-Greve-Literaturpreis 2014 geht an Herta Müller Hamburg. Der Hannelore-Greve-Literaturpreis der **Hamburger Autorenvereinigung** geht in diesem Jahr an Herta Müller. „**Die Auszeichnung trifft auf eine Schriftstellerin, die zeitlebens eine mutige Stimme gegen die kommunistische Diktatur in ihrem Geburtsland Rumänien war**", sagte der Vorsitzende Gino Leineweber am Mittwoch in Hamburg. „**Herta Müller ging unbeirrt ihren Weg und zeigt uns bis in die Gegenwart, dass es immer Literaten gibt, die ihre Stimme für Freiheit und Grundrechte erheben.**" Die Literaturnobelpreisträgerin sei in diesem symbolträchtigen Jahr 2014 auch heute ein Vorbild, „**wenn sich vor unserer Haustür Zustände auftürmen, welche die sicher geglaubten Errungenschaften unserer Zivilisation bedrohen.**"

Meine nichtveröffentlichten Kommentare auf der Autorenvereinigungsseite und mein Schreiben an Herrn Norbert Lammert, Laudator für Herta Müller in Solingen.

MEIN KOMMENTAR: 02.11.2014
Herta Müller hatte eine „**mutige Stimme gegen die kommunistische Diktatur in Rumänien**". Ich (Banater Schwabe aus Triebswetter) weiß, dass sie 1983 für ihren Schmutzroman „Niederungen" über Banater Schwaben einen PREIS von DIESER Diktatur erhalten hat. Und das Zitat: „**Ihre Stimme für Freiheit und Grundrechte erheben**", klingt wie Hohn und Spott in meinen Ohren, wenn NIE ein Kritiker IHRER WERKE gehört oder gedruckt wurde. Und nicht zuletzt: „**wenn sich vor unserer Haustür Zustände**

auftürmen, welche die sicher geglaubten Errungenschaften unserer Zivilisation bedrohen" dann **sehe ich DIESE PREISVER-
GABE als einen Teil einer solchen Bedrohung**!!! Kritiker müssen
schweigen! **Hoch lebe Lug, Betrug und Heuchelei!** Was unter-
scheidet uns noch von Ceauşescu und Honecker? Siehe auch
www.triebswetter.de/roman-hm.htm

Zitat von Einstein: „**Die Welt wird nicht vom Bösen bedroht,
sondern von jenen, die das Böse zulassen**". Und wie recht er hat,
betrachtet man die Preisverleiher in ihrer Gesamtzahl, die ihr <u>Tun
und Handeln mit allen Mitteln</u> <u>vertuschen wollen</u>, mit voller Unterstützung unserer angeblich FREIEN Medien. Wer kommt das
nächste Mal dran? Cătălin Dorian Florescu, der die Banater Schwaben noch ein Stück weiter in den Dreck zieht, nicht davor zurück-
schreckt, reelle Namen zu verwenden und auch noch das Antlitz von
Toten beschmutzt? Die Schweizer waren schon einmal „so schlau"
und haben ihm trotz Proteste einen Preis vergeben, die Hesse-
stiftung und der Wangener Kulturkreis ebenfalls. **Und vor der
Nobelpreisvergabe an Herta Müller wurde auch KEIN EINZIGER
KRITIKER GEHÖRT**! Und so passt dann der Satz ganz genau:
„**wenn sich vor unserer Haustür Zustände auftürmen, welche die
sicher geglaubten Errungenschaften unserer Zivilisation bedrohen**". MfG.

Und wie passt das jetzt für ALLE Triebswetterer und Banater
Schwaben, die noch immer von der Banater Post (BP) auf übelste
Art und Weise „verblödet" (betr. Herta Müller in der BP vom
05.11.2014) werden?

Dieser (obige) **TEXT/KOMMENTAR WURDE GESTRICHEN** (ODER
noch nicht MODERIERT?...)
NACHTRAG 03.11.2014
Erwarten Sie, bitte, von mir keine Höflichkeitsformen! **Wo ist mein
Kommentar von gestern**? **Merken Sie noch nicht, dass Sie für
die Zustände, die sich vor unserer Tür auftürmen, auch zum Teil
selbst verantwortlich sind**? Lesen Sie weiter auf
www.triebswetter.de/roman-hm.htm

Und so passt dann der Satz ganz genau: „Wenn sich vor unserer
Haustür Zustände auftürmen, welche die sicher geglaubten Errungenschaften unserer Zivilisation bedrohen". MfG.

ENDE MEINES KOMMENTARS.

Sehr geehrter Herr Lammert,
ich habe erfahren, dass Sie die Laudatio für Herta Müller bei der Vergabe der „scharfen oder schärfsten Klinge" übernommen haben. Herr Joachim Gauck sollte diese Laudatio halten, jedoch sind Sie dafür eingesprungen. Ich möchte Sie dafür nicht kritisieren, denn Sie denken vermutlich, dass Sie der Gesellschaft etwas Gutes tun.

Ich bin Banater Schwabe und habe mehr von den Diskriminierungen und Erniedrigungen, die nach der Bekanntgabe des Inhaltes der „Niederungen" Herta Müllers, zu leiden als jeder andere. Ich kann mir diese „Lügengeschichten" nicht mehr anhören. Ich würde diese normalerweise nicht kennen, wenn es nicht schon Nachahmer geben würde, die gerade meinen Geburtsort mit „fiktionalisierten" Dreckgeschichten bekleckern würden. (Darüber erhalten Sie und/oder Herr Gauck noch extra Post von mir, **obwohl ich mir noch nicht sicher bin, dass diese Post – E-Mail – überhaupt bei Ihnen ankommt! Ja, vielleicht bin ich ein Extremist!... Wer könnte sonst ehemalige kommunistische Machenschaften aufdecken und kritisieren?)**
Ich will Sie nur fragen: Leben wir wirklich in einem freiheitlich, demokratischen Rechtsstaat, oder hat uns das „menschenunwürdige" Regime Ceauşescus oder Honeckers (zumindest in der Literatur) eingeholt? Damit Sie verstehen, was ich meine, sende ich Ihnen zwei kürzlich stattgefundene Begebenheiten.

[(Hier wurden nun die beiden obigen Texte und die Posse um Herta Müller aus der BamS – siehe weiter unten – eingefügt.) WARUM DIE WOHL RICHTIGSTELLUNGEN NICHT VERÖFFENTLICHEN?]

Nun können Sie selbst entscheiden, wie Sie Ihre Laudatio auf Herta Müller vorbereiten. „Gegen Angriffe kann man sich wehren, aber gegen Verleumdungen nicht." Warum veröffentlicht sie (2009) in der Zeit-Online einen Bericht „Die Securitate ist immer noch im Dienst", in welchem es dann auch heißt: **„Die Verleumdung gehört zum Brauchtum der Banater Schwaben"**? NUR, wer verleumdet HIER wen?

Die Landsmannschaft(en) der Banater Schwaben (oder Siebenbürger Sachsen) brauchen Sie nicht zu behelligen, denn DIE wissen wirklich nicht, was sie tun und wo sie leben – wohl noch immer traumatisiert vom Kommunismus Ceauşescus?...
Mit freundlichen Grüßen.
Franz Balzer

Kommentar von Peter Hahne in der BamS (27.07.2014)
(Bild am Sonntag) POSSE um Herta Müller in der BamS.
(Zitat: „Beim Streit um die Ehrenbürgerwürde für Herta Müller ist Berlin wieder dabei sich lächerlich zu machen... Bis heute schreibt sie gegen die Schreckensherrschaften kommunistischer Diktaturen an, die sie selbst erlebt hat. Im Kampf um die Rechte der Siebenbürger wurde sie vom rumänischen Ceauşescu-Regime gedemütigt und eingesperrt.")

Mein nichtveröffentlichter Kommentar für die BamS
Hallo BamS-Leserforum,
so unwürdig ist die Ablehnung der Ehrenbürgerwürde an Herta Müller durch Herrn Wowereit, den ich in seiner Haltung voll und ganz unterstützen kann, nicht. Als gebürtiger Banater Schwabe kenne ich die Situation sehr genau und kann heute behaupten, dass Herta Müller weder eine Bürgerrechtlerin ist und war, noch schreibt sie immer gegen kommunistische Diktaturen an, noch kämpfte sie um die Rechte der Siebenbürger (sie ist eine Banaterin wie ich ein Banater bin), noch war sie im kommunistischen Regime Rumäniens eingesperrt. Ganz im Gegenteil, sie bekam für ihr Hass- und Schmutzwerk „Niederungen" (in welchem sie ihre eigenen Landsleute – die Banater Schwaben – auf das Äußerste verleumdet und erniedrigt) sogar einen Preis vom Zentralkomitee der Rumänischen Kommunistischen Jugend und durfte, was andere nicht durften, während des „geschlossenen eisernen Vorhangs" mehrmals ins Ausland (nach Deutschland), um ihr Werk vorzustellen. Verfolgte oder Bürgerrechtler hätten im kommunistischen Rumänien NIE - aber auch NIE - einen Preis bekommen. Die „Kontrolleure" des Regimes waren nie so „blauäugig" wie manche „westliche" Medienfuzzis hier. Proteste durch Banater Schwaben im Vorfeld der Nobelpreisvergabe wurden unterdrückt. MfG. F.B

Bemerkung: Gedemütigt wurden alle Banater Schwaben durch ihr Verleumdungs- und Diskriminierungswerk „Niederungen".

Abschließend finde ich es haarsträubend, dass ich von einem Bundesinnenminister (oder wer auch sonst dahinter stecken mag) nachdem ich mehrere Ministerien angeschrieben hatte, keine Antwort, sondern von der „Extremistenprävention" Antwort erhielt (siehe meine Antwort auf den Seiten 54-56). Alle anderen antworteten nicht!

Aber ich kann schon mal raten, wer da dahintersteckt. Wenn der damalige Bundesinnenminister Hans-Peter Friedrich aus München kommt/kam, wenn die Bundesfamilienministerin (damals) Frau Schröder aus München kommt/kam und wenn der in München ansässige C.H. Beck-Verlag, der trotz Triebswetterer- und Banater Schwaben-Proteste den Roman gedruckt und ausgeliefert hat, dann brauchen Sie mir nichts mehr von Vetternwirtschaft zu erzählen. Ulrich Wickert schrieb ein Buch: „Redet Geld, schweigt die Welt". Da kann ich nur sagen: „Ist unsere Verfassung der Gier zum Opfer gefallen. Ist unsere Verfassung ein Witzbuch für Personen mit Künstlerfreiheit – Krixler und Schmierfinke –, die einem menschenunwürdigen Regime nachtrauern und die Opfer dieser verhöhnen und verspotten dürfen, genauso wie die Medienfuzzis, die alles gut vertuschen helfen und es auch können?" Da führe ich ein bemerkenswertes Buch an: „Gekaufte Journalisten" von Udo Ulfkotte und was Herta Müller speziell angeht „Ohne Haftbefehl gehe ich nicht mit" von Carl Gibson, einer Person, die unter Ceauşescu eingesperrt war, und der heute von der überragenden und alles wissenden volksverdummenden Presse diskriminiert wird.

Mein Schreiben an das Bundesfamilienministerium, nachdem ich eine Antwort von der Abteilung „Extremistenprävention" erhalten habe. (Bundesinnenministerium, Bundesaußenministerium, die Deutsche Botschaft in Bern und die Schweizer Botschaft in Berlin – und nach der Übersetzung ins Französische „Le turbulent destin de Jacob Obertin" das Schweizer Konsulat in Strasbourg - fanden es nicht nötig zu antworten.)

Sehr geehrter Herr H.,
[Siehe dazu Seite 54 – 56]

Sehr geehrter Herr Bundespräsident Gauck, ich bedanke mich bei Ihnen, falls Sie diese Zeilen bis zum Ende gelesen haben. Ich habe Sie angeschrieben, weil Sie Erfahrungen mit der damaligen nach Ihnen benannten Gauck-Behörde haben und vielleicht auch noch etwas bewegen können. Wenn manchmal ein Preis auf der Grundlage der politischen Verfolgung eines Autors vergeben wird und der es eben nicht war, so sind eine Menge anderer Autoren um Ihr Recht betrogen worden.

Ein frohes Weihnachtsfest.
Ein gutes neues Jahr 2015.
Hochachtungsvoll
Franz Balzer

Eine ergänzende E-Mail an den Bundespräsidenten Joachim Gauck

Sehr geehrter Herr Bundespräsident Gauck,

ergänzend zu meinen Ausführungen aus meinem Schreiben an Sie, möchte ich noch einiges hinzufügen. Sie erhalten zu dieser E-Mail einen PDF-Anhang, der den Inhalt des Briefes, der bereits per Post an Sie versandt wurde, enthält. Ich habe eigentlich kein Vertrauen zu Ihrem „Vorzimmer", wo solche Briefe eventuell abgefangen und/oder falsch interpretiert werden. Bekannte von mir und auch ich kann das bestätigen, berichteten über leidvolle Erfahrungen in dieser Hinsicht, auch, was das Abwimmeln von Kritikern angeht. Zugleich können Sie den Inhalt auch leichter weiterleiten, falls Sie es wünschen.

Ich bin der Ansicht, dass 95% meiner Landsleute, die man Banater Schwaben nennt, ordentliche und anständige, fleißige, friedliebende Bürger sind, die bis zu ihrer Ausreise aus Rumänien unter dem kommunistischen Regime eine Menge zu erdulden hatten und eine Menge einstecken mussten, bis sie schließlich ihre Freiheit erlangt haben. Manche durften nicht einmal ihre deutschen Namen führen. Die Restlichen kommen mir schon recht sonderbar vor, zumal welche doch recht enge Kontakte zu den „altkommunistischen" Peinigern hatten, und es ist nicht von der Hand zu weisen, dass es Privilegierte und Kollaborateure gab und auch heute noch gibt. Laut Wikipedia gibt es noch 500-2000 Securitate-Angehörige, die nach dem Sturz Ceauşescus unentdeckt blieben, so, dass man sich nicht wundern muss, wenn meine Landsleute es nicht wagen irgendwelche „bauernschlaue" Attacken zu entlarven und zu kritisieren. Weiter werden solche Kritiken auch von der Landsmannschaft der Banater Schwaben in Deutschland vertuscht, verheimlicht und nicht veröffentlicht. Drohten doch die Securitate früher immer damit, dass ihren Angehörigen in Rumänien etwas passieren könnte. Und heute laufen diese Typen hier frei herum und ganz sicher gibt es noch Kontakte zu ehemaligen Stasi-Mitläufern. Mit den Siebenbürger Sachsen wird es wahrscheinlich nicht ganz anders aussehen. Ich versuche nur mir die Frage zu beantworten, warum es in Bücherbewertungsportalen Personen gibt, die mit aller Gewalt ihre Meinung durchsetzen wollen, auch mit „menschenunwürdigen Mitteln", die verfassungsmäßig zugesicherten Rechte mit Füßen tretend, die Meinung von Kritikern unterdrückend, das Schriften, die die Identität und den Ruf der Banater Schwaben mehr als schädigen, mit Lobeshymnen belegen und ihnen auch noch Preise verleihen, wobei sie eine Menge Fans haben, die dabei mitspielen. Kritische Meinungen zu derartigen Schmierereien, denn etwas anders stellen diese auf „künstlerische Freiheit" pochenden Autoren nicht dar, werden gelöscht, nicht gedruckt oder anders unterdrückt. Dem Leser werden Lobeshymnen, die mit den Parteiprogrammen von Ceausescu und Honecker wetteifern könnten, „vorgesungen". Ich bezieh mich nun weiter auf den Roman des Rumänen mit Schweizer Pass, Cătălin Dorian Florescu, „Jacob beschließt zu lieben", in welchem reale Personen meines Geburtsortes auf das Übelste entwürdigt werden, (der Name des Dorfes wird durch den Dreck gezogen, die beschriebenen Personen, deren reale Namen verwendet werden, werden unter aller Würde dargestellt, ja selbst von der Verunglimpfung des Antlitzes von Toten wurde nicht zurückgeschreckt) und ein deutscher Verlag druckt diesen Mist auch noch und verbreitet ihn mit Hilfe des Goethe-Instituts, des DAADs (Deutscher Akademischer Austauschdienst, haben die 68er total den „spontanen" Spürsinn und Verstand verloren?), der Bosch-Stiftung und des Literarischen Kolloquiums Berlin auch noch im Ausland. Antworten bekommt man von diesen

Leuten nicht: DAS ist TOTALE Diskriminierung! Einige Sachen treffen auch auf Herta Müllers „Niederungen" zu.

Warum müssen in Bewertungsportalen nicht die richtigen Namen genannt werden? Wer seinen realen Namen angibt, der schreibt nicht so viel „Mist", wenn es sich auch als Lobeshymne anhört. Doppel- und Dreifachbewertungen würden so wegfallen. Man könnte eventuelle ehemalige Privilegierte entlarven. Der Höhenflug meines Romanciers, der eigentlich kein Literaturstudium hat und „bauernschlau" wie ehemalige privilegierte Rumänen schon sind, sich an keine Regeln halten muss, begann auf dem Gebiete der ehemaligen DDR. Von da erhielt er dann auch eine Menge „positive" Bewertungen, was mich zu der Annahme führt, dass hier auch einige ehemalige noch immer aktive Stasi-Mitarbeiter beteiligt waren. Der Autor gibt in seinem Lebenslauf an, dass er mehrfach und erneut flüchten konnte, was wohl ein Hinweis für alle „Schläfer" gewesen sein könnte: Jetzt kann es losgehen. Elvisfan bleibt Elvisfan, Bayernfan bleibt Bayernfan, Fischerfan bleibt Fischerfan, Honeckerfan bleibt Honeckerfan und Ceauşescufan bleibt Ceauşescufan. In seinem Erstlingsroman schreibt er, dass sein Vater als Hausverwalter der Miliz täglich Bericht erstatten musste (von der Miliz gelang der Bericht aber zur Securitate, die übergeordnet war) und in einem Kommentar sagt er, dass sein Vater ein „positiver" Held war. Gleichzeitig beschreibt er, wie er mit PKW, mit Dachgepäckträger und Anhänger „erneut" aus Rumänien „flüchten" konnte. In der Werbung zum Erstlingsroman steht drin, dass er „Ceauşescus Heldentaten" referiert hat und dass er beim Nationalfeiertag der rumänischen Nationalkommunisten in „der ersten Reihe" mitmarschiert ist. Ich habe dieses Werk gelesen, aber diese beiden Passagen nicht gefunden. Also haben schon damals (2001) die Lügen (oder für Schriftsteller Fiktionen) begonnen, die sich in allen Kommentaren und Berichten wie eine Leuchtspur verfolgen lassen. In der Zeit-Online schreibt er genau am 23.August 2012, dem Nationalfeiertag der rumänischen Nationalisten, der heute gar nicht mehr gefeiert wird, dass „Ceauşescu zu ihm gehörte wie Vater und Mutter" und vor wenigen Monaten in der Badischen Zeitung behauptet er bei einem Interview, dass er „eine Welt verloren hätte und müsste sich jetzt eine neue erobern". (Was hat er denn verloren, den Kommunismus?) Über Triebswetterer, die ihn kritisieren obwohl ihm Banater Schwaben gratulieren, sagt er, dass die eine „geteilte Minderheit" wären (DRS2, Schweizer Radio): „Reaktionäre traditionalistische Kreise"! (Genauso sprach auch Ceauşescu!) Ich halte alle Gratulanten für ehemalige Privilegierte einer unmenschlichen Regierung, wo das Wort „Meinungsfreiheit" gar nicht bekannt war. Dasselbe gilt für alle Betreiber von Bewertungsportalen, die unsere Kommentare unterdrücken und für Lobeshymnensänger auf diesen Diskriminierungsroman sorgen.

Deutsche Institutionen und Personen, die sich in meinen Augen verdächtig verhalten haben, die aber eventuell auch vom Autor belogen wurden. Das Land Schleswig-Holstein, die Städte Erfurt und Baden-Baden (mit ihrem SPD-OB an der Spitze), dass Goethe-Institut und das Literarische Kolloquium Berlin haben auch für das Gelingen des Romans beigetragen, bei welchen sich der Autor am Ende des Buches bedankt. Ist da niemand draufgekommen, mal „Triebswetter" zu googeln? Oder beim C.H. Beck-Verlag? Verdient der sein Geld mit der Diskriminierung von Minderheiten? Was für Ziele hatte Prof. Dr. Martin Hielscher, der Lektor dieses Schmutz-werkes? Ein 68er? Oder ein Kollaborateur von Privilegierten? Viele Landsleute haben den Verlag angeschrieben. Die Antwort: „Wir werden nichts unternehmen, bei uns herrscht Meinungsfreiheit…" Dachten wir auch. Aber für wen? Alle Veröffentlichungen des Autors waren bisher von kaum 10 Beiträgen kommentiert. Dieser Roman wurde plötzlich von über 40 Kommentaren – viele kamen aus der ehemaligen DDR, wo der Autor seinen Höhenflug nahm – versehen, wobei unsere anfangs gelöscht wurden. Das-selbe war in den Medien zu beobachten. Als der Schweizer Buchpreis 2011 vergeben war, dann wurden unsere Kommentare auch zugelassen.

Die Banater Post, die Zeitung der Banater Schwaben, veröffentlichte einen Bericht über eine ganze Zeitungsseite, in welchem Dr. W. E., jubelte: „Filmreife Szenen" (Wer war W. E.? Kulturredakteur in Hermannstadt während der kommunistischen Diktatur, einer derer, die die Zensur erledigten, von da wurde er Dozent bei der Universität Temeswar, ein sonderbarer Werdegang!) Und unser Kommentar zum Roman der Triebswetterer wurde nicht abgedruckt. Die Verant-wortlichen P.D.L. und W.W., der damalige Chefredakteur, haben mir und einem Literatur-Professor aus Wien nicht einmal geantwortet! Warum musste die Wahrheit über den Roman unter Banater Schwaben vertuscht werden? Weil die Banater Post noch immer so wie im Kommunismus arbeitet? (Dieter M. und Carl G. haben sich bei mir beklagt, dass Herta-Müller-Kritik von der Banater Landsmannschaft unter der Regie von W. E. abgelehnt wird.) Ja es kommt noch einer, M. V., der auch einen Abendkurs der Uni Temeswar besucht hat – wohl ein Schüler/Student von W. E. – der einen Bericht von einer Lesung Florescus mit Bild – als Pressefotograf – veröffentlichen durfte und gleichzeitig die Lesung im DZM (Donauschwäbisches Zentralmuseum Ulm) angekündigt hat. Keine Antwort erhielten wir vom DZM, wo S. V., die Lesung organisiert hat. S. V. kommt aus der ehemaligen DDR, weil sie vor der Stasi geflüchtet ist. Oder wurde sie von der Stasi „geflüchtet"? K. K., FAZ aus Jahrmarkt, Banat, Rumänien, übersetzte als erste eine Lesung Florescus in München und die Rumänen freuten sich schon auf die Romanübersetzung. Der Wangener Kulturkreis und die Hessestiftung verleihen – trotz Proteste und Erklärungen unsererseits – dem Autor Preise – angeblich für sein Gesamtwerk – das wohl NIEMAND gelesen hat, und wenn, hat er nichts davon verstanden: Securitate-Spitzel, Ceaușescu-Verehrer, der mit PKW, Dachgepäck und Anhänger 1982 flüchten konnte und der im Osten „eine Welt verloren hat", nie vergisst zu behaupten, dass er ein Rumäne ist, der in Temeswar geboren wurde und „erneut" geflüchtet ist und in allen Romanen kein gutes Wort für Frauen („dicke, fette Hausfrauen, die fette Gemüsesuppe kochen, sich voll laufen lassen und streiten", Zitat „Der kurze Weg nach Hause"), die als Huren (die nur gut sind, wenn sie die Beine spreizen), Edelnutten, die in Whiskey baden, Ungarn (die Schuld daran sind, dass Rumänien heute „diktaturfrei" ist), Österreicher, Schweizer (die man ausnehmen kann, weil sie so viel haben, die aber trotzdem so nett waren und ihm einen Buchpreis vergeben haben) und Triebswetterer mit Lothringer Abstammung, die man als den letzten Dreck auf Erden beschreiben kann: Würdeverletzend für reale Personen, volksverhetzend, weil er gar keine Triebswetter beschreibt, sondern ihre Identität TOTAL verfälscht und voller Verachtung gegenüber Toten vom Triebswetterer Friedhof.

Bekommen die vorhin erwähnten Institutionen nicht etwa Subventionen?

Wen unterstützt da der deutsche Steuerzahler: Privilegierte und Kollaborateure eines unmenschlichen Regimes, eines Unrechtsstaates? Muss DESWEGEN ALLES in dieser Beziehung VERTUSCHT werden? 95% der Banater Schwaben werden durch die „Schriften" der beiden (Müller und Florescu) beleidigt, in ihrer

Würde verletzt, volksverhetzend verleumdet und von C.D.F. sogar mit verfälschter Identität kriminalisiert.

Was steht auf einem Gedenkstein der Donauschwaben (Donauschwabenufer Ulm).

„...Und so verstreuten sich die Donauschwaben über die ganze Welt und wurden überall geachtete Bürger..." ... nur bei Herta Müller (in "Niederungen") und Catalin Dorian Florescu (in "Jacob beschließt zu lieben") NICHT! (... Und das ist keine Fiktion, aber mit der Künstlerfreiheit kann man diese Menschen verleumden und diskriminieren, bei Florescu sogar zusammen mit ihren Vorfahren „mit Blut an den Händen" und als „Selbstmörder, Geiselnehmer, Vergewaltiger" kriminalisieren.) Ich finde diese Romane daher TOLL, und zwar als zwei die (wehrlosen) BANATER SCHWABEN DISKRIMINIERENDE Schundromane! **Das ist Verhöhnung und Verspottung der Opfer der menschenunwürdigen Regimes durch Privilegierte.** Und solchen Schundwerken muss man Preise vergeben! Gratulation an alle (privilegierten) Literaturexperten, Professoren Doktoren inbegriffen!

Das Menschenbild und die Identität, die Lebensweise, die Sitten und Bräuche der Banater Schwaben verzerrt und falsch darzustellen, sehe ich <u>nicht als Fiktion und Künstlerfreiheit, sondern als Volksverhetzung</u> an!

Entschuldigen Sie bitte, dass es so viel geworden ist. Ich verlange nicht von Ihnen, dass Sie mir jetzt antworten. Es reicht mir, dass ich Sie davon in Kenntnis setzen konnte. Sie können diese Mail auch weiterleiten: CDU, SPD, Grüne usw.! [Falls es keine 68er sind, oder den Geist der 68er weiterpflegen.]

Ein kleiner Hinweis, Erhaltsbestätigung,
dass Sie diese Mail erhalten haben,
wäre schon sehr viel für mich.

Hochachtungsvoll.
Mit freundlichen Grüßen.
Franz Balzer

Anmerkung:

Vom Bundespräsidenten Joachim Gauck habe ich während seiner Amtszeit keine Antwort bekommen. Das kann natürlich mehrere Gründe haben. Er hatte keine Zeit zu antworten, aber wenigstens eine Mitteilung, dass mein Schreiben angekommen ist, hätte ich erwartet. ODER: Mein Schreiben wurde schon im Vorzimmer des Bundespräsidenten abgefangen und nicht zugestellt, denn ein „Extremist" darf einem Bundespräsidenten nicht schreiben. Wenn das so gewesen sein sollte, dann muss ich annehmen, dass im Vorzimmer (und auch vielleicht in vielen Vorzimmern angeschriebener anderer Ministerien) schon Neo-Kozis sitzen, die vertuschen, verschweigen, verniedlichen, usw.

An den Deutschen Presserat: Beschwerde über die Diskriminierung einer Minderheit, unterstützt durch deutsche Medien

Rastatt, den 16./20.03.2016

betr.: Beschwerde über die Diskriminierung einer Minderheit in der neuen, deutschen Literatur unterstützt durch deutsche Medien

Sehr geehrte Damen und Herren,

zuerst möchte ich aber einige Kritik am Vorgehen durch manche Medienleute, die der Ansicht sind, dass die Kreise, aus welchen gewisse „Unrechtstuer" (um nicht Verbrecher zu sagen) kommen, nicht genannt werden sollen. Ich werde Ihnen hier ein Beispiel anführen, welches Ihnen zeigen soll, dass es falsch ist, so vorzugehen, denn so geraten alle anderen – und zwar solche, die bestimmt nichts damit zu tun haben – in Verruf bzw. ein schlechtes Licht. In Ihrem Pressekodex steht viel drin, was schon lange nicht mehr eingehalten wird. Ich hatte bisher den Eindruck so etwas gibt es gar nicht, wenn man bedenkt mit welcher Unverschämtheit manche Redakteure vorgehen.

Ich bin als deutschstämmiger im rumänischen Banat geboren, habe dort ein deutsches Lyzeum (Gymnasium) besucht, habe ein fünfjähriges naturwissenschaftliches Studium mit Diplom bestanden und konnte/durfte die rumänische kommunistische Wirtschaft und Ideologie am eigenen Körper erleben und spüren. Ich bin 1975 im Zuge des Freikaufs (70er-, 80er-Jahre) nach Deutschland gekommen und habe es noch erlebt, wie die Altkommunisten meine Großeltern und Eltern enteignet haben und musste in der Schule sagen, dass es sich um die „sozialistische Umgestaltung der Landwirtschaft" handelte. Dass diese Lügen einem mit der Zeit „einsichtig" wurden, daran hat man sich gewöhnt. Aber dass man heute in Deutschland, einem freiheitlich demokratischen Rechtsstaat dieselben Lügen wieder erleben muss, daran hätte ich nie gedacht. Ich sehe voll und ganz ein, dass nicht jeder Journalist hier etwas über dieses Tun und

Lassen der Kommunisten wissen kann (es sind immerhin schon 25 Jahre her, seit die letzte kommunistische Bastion in Osteuropa gefallen ist), dass viele darüber gar nichts gewusst oder gehört haben (in der Schule wird sowieso nur gelernt, was einem Spaß macht), dass man aber, wenn man Fehler gemacht hat, darauf hingewiesen wird, diese aber nicht korrigiert (widerruft, usw.), das will ich nicht hinnehmen. Wenn man überhaupt keine Antwort bekommt ist das Volldiskriminierung eingebildeter Leute, die nur Meinungsfreiheit und Pressefreiheit kennen – nicht für andere, nur für sich selbst – und wenn dann noch nationalistische, rassistische Beschreibungen dazu kommen, dann geht das schon in Richtung Rassismus und Volksverhetzung.

In Rumänien lebten und leben mehrere Nationalitäten – hauptsächlich im Banat und Siebenbürgen – friedlich zusammen in einer Gemeinschaft. Jeder hatte ABER seine eigene Sprache, Religion, Sitten und Bräuche und die Kenntnis der rumänische Sprache war allen gemeinsam. Alle hatten aber einen rumänischen Personalausweis, aber niemand hat sich je für einen Rumänen gehalten.

Die Siebenbürger Sachsen, die sich als Deutsche hielten, lebten etwa 800 Jahre lang dort und haben ihre Identität nicht aufgegeben – sie waren rumänische Staatsbürger, deutscher Nation. Die Banater Schwaben, die sich ebenfalls als Deutsche hielten, deren Vorfahren aus allen möglichen Ländereien Süddeutschlands sowie aus Elsass-Lothringen kamen, entwickelten ein entsprechendes Banatschwäbisch, die etwa 300 Jahre lang dort wohnten, waren auch rumänische Staatsbürger deutscher Nation (das wurde in allen Anträgen abverlangt). Dasselbe konnte/kann man auch über Serben, Bulgaren, Ungarn, usw. sagen. Und ich behaupte heute, die waren alle nicht in der rumänischen Gesellschaft integriert – es geht nicht allein nur um die Erlernung der Sprache – dazu sind andere Identitätsmerkmale auch wichtig – wie z.B. entsprechende kulturelle Unterschiede, die meist zwischen den mitwohnenden Nationalitäten und den Rumänen festzustellen waren. Wie lange die Ungarn dort waren, weiß ich jetzt nicht ganz genau, nur kann ich bemerken, dass den Ungarn sehr viel Unrecht getan wurde, als man nach dem Ersten Weltkrieg ihr Gebiet aufteilte und es den Rumänen (Banat und Siebenbürgen) zusprach, zwar mit der Pflicht, den Minderheiten zu gestatten, ihre eigene Muttersprache lernen zu dürfen, was aber von den Betroffenen kaum glücklich angenommen wurde. So war es nicht verwunderlich, dass beim „Auftauchen" Hitlers, dieser als eine Art Messias – und Retter in allergrößter Not – aufgenommen wurde.

Nun gibt es aber in Rumänien auch noch Rumänen, die eigentlich ein schweres Schicksal hatten, weil sie mehrere Jahrhunderte – bis 1877 - unter Osmanischer Herrschaft schmachten mussten. Aus Österreich, Ungarn, Banat und Siebenbürgen wurden diese schon am Anfang des 18. Jahrhunderts abgedrängt. Die Rumänen ließen sich es aber nicht nehmen – zumindest unter den Kommunisten – zu behaupten, dass sie eine edle Nachkommenschaft der Römer wären und wollten diese mit allen mitwohnenden Nationalitäten teilen, die leider von dieser Herkunft nicht begeistert waren. Während des rumänischen Kommunismus konnte man aber sehr leicht den rumänischen Nationalismus verstecken. So dass in den 70er und 80er Jahren niemand merkte, dass Ceauşescu beim „Ausverkauf" seiner Rumäniendeutschen (Banater und Siebenbürger) zwei Fliegen mit „einer Klappe erschlug". Er löste sein ethnisches Problem und wurde dafür auch noch bezahlt (es geht um den Freikauf der Rumäniendeutschen aus jener Zeit).

Unter Rumänen gibt es aber – genau wie unter den Deutschen – mehrere ethnische Gruppen: Oltener, Muntener, Moldauer, Ardelener, usw. Und genau über das Gebiet Olteniens behaupten die ungarischen Geschichtsschreiber, dass dieses in „grauer Vorzeit" (ab etwa 275 bis 1200 n.Ch) von den Römern als Verbannungsraum für Verbrecher verwendet wurde. Es gibt aus dieser Zeit keinerlei Unterlagen, die etwas beweisen könnten. Allerdings sind sich die Rumänen und Ungarn offensichtlich deswegen nicht ganz „grün". Nach dem 10. Jahrhundert erschienen in jener Gegend auch die Zigeuner. Diese waren bei den Oltenern aber auch nicht beliebt und es gibt Nachweise darüber, dass Zigeuner in Oltenien auch noch in der Mitte des 19. Jahrhunderts gejagt, gefangen und als Sklaven versteigert und verkauft wurden. (Heute ist es deswegen auch nicht verwunderlich, dass ein Oltener hergeht und versucht diese Eigenschaften den Banater Schwaben zu unterjubeln – bei uns weiß heute kaum jemand etwas darüber – man kann jedem einen „Bären" umbinden und keiner merkt etwas davon.) Aber die Zigeuner (aus der Mitte des letzten Jahrhunderts) haben heute auch einen rumänischen Ausweis – also einen rumänischen Pass, und gelten bei manchen unserer „Spezialisten" auch als Rumänen. Nun weiß jeder, dass in letzter Zeit eine Menge Wohnungseinbrüche stattgefunden haben. Ich hörte vor wenigen Wochen sogar, dass die „Rumänen" Spitzenreiter bei diesem „Volkssport" gewesen sind. Nun gibt es aber Tendenzen hier in Deutschland, auch bei Leuten aus dem Bereich der Medien, die behaupten, dass man die Herkunft dieser „selbsternannten Besitzwechsler" nicht nennen soll, obwohl man ganz genau weiß, zu welcher ethnischen Gruppe diese gehören. Ich finde, dass man auf diese Art und Weise – dabei nur die Rumänen zu benennen – eine große Anzahl von Unschuldigen plötzlich zu Schuldigen macht. So kommen auch die Banater Schwaben und Siebenbürger Sachsen und andere ethnischen Gruppen aus Rumänien, die alle einmal einen rumänischen Pass hatten oder noch haben, in den Verdacht zu diesem vom Kommunismus begünstigten kleptokratischen Volk zu gehören. Auch muss man von der Annahme wegkommen, dass jeder, der in Rumänien geboren ist, auch Rumäne ist (Selbstbestimmungsrecht!). **Wenn eine Katze in einem Fischladen Junge bekommt, sind es dann Fische?**

Als die Banater Deutschen vor 30-40 Jahren als Deutsche nach Deutschland kamen, wurden sie als Rumänen gehalten, obwohl sie eine Jahrhunderte alte Tradition mitbrachten, die sie sowohl während der Ungarnzeit als auch Rumänenzeit bewahren konnten (sie wurden nur gezwungen ihre Namen zu magyarisieren oder rumänisieren). Sie brachten ihre Sitten und Bräuche mit, dazu gehörten Kirchweihfeiern, Weihnachtsfeiern, Osterfeiern, aber auch Polka- und Walzer-Tanzen, das Tragen eigenständiger Trachten (für jeden Ort etwas Spezifisches), was letztendlich dazu führte, dass sie von Hohlköpfen – und dazu gehörten auch einige Medienvertreter – hier als Nazis gehalten wurden. Dem nicht genug, um ihre Herkunft nachzuweisen begannen die Orte (die sich in sogenannten HOGs – Heimat-Orts-Gemeinschaften – organisiert haben) ihre Familiensippenbücher zu verfassen. In diesen wurde minutiös genau erfasst, wessen Vorfahren aus welcher Gegend Deutschlands im 18. Jahrhundert ausgewandert sind, um eigentlich nachzuweisen, dass man Deutschstämmiger ist. Aber war man da auch gleich Nazi? Hätten wir da nicht über 70 Millionen Nazis in Deutschland? (Ich schäme mich heute Deutscher zu sein!) Nun werden diese Familiensippenbücher von ehemaligen Privilegierten der kommunistischen Diktatur dazu verwendet, die Banater Deutschen, wie auch ihre Vorfahren durch die „Scheiße" zu reiten, und die Experten der „neuen, deutschen Literatur" finden diese Scheiße (Entschuldigung, ich bleibe so auf dem Niveau dieser Schriften) auch noch gut, stehen unter dem Applaus der Medienvertreter (die sich die größte Mühe geben, bei jedem Bericht „wundervoll" und kräftig zu lügen) am Straßenrand, klatschen Applaus und verleihen Literaturpreise! Auf Unregelmäßigkeiten aufmerksam gemacht, gibt es NUR Stillschweigen; das Stillschweigen, Vertuschen, Verheimlichen, das wir aus der Zeit der kommunistischen Diktatur kennen, oder soll ich dazu sagen: Mediendiktatur! Man kann das auch Volldiskriminierung nennen.

Die Diskriminierung, Erniedrigung, Volksverhetzung der Banater Schwaben begann während der Freikaufphase – damals als diese Menschen in Deutschland die Freiheit suchten und dem Würgegriff der rumänischen Nationalkommunisten (Sie lesen richtig: Nationalisten und Kommunisten) entkamen. An den Grenzen wurde damals noch auf Republikflüchtlinge geschossen und genau diese Republikflüchtlinge (die gab es auch in Rumänien) sollten durch diese Schriften von Privilegierten eines menschenunwürdigen Regimes bloßgestellt und verunglimpft werden, was durch eine entsprechende Berichterstattung in den „freien, demokratischen, deutschen" Medien unterstützt wurde. (Da gab es doch keine Kollaborateure, Seilschaften mit den kommunistischen „Brüdern"?...) Wenn man schon keinen blassen Schimmer hatte, dann hätte man auf Hinweise reagieren müssen. Das passierte aber in 30 Jahren nicht! Warum?

70er- und 80er-Jahre: Freikauf der Rumäniendeutschen (und bitte keine Deutschrumänen) durch die damalige Bundesregierung. 1982 schreibt eine Privilegierte eines kommunistischen Regimes eine Prosa, die sie „Niederungen" genannt hat. Diese „Niederungen" richteten sich gegen die Banater Schwaben, die den „glücklichen" Kommunismus verlassen wollten und dafür entsprechend bezahlen mussten (nachdem sie deportiert und enteignet wurden). Die Identität dieser Leute wurde bis aufs Äußerste verfälscht – ich nenn das Volksverhetzung und das gehört nicht in die Sparte Künstlerfreiheit. Herta Müller war damals rumänische Staatsbürgerin und sie beschrieb einen Volksstamm – die Banater Schwaben – die zum Teil schon Bundesbürger waren, und zwar mit der Absicht, diese lächerlich zu machen, das ist Volksverhetzung. (Sie und auch die Mitglieder der „Aktionsgruppe Banat" wollten das kommunistische Rumänien nicht verlassen – was ihr Ex, Richard Wagner – in einem Bericht in der Banater Post Juni 2015 bekräftigte, da behauptete er auch, dass sie nicht nur „gute Kommunisten", sondern auch die

„gebildeteren Marxisten" waren.) 1984 erschienen die „Niederungen" im Rotbuchverlag, Berlin, in welchen **ganze vier Kapitel fehlten**. Herta Müller behauptete jedoch, dass ihre Prosa in Rumänien beim Kriterion-Verlag zensiert wurde und dass sie verfolgt wurde und Publikationsverbot hatte. Es liegen gesicherte Erkenntnisse vor, dass das nicht stimmt, denn sie bekam 1983 einen Preis vom Zentralkomitee des Verbandes der Kommunistischen Jugend, durfte das Land mehrmals verlassen (was sonst kein Rumäniendeutscher durfte, die sind für gewöhnlich hier geblieben), um in Deutschland die „Niederungen" anzubieten und kehrte jedes Mal nach Rumänien zurück. Es ist kein Medienvertreter darauf gekommen, sie mal zu fragen, warum sie in das Land ihrer Verfolger und Peiniger zurückgekehrt ist. 1984 bekam sie auch mehrere Preise für diese „Niederungen" in Deutschland und alle Pressevertreter bejubelten diese „gute, deutsche" Literatur (nur einige ehrlichen Rumänen schimpften, weil sie das Werk für abartig hielten). 1984 bekam ihr Ex – Richard Wagner – auch einen Preis von demselben Kommunistengremium.

Eine Übersetzung aus der rumänischen Presse:
»Literaturpreis an Herta Müller für kommunistische Ethik Die Kriterien der Vergabe eines Literaturpreises 1983 an Herta Müller für ihr Prosawerk „Niederungen" durch das Zentralkomitee des Verbandes der Kommunistischen Jugend (VdKJ) Rumäniens (CC al UTC). Hat sich Herta Müller Gedanken darüber gemacht, welche Ehre ihr da zuteil wird und was dieser Preis bedeutet?

Adrian Majuru beantwortet diese Frage: „Welche Bedeutung die VdKJ-Preise hatten und welches die Auswahlkriterien dafür waren? Die preisgekrönten Werke mussten den Willen der jungen Künstler zum Ausdruck bringen, ihren Beitrag zur Bereicherung der Kunst und Kultur unserer sozialistischen Gesellschaft mit Kunstwerken zu leisten, die die Arbeit, das Leben und die bemerkenswerten Errungenschaften des rumänischen Volkes widerspiegeln und die von einem tiefen patriotischen, revolutionären Geist, von den hohen Idealen des sozialistischen Humanismus durchdrungen sind, die im Bewusstsein der Jugend das Pflichtgefühl wecken sollen, alles für die unbeirrbare Umsetzung (Verwirklichung) des Programms der Partei, der Anweisungen und Ansichten des Genossen Nicolae Ceaușescu, Generalsekretär der RKP, Präsident der SRR, zu tun."
(„Viața Studențească", 28. Jahrgang, Nr. 42, 17. Oktober 1984, S. 3)

(RKP = Rumänische Kommunistische Partei; SRR = Sozialistische Republik Rumänien)

Zweiter Kommentar:
„Die ihre eigene Geschichte verfälschenden ‚Dissidenten' (Herta Müller und Daniela Crăsnaru)", veröffentlicht im „Cotidianul" vom 11.August 2010: Die Herta Müller von damals, aus dem Jahr 1982, hat bei der Entgegennahme des VdKJ-Preises Folgendes erklärt: „Ein Preis ist kein entscheidender Ansporn, was das Schreiben anbelangt. Aber er gibt mir die Möglichkeit, festzustellen, dass es Menschen gibt, die das gut finden, was ich zu Papier gebracht habe. Und das freut mich." (Literarische und künstlerische Beilage der „Scînteia Tineretului" – „Funke der Jugend" -, 3. Jahrgang, Nr. 24, 12. Juni 1983, S. 5)«

Fazit: Sie bekommt einen Preis für kommunistische Ethik bei den Kommunisten und welche Kriterien legten die deutschen „Preisverleiher" zu Grunde? Oder waren das auch Kollaborateure und Kommunisten, mit freundlicher Unterstützung aller Qualitätsmedien und keiner ist draufgekommen was tatsächlich los war. Doch es gab noch etwas. Laut Herta Müller waren alle, die dieses Schundwerk kritisiert haben, Nazis. (Wieder Volksverhetzung!) Und schon sind die Kritiker verstummt. Lesen Sie weiter auf: http://www.triebswetter.de/roman-hm.htm

„Die Zeit" 2009. Bericht von Herta Müller im Vorfeld der Nobelpreisvergabe: „Die Securitate ist immer noch im Dienst". Hier beschreibt sie ihr „Securitate-Folter-Martyrium" und es ist mir heute noch immer nicht klar, ob das eine Fiktion oder die Realität war. Da es aber ein Bericht sein sollte, so gehe ich davon aus, dass man dabei nicht lügen sollte. (Oder ist bei uns Lügen schon kein Vergehen mehr? Wenn ich mir so manchen Bericht über Banater Schwaben ansehe, dann könnte ich gerade meinen...) Ich führe hier nur drei Beispiele an. Carl Gibson (ein Inhaftierter und Gefolterter im Ceauşescu Regime) hat über die Ungereimtheiten aus diesem Bericht zwei Bücher geschrieben: „Ohne Haftbefehl gehe ich nicht mit" und „Plagiat als Methode".

Da heißt es doch, dass sie von zwei Securisten am Bahnhof Poiana Braşov in den Dreck gestoßen wurde und dass sie denen gegenüber behaupten konnte: „Ohne Haftbefehl gehe ich nicht mit". Das kann man jedem „verkaufen", der die Tatsachen nicht kennt. Einen Bahnhof Poiana Brașov gibt es nicht und die Securitate hat genauso wie auch die Stasi oder Gestapo nie einen Haftbefehl benötigt um jemanden mitzunehmen und da dies ein Geheimdienst war, hat der einem nicht medienwirksam auf der Straße überfallen, da wurde man dezent einbestellt oder abgeholt (was z.B. Eginald Schlattner in „Rote Handschuhe" sehr genau beschreibt). Carl Gibson, der real Inhaftierte, wurde auf dem „Zeit-Forum" mit der Bemerkung „Verleumdung gehört zum Brauchtum der Banater Schwaben" gesperrt, weil er das „Securitate-Folter-Martyrium" von Herta Müller als eine einzige große Lüge angesehen und entlarvt hat. „Wer die Wahrheit geigt, dem schlägt man die Fidel auf den Kopf." (Jean Paul). **Und seither wird kein Bericht, keine Bemerkung von Banater Schwaben in irgendeiner Presse veröffentlicht, dafür werden die Lügen Herta Müllers aus dem oben genannten Bericht gebetsmühlenartig bei verschiedenen Preisverleihungen wiederholt.** Diverse E-Mail-Adressen von Pressevertretern, die ich diesbezüglich (auf gedruckte Lügen hin) angeschrieben habe, werden hier nicht angegeben[11].

2009 erhielt Herta Müller mit der „Atemschaukel" den Nobelpreis. Proteste von Banater Schwaben wurden nicht berücksichtigt. Die „Atemschaukel" ist das Werk von Oskar Pastior – ein Siebenbürger Sachse. Sie beschreibt darin also das Schicksal von Siebenbürger Sachsen und nicht das von Banater Schwaben und die Landsmannschaft der Banater Schwaben ist trotzdem umgeschwenkt und stolz auf ihre Nobelpreisträgerin, über welche in jedem Pressebereich gelogen wird und das seit nunmehr sieben Jahren, ohne Aussicht, dass jemand die Wahrheit ans Licht bringt, denn es muss verschwiegen und vertuscht werden. Die Komplizenschaft zwischen Täter und Opfer ist gefestigt und die berühmte Vetternwirtschaft wird mit allen Mitteln gehegt und gepflegt. Nicht nur damals in Rumänien, auch hier in Deutschland. Und ich glaube unter den Medien gibt es Leute – die den Geist der 68er weiterpflegen – die einen noch besseren Kommunismus aufbauen wollen, die heute genau so lügen, wie vor 25 Jahren in der kommunistischen Presse. (Bitte nicht mit Pegida kommen, denn was ich hier beschrieben habe, stammt aus einer Zeit lange vor Pegida!)

---

[11] Diese habe ich schon in meinem Buch „Gehört Verleumdung zum Brauchtum der Banater Schwaben" angegeben.

Gibt es auch schon Nachahmer?
In einem Bericht in der Banater Post, Juni 2015, schrieb Richard Wagner (der Ex von Herta Müller) folgendes: „**Die wohl steilste These, die damals einschlägig ersonnen wurde, war, Herta Müllers .'Niederungen' seien im Auftrag der ‚ZK-Propaganda-Abteilung' verfasst worden. Und das alles bloß wegen des schwäbischen Bads, einer knappen Seite Text, der die Sauberkeit der Landsleute satirisch zugespitzt in Frage stellte.**" (Kommentar: Das war leider nicht alles! Und wie war es mit der zweiten knappen Seite Text über ihren ‚gewalttätigen', besoffenen Nazi-Vater, wobei sie alle banatschwäbischen Kritiker zu Nazis machte – und die werden heute noch immer so behandelt – wohl das Ergebnis der Volksverhetzung? Und der Rest der Erniedrigungen? Z.B. wird deren Lebensweise an einem wohl einzigartigen Beispiel im Banat – einer Familie die so nie im Banat anzutreffen war – derart übertrieben, dass eigentlich alle Deutschen Ämter, Verbände und Institutionen auf die Banater Schwaben – während der Freikaufphase - als ‚gefährliche Übeltäter' hätten aufmerksam werden müssen: Das Jugendamt wegen Einprügeln auf Kinder, Frauenorganisationen wegen Diskriminierung und Erniedrigung der Frauen, Tierschutzorganisationen wegen Tierquälerei [z.B. den Hund mit dem Fuß getreten, bis er verendete, dem Kalb das Bein gebrochen, damit es notgeschlachtet werden konnte), der Drogenfahndung (weil ‚vermummte' Großmütter Mohnkuchen backten und auserwählte Banater Krähenmist als Droge nutzen), Polizei wegen gewalttätiger und besoffener Männer und Korruption, usw. Dieselben Interessen hatten auch die auserwählten Mitglieder der RKP – Rumänischen Kommunistischen Partei – die es nicht gerne sahen, dass alle Deutschen das Land verlassen wollten, und ebenfalls alle kollektiv als Nazis oder Hitleristen beschimpften.])

Zitat Richard Wagner: „Niemals in der Geschichte konnte eine einseitige Prosa eine Gemeinschaft so folgenreich irritieren als diese... Zum Glück gab es ‚Kommunisten' wie Nikolaus Berwanger und Emmerich Reichrath, den Feuilleton-Redakteur des Neuen Wegs, der für angemessene Rezensionen sorgte, und einen linken Verlag in Westberlin, auf den die Kunstrichter aus Darowa keinen Einfluss hatten." (Kommentar: Nur aus Darowa? „Zum Glück gab es noch Verbündete im Westen", die heute

ebenfalls für angemessene Rezensionen sorgen, und andere Meinungen unterdrücken, **und auch die Landsmannschafts-führung** reagiert heute ANDERS! **Wie im vor 25 Jahren unterge-gangenen Kommunismus: Publikationsverbot, Unterdrückung der Meinungsfreiheit und Desinformation der eigenen Lands-leute!**)

Zitat, Richard Wagner: „Gibson hält wahrscheinlich einen einzigartigen Rekord im heutigen Deutschland. Er ist wohl der aus den meisten Blogs Ausgeschlossene." (Kommentar: Und auch das ist das Ergebnis des imaginären Paktes zwischen den ehemaligen Altkommunisten aus dem Ceauşescu-Fan-Block und den „unfehlbaren" 68ern, damals vom KGB unterwandert, heute die Vorkämpfer für die Meinungsfreiheit, aber **nicht für Carl Gibson, sondern für sich selbst. Warum darf ein von der Ceauşescu-Dik-tatur politisch Inhaftierter und Gefolterter in einem freien demo-kratischen Land seine Meinung nicht äußern?**)

Nun gibt es auch schon Nachahmer – wohl die Nobelpreisvergabe im Blickfeld – ein Schweizer Schriftsteller mit rumänischen (genauer oltenischen) Wurzeln, der aber in Temeswar im Banat aufgewachsen ist (keine Ahnung von Banater Dörfern hat), der mit 15 Jahren schon mehrmals und erneut flüchten konnte (und die westliche Welt hat ihm das abgenommen), dessen Vater die Miteinwohner „täglich" an den Milizmann (von hier gelang der Bericht zur Securitate) verpfiffen hat, dem es bei der „fiktionalen" Beschreibung der Banater Schwa-ben (genau die aus Triebswetter) gelang, noch einige Sachen drauf-zusetzen: Besoffene, nach Kot und Urin stinkende, unter der Stroh-decke den eben so übel riechenden Anderen, unzivilisiert „fressen-de" Mörder, Brandstifter, Zigeunerjäger, Zigeunerhenker, Fronten-wechsler, Geiselnehmer, Vergewaltiger. Hat er etwas vergessen? Im Schweizer Radio DRS2 (welches heute nicht mehr existiert) erklärt er öffentlich: „Die Vorfahren der Triebswetterer haben ihre alte Heimat Lothringen mit Blut an den Händen verlassen", um ins Banat zu kommen – nicht ohne auf dem Weg einen Mord zu begehen - und zu den „Zivilisationsstiftern von Triebswetter zu werden". Aus dem Munde der Zigeunerin „Ramina" erfährt man dann noch: „Triebs-wetter ist ein Ort von Selbstmördern und Pechvögeln." (Die Securi-tate, die von unserer Presse wohl als eine „Humanitäre Hilfsor-ganisation" betrachtet wird, hat immer, wenn sie jemanden beim Verhör erschlagen hat, behauptet, er hätte „Selbstmord" – wohl aus

Reue – begangen! Und was ist mit den heutigen Selbstmord-attentätern?)

Der Autor, der mit 15 mit PKW, Dachgepäckträger und Anhänger „erneut" aus den Klauen der kommunistischen Diktatur (oder ist das jetzt schon wieder etwas anderes, etwas besseres?) flüchten konnte, der heute noch Ceauşescu wie Vater und Mutter sieht (Zeit-Online) heißt Cătălin Dorian Florescu und sein Diskriminierungsroman „Jacob beschließt zu lieben." In seinem Roman geht es um Triebswetter (meinem Geburtstort), wo bei der Ansiedlung etwa 60% Einwanderer aus Lothringen kamen. (In seinem Erstlingsroman „Wunderzeit" beschreibt er den heldenhaften Kampf der Rumänen gegen die „barbarischen" Eindringlinge.) Ich möchte jetzt nicht auf alle Vorwürfe (umfasst ein ganzes Buch), die man dem Mitglied aus dem Ceauşescu-Fan-Block machen kann, eingehen:
http://www.franz-balzer.de/verleumdung.htm

Ist der Roman eine Fiktion?
Sind die oben genannten Beschreibungen als Fiktionen eines Oltener (Ceauşescu war auch ein Oltener) über Banater Schwaben mit Lothringer Wurzeln zu sehen? (Es gibt auch Reinrassige Banater Schwaben, die keine Lothringer Wurzeln haben.) Folgende Straf-tatbestände sind gesichert:
1.)**Persönlichkeitsrechtverletzung**. Niemand darf entgegen der Genehmigung der betroffenen Personen, die Namen dieser in einer literarischen Schrift oder sonstwo verwenden. Der Originalname des Triebswetterer Rentners (83, der als Deutscher Jakob heißt und im rumänischen Ausweis Jacob), die Namen aller Triebswetterer, die im Roman Florescus verwendet wurden, hätten also bis auf voller Unkenntlichkeit geändert werden müssen. Ganau so der Name des Dorfes, sowie der, der Banater Schwaben.
2.) **Volksverhetzung**. Jeder Banater Schwabe weiß, dass Florescu in seinem Roman keine Banater Schwaben, keine Triebswetterer und auch nicht deren Identität und Geschichte beschreibt. Die Triebswetterer – die hoffentlich auch noch unter Banater Schwaben bei „unserer" Landsmannschaft geführt werden – werden mit einer Identität belegt, Sitten und Bräuchen versehen, die nie zutrafen, wie sie also NIE WAREN. Das nennt man Volksverhetzung (Darstellung von Eigenschaften und Identitäten, die nie vorhanden waren) und das ist ein Straftatbestand!

3.) **Verunglimpfung des Antlitzes von Toten.** Alle aus dem Treffil-Buch (ein Familiensippenbuch, worüber ich weiter oben berichtet habe) entnommenen Familiennamen stammen von ehemaligen Bewohnern Triebswetters, die längst verstorben sind. Das Andenken dieser wird daher verunglimpft, da alle Geschichten, die vom Autor aus dem Treffil-Buch entnommen wurden, AUSNAHMSLOS ins NEGATIVE verdreht wurden. Das ist auch ein Straftatbestand! Ist das so schwer zu verstehen? Warum dürfen die Schweizer und Deutschen Leser dies nicht wissen?

> Der C.H.Beck-Verlag wusste das alles[#].
> Warum hat er den Roman dann doch gedruckt?
> **Wenn es um Maximalgewinne geht, dann**
> **SCHERT SICH NIEMAND mehr um die**
> **WÜRDE EINES MENSCHEN - hier um**
> **die eines GANZEN DORFES!**
> [#] **Das wäre doch etwas für echte Journalisten!**

Und auch die Banater Landsmannschaft (aber da gibt es immer noch Komplizenschaften zwischen Täter und Opfer) sorgt dafür, dass eine falsche Berichterstattung über diesen Roman stattfinden darf und verhindert, dass die eigenen Landsleute nicht die Wahrheit über diesen Roman erfahren dürfen: Beihilfe und VERTUSCHEN wie in einer ehemaligen östlichen kommunistischen Diktatur! Und die restlichen Medien?

Was nützen mir die literarischen Fähigkeiten, mit welcher der Roman geschrieben wurde, wenn laufend gegen (scheinbar nicht vorhandenen) Vorgaben verstoßen wird? Wieso kommen einige PROFESSOREN DOKTOREN (dazu gehören auch Banater Schwaben) nicht auf die Idee, das mal zu überprüfen?

Warum dürfen ALLE ihre „Meinungen" zum Roman veröffentlichen – wenn diese Leute auch nichts wissen – und die DIREKT Betroffenen (Triebswetterer und andere Banater Schwaben), werden von allen Deutschen und Schweizer Medien genauso diskriminiert und erniedrigt, wie im Roman. Das nenn ich Missachtung einer Minderheit aus dem kommunistischen Rumänien, Volksverhetzung und Unterdrückung der Meinungsfreiheit. (Wir präsentieren aber die echten Fakten. Gehören die nicht zur Meinungsfreiheit?) Dass es hier in

Deutschland einige Hohlköpfe gibt, die als Kollaborateure der ehemaligen kommunistischen Diktaturen gelten, ist nicht von der Hand zu weisen. Oder brauchen Sie noch ein paar Seiten Beweise und Klarstellungen?

Ein Beispiel von leserverachtenden, volksverdummender Berichterstattung, war jene aus dem August 2013 in Calw bei der Hesse-Stipendium-Vergabe. Der „Schwarzwälder Bote" jubelte (nachdem wir ihn im Vorfeld angeschrieben – also informiert – hatten): „Texte voll Sinnlichkeit" und das Lesen Florescus Romane bedeute: „Ein Erkenntnisse förderndes Vergnügen". Wenn Sie meine Ausführungen vorher hinzuziehen, dann müssten Sie zu demselben Schluss kommen, wie ich: Rassistische Äußerungen über die Opfer ehemaliger kommunistischer Diktaturen von Leuten, die zum Abschaum unserer Gesellschaft gehören. (Und die wagen es noch, andere als Nazis zu bezeichnen?)

Das geht nun seit fünf Jahren so, manche Medienvertreter, die ich angeschrieben habe, haben geantwortet, aber andere hüllten sich in tiefem Schweigen: Leserverachtende, volksverdummende Pressefuzzis (und das habe ich lange vor dem Auftauchen von Pegida gesagt/geschrieben)! **Die E-Mail-Liste der angeschriebenen Medien[12] (wird hier nicht abgedruckt). Ich möchte von diesen Individuen nur wissen, warum sie mir keine Antwort auf meine Schreiben gegeben haben? Entschuldigungen erwarte ich nicht, denn Diskriminierung (denn ich glaube nicht, dass es Blödheit ist) kann nicht entschuldigt werden!** Ausführliche Informationen finden sie auch hier:
http://www.triebswetter.de/roman-medien.htm

Preisverleihungen für Volksverhetzung von Minderheiten in der „neuen, deutschen" Literatur? (Beide Autoren bekommen trotz Proteste am laufenden Band Literaturpreise, weil eine falsche Berichterstattung über diese „gute, neue, deutsche" Literatur stattfindet.)

Warum wird die Literatur ehemaliger Privilegierter aus dem Alt-kommunistischen Fan-Block, die die Opfer ehemaliger Ostdik-

---

[12] Die Liste wurde bereits in meinem vorigen Buch „Gehört Verleumdung zum Brauchtum der Banater Schwaben" gedruckt.

taturen verhöhnen und verspotten, heute mit Preisen belegt? Warum danken bei uns Bundespräsidenten ab, warum werden andere wieder „abgesägt", warum müssen manche Doktoren ihren Titel „zurückgeben" und warum bekommen Privilegierte menschenunwürdiger Regimes bei „UNS" trotzdem Literaturpreise?

Vielen Dank.
Mit freundlichen Grüßen.
Franz Balzer

> Was schrieb Kachelmann (in „Recht und Gerechtigkeit") über Journalisten: „Aber die Leute (im Knast) besaßen mehr Ehre im Leib als so manche Journalisten."

Auszüge aus dem Schreiben an den Präsidenten des Europaparlamentes, Laudator in Wittlich:

Sehr geehrter Herr Martin Schulz,
Präsident des Europäischen Parlamentes,

es ist immer wieder erstaunlich, wie Personen aus der Öffentlichkeit, vor die „Karre" mancher Leute gespannt werden, die für etwas herhalten müssen, worüber sie in der Regel NIE richtig informiert wurden, denn sonst würden sie es nicht tun. In Sachen Herta Müller haben einige Banater Schwaben, die vor allem darüber besorgt sind, wie ihre Identität in der Öffentlichkeit in den Dreck (von „Intellektuellen" in der „guten, neuen, deutschen" Literatur) gezogen wurde und immer noch wird, schon den Bundesratspräsidenten Norbert Lammert (der die Laudatio für Joachim Gauck in Solingen hielt) und den Bundespräsidenten Joachim Gauck angeschrieben, jedoch im „Zuge der Unterdrückungsmaßnahmen gegen Meinungsfreiheiten von Minderheiten" kaum Gehör gefunden haben. Ganz im Gegenteil – Gefolterte und Inhaftierte einer ehemaligen kommunistischen Regierung dürfen in der deutschen Gesellschaft ihre

Meinung (heute anno Domini 2016) nicht mehr äußern, weil sie dem „journalistischen Mainstream" nicht mehr entsprechen, weil diese im Moment nur von Lügen (oder schriftstellerischen Fiktionen, die auch in Berichten auf die Künstlerfreiheit pochen – also lügen dürfen) zu begeistern sind. Meinungsfreiheit ist OK, aber wenn man nichts weiß, soll man einfach mal die Fresse halten. Und über das Los und Schicksal der Banater Schwaben, Teil der Donauschwaben, wissen unsere „Pressefuzzis" überhaupt nichts (und das geht schon seit sieben Jahren so und hat nichts mit Pegida zu tun!), **dabei hängt man den Schriftstellern (Privilegierte einer kommunistischen Diktatur: Herta Müller und Cătălin Dorian Florescu) aus dem ehemaligen Ostblock an den Lippen wie die Eintagsfliegen an der Straßenlaterne und verbreitet deren fiktionale Lügen – volksverhetzend – über die Identität, Sitten und Bräuche der Banater Schwaben, die sich als ehemalige Minderheit aus dem kommunistischen Rumänien nicht wehren kann oder genauer gesagt NICHT WEHREN DARF!!!** Proteste gibt es schon, wenn auch nur wenige, diese werden aber von unserer angeblich „freien" Presse missachtet und diskriminiert. Der Vorstand der Landsmannschaft der Banater Schwaben in München ist tief verwurzelt mit der Komplizenschaft der Täter und Opfer (Bezugnahme auf die Schmiergeldzahlungen beim Freikauf in den 70er und 80er Jahren) und pflegt das Verheimlichen, Vertuschen und Verschweigen und belügt so die eigenen Landsleute, wie auch die Öffentlichkeit in Deutschland. (Wahres werden Sie da NIE erfahren! Wer die Wahrheit verlangt, Traditionen pflegt, ist für manche Hohlköpfe sowieso ein "Nazi"!)

Beim ZKM Karlsruhe wird die Veranstaltung „Writers for Freedom" durchgeführt. Und wenn ich den Untertitel „der weltweite Kampf für freie Meinungsäußerung" betrachte und daran denke, dass jemand bei der Veranstaltung (08.03.16) im ZKM mit Herta Müller über ihre Werke diskutieren wird, wobei noch zu erwähnen ist, dass „sie sprachgewaltig die Schrecken des Totalitarismus beleuchtet" muss ich einige Bemerkungen machen. Schrecken erlebten die Banater Schwaben nach dem Erscheinen der „Niederungen", ein Prosawerk für welches sie kommunistische Preise und westdeutsche Literaturpreise für Volksverhetzung gegenüber **Banater Schwaben** erhielt. Und kein Banater Schwabe darf in den Medien seine Meinung dazu äußern – diese Leute **werden wie Aussätzige behandelt!!!** In dieser Hinsicht **ist der Untertitel „Der weltweite Kampf für freie**

Meinungsäußerung" als Hohn und Spot gegenüber einer Minderheit aus dem kommunistischen Rumänien, welche in der 70er und 80er Jahren die Freiheit suchten, zu sehen. Dieser Freiheitsdrang sollte durch die damaligen „Niederungen" gestört und der gute Ruf der Banater Schwaben – ein eigentlich fleißiges, rechtschaffenes, sparsames, ehrliches Völkchen (mit Ausnahmen, die kommunistischen Kollaborateure, die „Intellektuellen", welche die „Niederungen" für „gute, deutsche" Literatur halten – das kapiert man aber schwer in Deutschland), das noch Traditionen pflegt (deswegen von Halbgebildeten als Streber und Nazis bezeichnet), zerstört werden. usw. (ENDE der Textauszüge an Herrn Martin Schulz)

Wie sich deutsche Institutionen zum Werbeträger eines die Triebswetterer und Banater Schwaben diskriminierenden Romans machen und von einem ehemals zur herrschenden Schicht in Rumänien – den Trägern der rumänischen, kommunistischen Diktatur – gehörenden Schweizer Autor rumänischer Herkunft für seine niedrigen Beweggründe: Rassistisch motivierte Erniedrigung und Diskriminierung der Banater Schwaben – BENUTZEN LASSEN!

Keine Antwort von Zeitungsredakteuren ist für uns auch eine Antwort. Diskriminierung PUR! Hier mein Schreiben an Redaktionen, die Florescus Roman überschwänglich lobten.

Dieser Roman ist eigentlich eine Beleidigung, Erniedrigung und Diskriminierung der OPFER der rumänischen kommunistischen DIKTATUR. Und alle, die 5-Sterne-Kommentare und „publizistische Loblieder" dafür abgeben, tun eigentlich nichts anderes als diese OPFER ebenfalls zu beleidigen und diskriminieren, erst recht, wenn unsere NEGATIVEN KOMMENTARE unterdrückt, verschwiegen oder nicht veröffentlicht werden.

Sehr geehrte Damen und Herren,
aus der rumänischen Presse habe ich erfahren, was Sie über den Roman des Schweizrumänen Catalin Dorian Florescu veröffentlicht haben. Ich geh mal davon aus, dass Sie das auch in der deutschsprachigen Presse getan haben. Der Roman wird als das

300jähriges Familienepos der Obertins, die eng mit der Geschichte der Banater Schwaben verbunden ist, angeboten.

Ich hätte erstens gern gewusst, ob einer Ihrer Redakteure den Roman gelesen und danach das geschrieben hat oder ob Sie eine Pressemitteilung des Autors oder seines Verlages erhalten, was Sie ungeprüft veröffentlicht haben? Aus unserer Sicht – einige Triebswetterer, die im Roman auf das Übelste erniedrigt werden – ist der Klappentext, der in vielfältigen Versionen – auch im Internet – zu lesen ist, beinahe zu 100% gelogen und stellt eine Irreführung der Leser dar. Es wird eine Menge verschwiegen, weil diese Kommentare alle einseitig verfasst sind. Daher will ich Sie zweitens fragen, ob Sie auch unsere – dieselben Triebswetterer – Version veröffentlichen würden, um Ihren Lesern „reinen Wein" einzuschenken?

UNSERE VERSION – welche die gängigen Loblieder auf den Roman ergänzen soll – was weder eine Werbung noch ein Lob enthält (das Lob haben SIE JA schon gedruckt) lautet: Der Roman: „Jacob beschließt zu lieben" von Cătălin Dorian Florescu ist kein Geschichtsroman der Banater Schwaben, das ist kein Familienepos der Triebswetterer Familie Obertin, das ist eine Kriminalisierung unserer Ahnen und Vorfahren aus Lothringen, das ist eine Identitätsverfälschung der Banater Schwaben, das ist eine Schmähschrift gegen die Triebswetterer im Besonderen und Banater Schwaben im Allgemeinen! Der reale Name Triebswetter und alle real existierenden Triebswetterer Familiennamen, die zusammen mit ihren Kurzgeschichten, die negativ aufpoliert aus dem Familienbuch übernommen wurden, dürfen kein Thema für einen Roman, der zwischen Wirklichkeit und Fiktion keinen Unterschied macht, sein. Jakob (mit k, die deutsche Schreibweise) ist der Böse und Üble und Jacob (mit c, die rumänische Schreibweise) ist der Liebe und Gute, sagt in meinen Augen alles aus. Der Autor spielt mit Identitäten, die er mit „einem" Buchstaben verändern kann (siehe Thüringer Allgemeine).

Das ist eine Beleidigung aller Opfer der rumänischen kommunistischen Diktatur! ENDE UNSERES KOMMENTARS.

Ich frage Sie nun drittens, warum unser Kommentar nicht gedruckt werden darf? Was gibt es zu verheimlichen? Mehr erfahren Sie auf der Internetseite der Triebswetterer: http://www.triebswetter.de/roman.htm.

Menüpunkt: „Schwarze Schafe der Berichterstattung". Sie gehören allerdings noch nicht dazu. Ein kleines und nur ein kleines Beispiel aus einem Werbevideo für den Roman, gesprochen vom Autor selbst (Amazon, Zeit-Online usw.). ZITAT Florescu: „Es geht um die ganze Dynastie der Obertins, die aus Lothringen kommt und Zivilisationsstifter sind. Aber im Gegensatz zu allen anderen Männern in dieser Familie, auch zu Jacobs Vater, nämlich Jakob mit k, während Jacob, der Sohn mit c geschrieben wird, dieser kleine Unterschied ist sehr wichtig, weil sie so unterschiedlich sind, Vater und Sohn. Wenn also alle anderen Männer Macht suchen, ihr Glück auf das Unglück anderer gründen wollen, ist eben Jacob mit c ganz anders." ZITATENDE.

Was hat man davon zu halten, wenn man „im Bilde" ist (die meisten „blicken" aber heute nicht, sowohl Kommentatoren wie auch Presseberichterstatter und auch einige Literaturgurus, Professoren Doktoren der Literatur!). „Es geht um die ganze Dynastie der Obertins, die aus Lothringen kommt und Zivilisationsstifter sind". Eine Obertin-Dynastie gab es nie und wird es nie geben, denn die Ansiedler damals (1772) waren arme Bauern und Handwerker und keine Söldner des 30jährigen Krieges (1648), die eigentlich Bauern und Handwerker überfallen und umgebracht haben, welche (Söldner) letztendlich im Roman als „Zivilisationsstifter" nebst Mörder, Brandstifter, Vergewaltiger und Geiselnehmer beschrieben werden.

Und wenn dann „alle anderen Männer Macht suchen, ihr Glück auf das Unglück anderer gründen wollen", dann „schrillen" bei mir alle Glocken, die nur schrillen können. In einem Interview bei DRS2 behauptet der Autor, dass die Lothringer ihre Heimat „machthungrig und mit Blut an den Händen verlassen" haben und „Triebswetter ein Dorf von Selbstmördern und Pechvögeln ist".

1945 wurden die Triebswetterer Banater Schwaben enteignet (wer nicht weiß, was das ist, soll die Anmerkung[*] lesen) und in ihre Häuser zogen die rumänischen Nationalkommunisten ein, ganz zu schweigen von den Rathäusern. Dem war aber nicht genug. 1951 wurden halbe Banater Dörfer in Viehwaggons gepackt und 800 km ostwärts im Bărăgan auf einem Stoppelfeld abgesetzt (für Florescu hieß es da nur „und wieder gründeten sie ein Dorf"– so in DRS2), während in ihre leergewordenen Häuser wieder von den Nationalkommunisten die Landsleute Florescus einquartiert wurden; ganz zu schweigen, wie die Häuser nach fünf Jahren aussahen.

WER WAR DA MACHTHUNGRIG? UND WER GRÜNDETE SEIN GLÜCK AUF DAS UNGLÜCK ANDERER? Florescu beweist am Nationalfeiertag (23.08.2012) der rumänischen Nationalkommunisten in der Zeit-Online, dass „Ceauşescu zu ihm gehörte wie Vater und Mutter" und dass er vermutlich auch noch immer dazu gehört.

Die Schreibweise der Namen Jakob und Jacob. Jakob (mit k) ist immer der böse und unmögliche Mensch, während Jacob (mit c) der gute und der liebe ist und sich nur bei der Zigeunerin wohlfühlt.

Weder Triebswetterer noch Banater Schwaben hatten je ein so gutes Verhältnis zu den Zigeunern, dass es sogar Halbbrüder gab und Jakob (mit k) ist die deutsche Schreibweise und Jacob (mit c) die rumänische Schreibweise, die Florescu so wichtig ist, weil er die Banater Schwaben als Verbrecher und seine eigenen Landsleute als die GUTEN beschreiben will.

Hallo Leute! Gehts noch? Bedenkt mal einer, was er schreibt? Oder weiß das sowieso keiner mehr, denn man hat dafür gesorgt, dass nur gelernt werden darf, was SPASS macht? Es gibt eine ganze Latte von Erkennungsmerkmalen, dass er in seinem Roman keinen einzigen Banater Schwaben beschreibt und das die Geschichte dieser aufs Äußerste verfälscht ist. Das ist ein Roman, also eine Fiktion! Dann gehören die REALEN NAMEN, wie Triebswetter, Banater Schwaben und ALLE REALEN TRIEBSWETTERER FAMILIENNAMEN nicht dazu! In „Zaira" verwendet er ja auch nur Vornamen! Was er auf 478 Seiten an besoffenen, dreckigen, stinkigen, Ehebrechern, Fremdgehern, Spuckern und Schnapstrinkern zusammenbringt, fasst er in „Jacob..." am Anfang in 2-3 Sätzen über die Banater Schwaben zusammen, die er überhaupt NICHT kennt und setzt noch etliches drauf: **Animalische Kopulation, Geburten auf dem Mist, Zigeuner als Halbbruder, Vater verrät Sohn an die Russen, Mörder, Brandstifter, Zigeunerhenker, Kopfgeldjäger, Geiselnehmer,** usw. (Geben Sie mal unter Google „Zigeuner" ein und wählen Sie „Wikipedia". Sie werden dort eine Abbildung finden, auf welcher in Altrumänien – wo wohl Florescus Vorfahren herkamen und wo sich „Zaira" abspielt – eine Zigeunergruppe zum Versteigern angeboten wird. Das Jahr 1852 kann man in römischen Schriftzeichen genau erkennen.)

Und jetzt frage ich Sie viertens: Wie viele Preise wollen Sie ihm noch verleihen, wobei Sie mit Ihrer einseitigen positiven Berichterstattung, die sogar die Parteiprogramme von Honecker und Ceaușescu in den Schatten stellen, beitragen werden? (So heißt Pressefreiheit mit meinen Worten auch Volksverdummung?) Oder habe ich das Wort „Pressefreiheit" falsch verstanden? So eine Pressefreiheit hatten wir auch unter Ceaușescu! Bei Unklarheiten stehe ich Ihnen gerne zur Verfügung. (Vorausgesetzt es wird nichts weggelassen oder verdreht. Ich habe „Kachelmann" und „Bettina Wulff" gelesen!) Vielen Dank für Ihre vermutlich prompten und netten Antworten.

Können Sie es verantworten, wenn kein Triebswetterer mehr seinen Personalausweis, ohne blöd angesehen zu werden, irgendwo in Deutschland, der Schweiz oder Österreich vorlegen kann? Können Sie es verantworten, dass Triebswetterer namens Oberten, ihren Personalausweis, ohne blöd angesehen zu werden, irgendwo in Deutschland, der Schweiz oder Österreich vorlegen kann? Der Roman soll, nicht unter keinerlei Mitwirkung des Goethe-Institutes, der Robert-Bosch-Stiftung oder dem Literarischen Colloquium Berlin ins Französische, Schwedische, Tschechische, Baltische und Rumänische übersetzt werden. Soll ich Ihnen die obigen beiden Sätze jetzt noch für alle diese Länder wiederholen? Oder glauben Sie wirklich noch an Reisefreiheit für diese Leute?

Mit freundlichen Grüßen.
Franz Balzer.
Triebswetterer mit
Lothringer Wurzeln.

Anmerkung (*): Da die Banater Schwaben Haus, Hof, Feld und Garten besaßen, wobei es für die rumänischen Nationalkommunisten der ersten Stunde schon als Verbrechen galt, wenn man Hausbesitzer war, weil man wohl jemanden, der nie in dieser Gegend gelebt hat, deswegen „ausgebeutet" hat, wurden erstere von „ihrem Privateigentum befreit", also enteignet. Haus, Hof, Feld und Garten gehörten von einem auf den anderen Tag den „unglücklichen" Kommunisten, die in jedem Jahr am 23. August ihren „Nationalfeiertag" oder „Tag der Befreiung" (vom Privateigentum und der Freiheit) pompös feierten.

Der Deutsche Presserat hat geantwortet, war also einer der weinigen, die auf meine Beschwerden reagiert hat.

Sinngemäß wurde folgendes geschrieben:

- dass mit Herta Müller wäre schon in Ordnung, nur die „Lügen" in den Medien würden eben den Kriterien der Meinungsfreiheit entsprechen.

Wenn ich das richtig verstanden habe, heißt das, dass weiter – wie bisher – gelogen werden darf.

Immerhin sehr interessant, wenn ich weiß, dass z.B. der Presserat den Medienvertretern ein Schreiben zugeschickt hat, in welchem diesen mitgeteilt wird, was sie noch schreiben dürfen und was nicht.

… und das ist keine Mediendiktatur?...

Hoelderlin-Preis-für-Herta-Mueller. E-Mail an Prof. Jürgen Wertheimer und Südwestpresse

Zum Anlass der Hölderlin-Preis-Verleihung an Herta Müller durch die Uni und Stadt Tübingen geht dieses Schreiben (diese Mail) an die Stadt Tübingen, an Herrn Prof. Jürgen Wertheimer, der die Laudatio bei der Preisverleihung halten soll und an die **S**üdwestpresse.

Zitat: „Als Angehörige einer deutschen Minderheit in Rumänien aufgewachsen, thematisiert Herta Müller in ihren Texten ‚Erfahrung von Gewalt, Verlust der Würde und Heimatlosigkeit' [...] Sie war wiederholt Verleumdungen, Verhören und Hausdurchsuchungen ausgesetzt. 1987 reiste sie in die Bundesrepublik Deutschland aus... Ihr ‚Gefühl für Fremdheitserfahrungen' gilt als unbestechlich."

Im Hinblick auf die „Niederungen" kann man nur den Verlust der Würde und die Verleumdung, ja sogar Volksverhetzung gegenüber ihrer Landsleute – den Banater Schwaben – anführen. Der Rest ist Selbstinszenierung zur Dissidentin.

betr.: Preisverleihungen für Volksverhetzung von Minderheiten in der „neuen, deutschen" Literatur? Warum wird die Literatur ehemaliger Privilegierter aus dem Altkommunistischen Fan-Block, die die Opfer ehemaliger Ostdiktaturen verhöhnen und verspotten, heute mit Preisen belegt? Warum danken bei uns Bundespräsidenten ab, warum werden andere wieder „abgesägt", warum müssen manche Doktoren ihren Titel „zurückgeben" und warum bekommen Privilegierte menschenunwürdiger Regimes bei „UNS" trotzdem Literaturpreise?

Zitate aus Publikationen von Richard Wagner, einem Ex von Herta Müller. [Meine Kommentare dazu in Klammer.]
Das Gedicht. Der Jargon. Die Legitimation.
Banater Post 15.06.2015
„Wir waren links und in unseren eigenen Augen, wenn <u>nicht die besseren Kommunisten.</u> dann doch <u>die gebildeteren Marxisten</u>... Eine maximale Provokation für unsere Landsleute, deren Dorfkultur und Folklore wir wenig abgewinnen konnten." [Der erste Hinweis darauf, dass die Landsleute, die in den 70er und 80er Jahren die Freiheit suchten, nicht beliebt waren – das waren sie auch nicht bei

den kommunistischen Machthabern in Rumänien. Sie verachten die Dorfkultur und Folklore, kommen aber alle aus diesem Milieu!]

„Wir hatten uns die Mundart zum Feind Nummer eins erkoren. Für uns war Mundart identisch mit Provinz." [Auch Ablehnung und Verachtung.]

„Die wohl steilste These, die damals einschlägig ersonnen wurde, war, Herta Müllers ‚Niederungen' seien im Auftrag der ‚ZK-Propaganda-Abteilung' verfasst worden. Und das alles <u>bloß</u> wegen des schwäbischen Bads, einer knappen Seite Text, der die <u>Sauberkeit</u> der Landsleute <u>satirisch zugespitzt</u> in Frage stellte." [Das war leider nicht alles! Und wie war es mit der zweiten knappen Seite Text über ihren ‚gewalttätigen', besoffenen Nazi-Vater, wobei sie <u>alle banatschwäbischen Kritiker zu Nazis</u> machte – und die werden heute noch immer so behandelt – wohl das Ergebnis der Volksverhetzung? Und der Rest der Erniedrigungen? Z.B. wird deren Lebensweise an einem wohl einzigartigen Beispiel im Banat – einer Familie die so nie im Banat anzutreffen war - derart übertrieben, dass eigentlich alle Deutschen Ämter, Verbände und Institutionen auf die <u>Banater Schwaben</u> – während der Freikaufphase - als ‚<u>gefährliche Übeltäter</u>' hätten aufmerksam werden müssen: Das Jugendamt wegen Einprügeln auf Kinder, Frauenorganisationen wegen Diskriminierung und Erniedrigung der Frauen, Tierschutzorganisationen wegen Tierquälerei (z.B. den Hund mit dem Fuß getreten, bis er verendete, dem Kalb das Bein abgehackt, damit es notgeschlachtet werden konnte), der Drogenfahndung (weil ‚vermummte' Großmütter Mohnkuchen backten und auserwählte Banater Krähenmist als Droge nutzen), Polizei wegen gewalttätiger und besoffener Männer und Korruption, usw. Dieselben Interessen hatten auch die auserwählten Mitglieder der RKP – Rumänischen Kommunistischen Partei – die es nicht gerne sahen, dass alle Deutschen das Land verlassen wollten, und ebenfalls alle kollektiv als Nazis oder Hitleristen beschimpften.]

„Niemals in der Geschichte konnte eine <u>einseitige Prosa</u> eine Gemeinschaft so folgenreich irritieren als diese... <u>Zum Glück gab es ‚Kommunisten'</u> wie Nikolaus Berwanger und Emmerich Reichrath, den Feuilleton-Redakteur des Neuen Wegs, <u>der für angemessene Rezensionen sorgte</u>, und einen <u>linken Verlag in Westberlin</u>, auf den die Kunstrichter aus Darowa keinen Einfluss hatten." [Nur aus Darowa? „Zum Glück gab es noch Verbündete im Westen", die heute ebenfalls für angemessene Rezensionen sorgen, und **andere Meinungen unterdrücken**, und auch die Landsmannschaftsführung reagiert heute ANDERS! Wie im vor 25 Jahren untergegangenen Kommunismus: Publikationsverbot, Unterdrückung der Meinungsfreiheit und Desinformation der eigenen Landsleute!]

Die ACHSE DES GUTEN von **Richard Wagner** 21.10.2010
Die Gibsons oder Die Banater Schwaben, ihre selbsternannten Sprecher und unser Zwei-Fronten-Krieg [... ihre selbsternannten Sprecher? Brauch man denn hier eine Partei, die einem das Denken und Sprechen abnimmt, oder ist nicht jeder mündig genug, seine eigene Meinung ohne Vorgekautes, zu äußern? Der Beweis für eine RKP-Mitgliedschaft, die er leugnet.]

„Meine Landsleute, die Banater Schwaben, waren immer schon dafür bekannt, dass sie sich mehr dem Haben zuneigten als dem Sein. Deswegen ist auch nicht viel übrig von einer eventuellen geistigen Disputation, die ihre und meine Geschichte hätte begleiten können. .... Um es kurz zu machen, am Kommunismus störte sie nicht die eingeschränkte Freiheit, sondern die Enteignung. [Weiß jemand von den Lesern hier, was Enteignung bedeutet? Die banatschwäbischen Bauern arbeiteten oft so lange es hell war, kehrten am Abend zurück und versorgten auch noch das Vieh. Sie hatten kein Wochenende und keine Ferien und schufen sich etwas Eigentum (*diese verhassten Streber!*): Ein Haus, landwirtschaftliche Geräte, Pferde, Wagen, Garten, usw. und **eines Tages kamen** „bauernschlaue" **Kommunisten**, stellten sich in die Tür und sagten: „**Ab morgen gehört das alles mir**". Und die Begründung muss wohl die **Ausbeutung** der Kommunisten **durch die Banater Schwaben** gewesen sein, weswegen die dann noch in die Bărăgan-Steppe deportiert wurden, wo sie wieder so frei waren, dass sie sich Hütten bauen durften, während sie gleichzeitig von den Machthabern unter den dortigen Einheimischen als Verbrecher bezeichnet wurden!]

„Wahr ist, dass das Privateigentum eine Voraussetzung für die individuelle Freiheit darstellt, aber wahr ist auch, dass die Freiheit eines geistigen Horizonts bedarf." [Offensichtlich haben manche Banater Schwaben die Anspielungen der „geistigen Disputation" und die „des geistigen Horizonts" und dass das Privateigentum – dessen die Altkommunisten sie entledigt hatten, wohl unter dem Applaus einiger Banater Dichter und Denker wie Herta Müller und Richard Wagner –

die Voraussetzung für Freiheit war, total und ganz übersehen. Die Empörung ist ausgeblieben. Nach dem Motto: Man kann ja nichts machen! Der Leser möge hier an die Beschimpfung der „Nazis" durch Herta Müller denken!]

Und über Carl Gibson?
„Gibson hält wahrscheinlich einen einzigartigen Rekord im heutigen Deutschland. Er ist wohl der aus den meisten Blogs Ausgeschlossene." [Und auch das ist das Ergebnis des imaginären Paktes zwischen den ehemaligen Altkommunisten aus dem Ceausescu-Fan-Block und den „unfehlbaren" 68ern, damals vom KGB unterwandert, heute die Vorkämpfer für die Meinungsfreiheit, aber nicht für Carl Gibson, sondern für sich selbst. **Warum darf ein von der Ceaușescu-Diktatur politisch Inhaftierter und Gefolterter in einem freien demokratischen Land seine Meinung nicht äußern?**]

„Wie wäre es, wenn der Mann seine Energie für die Aufarbeitung des Kommunismus einsetzen würde, anstatt uns, die Banater Autoren, laufend zu diskreditieren."
[Wer diskreditiert hier wen? Einige Banater Autoren gehören aber zu diesem – übrigens längst untergegangenen – Kommunismus und tun so, als ob es ihnen nicht bewusst wäre, dass sie **heute noch für die „alten" Machthaber arbeiten**, was man daran erkennen kann, dass sie ihre Landsleute, die nach Freiheit strebten, die in den 70er und 80er Jahren freigekauft wurden, in jener Zeit und auch noch heute, in „fiktionalen" Schriften und sich auf die Künstlerfreiheit berufend, diskriminieren und verleumden, und ihre bundesdeutschen Helfershelfer vergeben ihnen sogar Preise dafür! Geschmacklos und Menschenunwürdig! **Und genau DAS hat Carl Gibson an Herta Müller und Co zu beanstanden**!]

„Gibson, Brantsch und Dieter Schlesak, der uns neuerdings als ‚Luxusdissidenten' abqualifiziert,... scheuen, warum auch immer, keine Mühe, das Verleumdungswerk der Securitate zu vollenden." [Der Satz wäre fast richtig, wenn es heißen würde: „Sie scheuen keine Mühe das Verleumdungswerk einiger Banater Schriftsteller – die keine Dissidenten sind, die kein Publikationsverbot hatten und erst Recht nicht verfolgt und gefoltert wurden – ihren Landsleuten gegenüber zu entlarven und aufzudecken! Keiner von den drei oben genannten hatte etwas als Informant oder sonst mit der Securitate zu tun – nur **Carl Gibson war inhaftiert und hat ganz sicher kein Verleumdungswerk der Securitate vollendet!**"]

(Welcher „Shitstorm" bricht heute über jemanden zusammen, wenn er etwas Negatives über Flüchtlinge sagt/schreibt – wenn er gerade mal als Rechtsextremist bezeichnet wird, kann er noch froh sein. Und was hat Herta Müller 1982 mit ihren „Niederungen" gemacht? Ist das nicht dasselbe Problem? Nein? Sie darf das, weil sie Schriftstellerin ist und auf die Künstlerfreiheit pochen kann!)

Und was heißt Diskriminierung? Wenn heute Kritiker protestieren, posten, Rezensionen verfassen oder die Medien anschreiben und Ihre Meinungen – die eigentlich oft nur Fakten sind - werden mit allen Mitteln unterdrückt, nicht veröffentlicht oder die ganz üble Diskriminierung, keine Antwort bekommen! Auch eine Anspielung auf: „Er ist wohl der aus den meisten Blogs Ausgeschlossene."

Oktober 2015

Sehr geehrter Herr Professor Jürgen Wertheimer,

möchte Sie keineswegs wegen Ihrer Preisverleihung kritisieren, denn es ist Ihnen bestimmt nicht anders ergangen als allen anderen zuvor, die wohl von der Presseberichterstattung „getäuscht", zu solchen Schlussfolgerungen kamen.

Auch alle Pressevertreter können nichts dafür, wenn sie über etwas berichten, worüber sie nicht Bescheid wissen, sich von ihren Kollegen informieren müssen und keiner versucht doch die Sache einigermaßen zu recherchieren. Nein! Der Erste hat einen Fehler gemacht, wurde belogen, hat es geglaubt und siehe da, alle berichten geschlossen darüber und müssen letzten Endes dann auch alle Stillschweigen darüber vereinbaren. <u>Und die Preise für ehemalige Kommunistenprivilegierte für Volksverhetzung einer ehemaligen Minderheit in Rumänien laufen weiter.</u>

Das ist mit Herta Müllers „Niederungen" so und mit einem Schweizrumänen – der heute noch Ceaușescu wie Vater und Mutter verehrt

– dafür aber die Banater Schwaben in seinem Werk als animalisch Kopulierende, nach Kot, Urin und dreckverkrusteten Füßen Stinkende, ständig besoffene Frontenwechsler, Mörder, Brandstifter, Zigeunerjäger, Zigeunerhenker, Kopfgeldkassierer, Geiselnehmer und Vergewaltiger darstellt. (Gibt's noch etwas? Hat er etwas vergessen? Das wären die Fiktionen eines Schweizrumänen – dessen Verlag auf Künstler- und Meinungsfreiheit pocht – aus dem Ceauşescu-Fan-Block über Banater Schwaben, deren Identität von Ceauşescu schon 1977 ausgelöscht werden sollte. Quelle: Bayerisches Fernsehen.)

Und das ist für Literaturkundige „gute, deutsche Literatur", für die man Preise vergeben muss. Er „beackert auch noch dasselbe Thema" wie Herta Müller und unsere Medien hängen ihm und ihr an den Lippen, wie die Eintagsfliegen an der Straßenlaterne und produzieren eine Leuchtspur von Lügen am laufenden Band!

Daher äußere ich meinen Unmut über solche Preisverleihungen, missbillige sie und protestiere dagegen!

Einige Highlights aus den Lobgesängen im Vorfeld dieser Preisverleihungen und deren Beanstandungen von mir: „Die Jury lobte die ‚schonungslosen Schilderungen' ihrer rumänischen Heimat".
[Schonungslos beschrieb Herta Müller in ihren „Niederungen" die Sitten und Bräuche ihrer Landsleute, die Banater Schwaben. Eine einmalig zerrüttete Familie, wie sie im Banat nie vorgekommen ist! Das ist Volksverhetzung!]

„Nach **Schreib- und Publikationsverbot <u>floh</u> sie** 1987 vor der Ceauşescu-Diktatur nach Deutschland." [Das Schreib- und Publikationsverbot bestand darin, dass sie von der Ceauşescu-Diktatur Preise erhalten hat, mehrmals nach Deutschland fahren durfte, um ihr Schmutzwerk „Niederungen" hier vorzustellen, wo es auch Preise dafür gab. Alle von ihr verunglimpften Banater Schwaben, die heute in Deutschland Publikationsverbot haben, weil sie ihre Lügengeschichten von Verfolgung und Dissidenz nicht hinnehmen und kritisieren, sind genau so von der Ceauşescu-Diktatur „geflohen" (sie wurden von der damaligen Bundesregierung freigekauft) wie sie selbst. Warum ist sie denn immer wieder in das Land ihrer Verfolger und Peiniger zurückgekehrt? Warum hat sie sich von ihrem ersten Mann getrennt und ist in Rumänien bei den Peinigern geblieben, nachdem dieser zusammen mit ihr den endgültigen Reisepass für Deutschland erhalten hatte?]

Kommunistische Diktatur als Lebensthema: „Ich habe mir das Thema nicht ausgesucht, sondern musste damit fertigwerden". [Das Werk „Atemschaukel" ist zum Großteil Oskar Pastiors Werk, er erzählte und sie schrieb – nach ihren eigenen Angaben – ganze Hefte voll. (Und bekommt heute noch Preise dafür!)]

„Doch selbst in der Bundesrepublik wurde sie noch eine Weile von den Agenten der Securitate, des Geheimdienstes des Ceausescu-Regimes, mit Todesdrohungen verfolgt." [Wie war das mit den „Niederungen"? Da wurden alle Banater Schwaben von ihr zu Nazis gemacht (Kollektivschuld, so wie die Rumänische Kommunistische Partei es auch machte) und nach ihrer Ausreise (1987) waren plötzlich – dieselben – alle Geheimdienstler Ceauşescus? Warum wird heute in Deutschland, Anno Domini 2015, ein ehemaliger politisch Inhaftierter und Gefolterter unter Ceauşescu diskriminiert, verhöhnt, verspottet und hat Publikationsverbot bei der Landsmannschaft der Banater Schwaben – die heute auf ihre Nobelpreisträgerin stolz sind, die angeblichen Geheimdienstler?]

Hamburger Autorenverein (HAV): Sie ist eine „Schriftstellerin, die **zeitlebens** eine mutige Stimme gegen die kommunistische Diktatur in ihrem Geburtsland Rumänien war" und sie „zeigt uns bis in die Gegenwart, dass es immer Literaten gibt, die ihre Stimme für Freiheit und Grundrechte erheben", sie ist Vorbild „wenn sich vor unserer Haustür Zustände auftürmen, welche die sicher geglaubten Errungenschaften unserer Zivilisation bedrohen." [Die mutige Stimme gegen die Diktatur, sowie die für Freiheit und Grundrechte hatte sie **nur ab dem Datum** (1987) **ihrer Übersiedlung** nach Deutschland und wenn sich heute Zustände auftürmen, dann sind das solche unüberlegte und ungerechte Preisverleihungen.]

„Die Zeit" 2009. Im Vorfeld der Nobelpreisvergabe schrieb sie einen Bericht (ich schreibe hier „einen Bericht" und keinen Roman oder eine andere Fiktion) „Die Securitate ist immer noch im Dienst". Wenn man darin zu lesen bekam, dass sie von zwei Securisten am Bahnhof Poiana Braşov in den Dreck gestoßen wurde, sie denen gegenüber sagen konnte „ohne Haftbefehl gehe ich nicht mit", dann gehen einem die Haare im Nacken hoch. Doch wenn man dann erfährt, dass es den Bahnhof Poiana Braşov gar nicht gibt, dann muss man wohl davon ausgehen, dass es ihr ganzes „Securitate-Folter-Martyrium" (*von welchem Carl Gibson behauptet, dass sie es aus seinem Werk „Symphonie der Freiheit" „ausgeborgt" hat*) auch nicht gibt, womit sie sich zur Dissidentin hochstilisiert hat und heute noch Preise dafür bekommt. Was ich seither über sie in den Medien gelesen/gehört habe, war immer gelogen.

[...] Meine Meinung: Man vergibt heute Preise für Volksverhetzung und nationalistisch-rassistische Werke, die sich auf die Künstlerfreiheit berufen, die Schindluder mit unserer Verfassung, die für die Autoren als „Witzbuch" für „Krixler" angesehen wird, betreiben! [...]

Niemand will Ihnen zu Ihrer Laudatio (Dez.2015) irgendwelche Vorhaltungen oder Vorschläge machen. (Sehen Sie auch den Link: http://www.franz-Balzer.de/HM-Gegenwartsliteratur-Kloster-Bronnbach.pdf)

Vielen Dank.
Mit freundlichen Grüßen
Franz Balzer

PS.: Ich habe die Rezensionen zu Ihrem Buch „Strategien der Verdummung" gelesen und kann Ihnen versichern, dass Sie damit „den Nagel auf den Kopf" getroffen haben, denn bei den Medien stellt man sich blind, taub und/oder blöd. Trotz Pressekodex, der kaum beachtet wird, können diese Leute „scheinbar" nicht lesen und schreiben oder verstehen nicht, was sie lesen. Ein Quäntchen „guter Erziehung" fehlt auch, denn sonst würde man auf Zuschriften auch eine Antwort bekommen.

Universität Jena verleiht Sprachmagierin Ehrendoktorwürde

E-Mail an die Uni Jena, Thüringer Allgemeine, Neues Deutschland, 3SAT und Professoren-Doktoren
betr.: Universität Jena verleiht <u>Sprachmagierin</u> Ehrendoktorwürde

Sehr geehrter Herr Dr. Dahmen,
Sehr geehrter Herr Dr. Rosenthal,
Sehr geehrter Herr Dr. Hirsch,
Sehr geehrte Journalisten\innen,

die sprachlichen Erfindungen, die in den (west)deutschen Medien über Herta Müller kursieren, nehmen langsam „unglaubliche" Züge an. Der Begriff „<u>Sprachmagierin</u>" stellt dabei ein Novum, ein Unikum, der Gipfel der „<u>literarischen Belobigungen</u>" dar. Wenn Lügen, Betrügen, in die Irre führen eine besondere Fähigkeit mit Sprache umzugehen darstellt, dann passt das Wort „Sprachmagierin" hervorragend zu allem, was ich in den letzten 6 Jahren gehört, gelesen und recherchiert habe.

Bevor ich weiter schreibe, möchte ich Sie fragen. Sind die ehemaligen Jenaer (DDR-) Dissidenten echte Dissidenten oder auch nur „Scheindissidenten"? Wenn diese auch zum Scheindissidententum gezählt werden können, dann brauchen Sie nicht weiter zu lesen. Was sind aber Scheindissidenten? Das sind Personen, die zur Zeit der kommunistischen Herrscher (wie Honecker und Ceaușescu) voll und ganz dafür gearbeitet und plädiert haben, Privilegien, wie Westreisen, in (kommunistischen) parteieigenen Zeitschriften veröffentlichen „genossen" und als sie dann schließlich doch in den Westen „umsiedelten" (ein Ziel, welches alle Banater Schwaben, Siebenbürger Sachsen und auch viele ehemalige DDR-Bürger anstrebten – die allerdings NICHT INS EXIL – wie Herta Müller – gingen) taten sie das plötzlich wegen „massiver Repressionen", angeblicher Verfolgungen und Verhören durch den Geheimdienst.

Ich bin (war) Banater Schwabe (und habe 5 Jahre lang – während der Ceaușescu-Zeit - an der West-Uni – heute UVT – zu Temeswar studiert). Ich zähle mich aber nicht mehr dazu, weil meine Landsleute zu feige sind, aufzutreten und von gewissen Leuten, die „am laufenden Band" die Medien belügen, bzw. zulassen, dass dort ständig Lügen verbreitet werden (Vorstand der Landsmannschaft der Banater Schwaben, mit welchen auch Herta Müller verkracht ist oder war, weil die ihrer Ansicht nach einmal Nazis und später IMS – Informelle Mitarbeiter der Securitate – waren). Ein aus Rumänien stammender Schweizer Schriftsteller (der Ceauşescu wie Vater und Mutter hielt, mit PKW, Dachgepäckträger und Anhänger 1982 – dem Erscheinungsjahr der „Niederungen" – flüchten konnte, dessen Vater die Nachbarsleute an die Securitate verpfiff) hat sich genau meinen Geburtsort zum Thema eines Romans ausgesucht, wobei er die Vorfahren und Landsleute, die ich persönlich kenne, auf die unwürdigste Art und Weise beschrieb: Ständig dreckige, stinkige, besoffene Mörder, Geiselnehmer, Vergewaltiger, Zigeunerjäger, Zigeunerhenker, die ihre alte Heimat mit Blut an den Händen verließen, um als Zivilisationsstifter eines Banater Ortes zu gelten. Auch er durfte sich in der Thüringer Allgemeinen äußern: „Ich bin kein Banater Schwabe, teile diese Geschichte nicht, daher konnte ich mir Freiheiten erlauben... Ich habe keinen Vater wie Jacob (der im Roman von seinem Vater an die Russen verraten wird, so dass er deportiert wurde)." Als der preisgekrönte Schriftsteller – der selbst behauptete er sei **kein** Dissident – in der (heutigen) ADZ (Allgemeine Deutsche Zeitung Rumäniens) behauptete, dass **er und Herta Müller dasselbe Thema** (gemeint war dabei das ebenfalls sowohl von den rumänischen Kommunisten – 1982 – als auch von ihren westdeutschen Kommunismusverehrern – 1984 – preisgekrönte Werk „Niederungen") **beackern**, habe ich mich um die „literarischen" und „wahrheitsgetreuen" Veröffentlichungen von und über Herta Müller beschäftigt. **Ich kann nach mehreren Jahren Recherchen sagen, dass so mancher westliche Professor, der Herta Müller (und auch Cătălin Dorian Florescu) mit Preisen und Belobigungen belegt oder regelrecht überhäuft, sein Tun und Handeln überdenken sollte, denn was über die beiden in der deutschen Medienlandschaft veröffentlicht wurde, <u>fast alles falsch</u> ist.** Ich will Ihnen einige Zitate aus verschiedenen Publikationen, die heute in dieser Hinsicht **so gleichgeschaltet sind**, so dass sich Stasi und Securitate die „Finger abschlecken würden", kommentieren.

Zitat Thüringer Allgemeine:
„Wie unsere Zeitung aus unterrichteten Kreisen erfuhr, haben die Jenaer Rumänisten den maßgeblichen Impuls für diese Auszeichnung gegeben. Denn Müller, 1953 in Nitzkydorf, <u>Siebenbürgen</u>,

geboren, gehörte dort der deutschsprachigen Minderheit der Banater Schwaben an; 1987 übersiedelte sie nach massiven Repressionen durch das Ceaușescu-Regime in die Bundesrepublik."

Kommentar: In Siebenbürgen geboren und zu den Banater Schwaben zu gehören ist falsch. Es sei denn, die Siebenbürger Sachsen haben sich das Banat einverleibt oder erobert und annektiert. (Siebenbürgen liegt in Zentralrumänien zwischen den Karpatenzügen und das Banat – mit Nitzkydorf – liegt in Westrumänien in der Ebene an der Grenze zu Serbien und Ungarn.) Dass Herta Müller unter „massiven Repressionen" stand, kann durch folgende Fakten widerlegt werden. Sie bekam im Sommer 1983 einen Preis vom Zentralkomitee der Kommunistischen Jugend Rumäniens (CC al UTC – zu Rumänisch: Comitetul Central al Uniunii Tineratului Comunist), konnte das Schmutzwerk über die Banater Schwaben – die „Niederungen" - beim Rotbuch-Verlag in Westberlin 1984 veröffentlichen, worauf sie in der B.R.Deutschland auch einige Preise (initiiert von der linken 68er-Bewegung, mit welchen die „Aktionsgruppe Banat" auch Kontakte hatte) bekam, durfte danach mit dem Segen der Securitate den Westen mehrmals zusammen mit ihrem damaligen Ehemann – Richard Wagner – bereisen, während sie gleichzeitig in Rumänien angeblich Publikationsverbot gehabt hätte (was eben nicht stimmt, siehe weiter unten). Das Werk „Niederungen" wäre in Rumänien 1982 zensiert worden, dabei war aber die Westdeutsche Version 1984 vom Rotbuch-Verlag um ganze vier Kapitel kürzer. Hat Herta Müller da etwas verwechselt, oder hat sie nicht mitbekommen, dass die Vertreter vom Rotbuch-Verlag bessere Kommunisten (die vier Kapitel ihres Buches weglassen oder wegzensiert haben ohne dass sie etwas bemerkte) waren, als jene, die sie in Rumänien angeblich verfolgten.

Zitat Thüringer Allgemeine:

„Der Festakt wirft auch ein starkes Licht auf die Jenaer Hochschule, die nach den politischen Umbrüchen 1989/90 einen entschiedenen Akzent in der Aufarbeitung totalitaristischen Unrechts setzte […] Herta Müller, die als scheu und zurückgezogen gilt, hat ihr Kommen bereits zugesagt. Die ehemals starke Szene der Jenaer DDR-Dissidenten kann sich darauf freuen."

Kommentar: Dass die starke Szene der Jenaer DDR-Dissidenten einen entscheidenden Akzent bei der Aufarbeitung des totalitaristischen Unrechts beigetragen hat, ist ihnen hoch anzurechnen. Ob sie sich aber freuen sollen und werden, wenn sie hören, dass sie eine „Scheindissidentin" (oder alternative Dissidentin, oder virtuelle Dissidentin) treffen, wird vielleicht etwas unerfreulich für sie ausgehen. (Warum Scheindissidentin? Lesen Sie bitte weiter unten.)

Zitat Thüringer Allgemeine:
„Immer wieder finden sich in ihren Werken Sujets aus dem rustikalen familiären Umfeld, der dörflichen Existenz in Siebenbürgen und vor allem von der Unterdrückung unliebsamer Minderheiten in totalitären Strukturen. Zum Teil verarbeitet sie eigenes Erleben, in der ‚Atemschaukel'."
Kommentar: Herta Müller hat NIE die dörfliche Existenz in Siebenbürgen beschrieben, denn von den Siebenbürger Sachsen (die vor mehr als 800 Jahren aus der Umgebung von Luxemburg nach Siebenbürgen zogen – haben also mit Sachsen von dem ehemaligen Gebiet der DDR nichts zu tun) hätte sie heftigeren Widerstand erhalten als von den ängstlichen Banater Schwaben (die vor etwa 250-300 Jahren aus Elsass-Lothringen und Süddeutschland ins Banat ausgewandert sind, und weil es in der Regel katholische Familien waren, waren sie auch bei den ehemaligen DDR-Bürgern relativ unbeliebt – siehe dazu Kommentare zu Florescus „Jacob beschließt zu lieben"). Dass in den letzten Jahren Ceauşescus – der sich wie ein „echter" kleptokratischer Nationalkommunist aufführte – die „mitwohnenden Nationalitäten" Rumäniens (und das waren alle) eine zunehmende Einschränkung erfuhren, weil er die Nationalitäten und deren Identität ausschalten und auslöschen wollte, um ALLER gemeinsame Zukunft, den Kommunismus aufzubauen, ist eine Tatsache. Das wird aber NIE in Herta Müllers Prosawerken beschrieben – zumindest nicht in der Zeit als sie noch in Rumänien wohnte (bis 1987) und Systemprivilegien genoss. „Eigenes Erleben" in „Atemschaukel" hat sie auch nicht beschrieben, denn **diese Geschichte hat sie NIE erlebt.** Das ist die **Geschichte von Oskar Pastior:** „Er diktierte und sie schrieb ganze Hefte voll" (siehe Seite 299.) - und sie erhielt den Nobelpreis!

Zitat Thüringer Allgemeine:
„Zart-fragile, durchdringende Stimme der Freiheit. Die ersten literarischen Texte veröffentlichte Müller – wenngleich zensiert – noch in Rumänien. Erst **n**ach ihrer Ausreise ins deutsche Exil wurde sie einem größeren Leserkreis namhaft..."
Kommentar: Über die ersten literarischen Texte und deren Zensur habe ich schon weiter oben berichtet. Hier muss ich aber noch etwas

ergänzen. Herta Müller behauptet, dass sie vier Jahre lang auf die Veröffentlichung der „Niederungen", die stark zensiert waren, hatte warten müssen. Nach dem Erscheinen hatte sie Publikationsverbot. Im kommunistischen Rumänien gab es in den Jahren 1950 bis 1989 (vielleicht auch noch danach – „Neues Deutschland" gibt es ja auch heute noch) eine Literaturzeitschrift der deutschen Literaturschaffenden aus dem kommunistischen Rumänien, die monatlich in Bukarest erschien, die anfangs 120 Seiten und später etwa 96 Seiten erfasste und „Neue Literatur" hieß. In dieser Zeitschrift erschienen ab 1979 bis 1982 fast alle Kurzprosatexte, die 1982 bei der Veröffentlichung der „Niederungen" durch den Kriterion-Verlag abgedruckt wurden. (Genauere Angaben siehe weiter unten.) 1981 erschien in der Lokalzeitung des Banates (Neue Banater Zeitung) die Kurzgeschichte „Das Schwäbische Bad", welches die Banater Schwaben von nah und fern „auf die Palme" brachte. Der Ärger war so groß, dass einige Banater Schwaben tatsächlich im März 1982 der Securitate darüber berichteten. Diese hat dann im März 1983 eine Akte „Cristina" angelegt.

Das wird in Herta Müllers „Cristina und ihre Attrappe" beschrieben. Darin behauptet sie aber auch, dass diese Securitate-Akte von dieser gefälscht sei. (Siehe weiter unten.) Sie veröffentlichte 1983 sowohl in der Neuen Literatur als auch im Kriterion-Verlag die Prosa „Drückender Tango" und 1984 im Rotbuch-Verlag, Berlin, die „Niederungen", wo ganze vier Kapitel fehlten. Wo wurde jetzt zensiert? Sie durfte mit dem Segen der Securitate mehrmals Westdeutschland bereisen, um ihr Schmutzwerk anzupreisen und Preise zu kassieren und ist jedes Mal in das Land ihrer „Verfolger und Peiniger" zurückgekehrt. Nach 1984 veröffentlichte sie munter mit Richard Wagner und Mitgliedern der „Aktionsgruppe Banat" – die angeblich auch verfolgt wurden – in der „Neuen Literatur" weiter – trotz „angeblichen" Publikationsverbotes. Die „Neue Literatur" war folgendermaßen aufgebaut. Seite eins und zwei war das Inhaltsverzeichnis und Seite drei war immer für ein Werk Ceauşescus vorgesehen. Und wenn einmal wirklich nichts über Ceauşescu berichtet werden konnte, war ein Werk oder Bericht von Herta Müller oder Richard Wagner auf Seite drei abgedruckt. Im August 1985 – am Nationalfeiertag der Rotkommunisten – haben Herta Müller und Richard Wagner 30% der Neuen Literaturausgabe – also 30 Seiten - mit Veröffentlichungen belegt. Und da soll sie doch Publikationsverbot gehabt haben. (Das versteh ich aber nicht! War sie deshalb

eine Dissidentin? Das versteh ich auch nicht!) Sie hat sogar noch im November 1989 – nachdem sie schon seit 1987 im sogenannten deutschen „Exil" war, in der „Neuen Literatur" in Rumänien veröffentlicht. Dazu folgendes Zitat aus der NL, Nov.1989:
Titel der Story (Seite 16/17): **Unser großes Haus**". Zitat: „So wie unser Vater in unserem Haus, in dem wir wohnen, der Vater ist, ist Genosse Nicolae Ceaușescu der Vater unseres Landes. Und so wie unsere Mutter im Haus, in dem wir wohnen, unsere Mutter ist, ist Genossin Elena Ceaușescu die Mutter unseres Landes. Genosse Nicolae Ceaușescu ist der Vater aller Kinder. Und Genossin Elena Ceaușescu ist die Mutter aller Kinder. Alle Kinder lieben den Genossen und die Genossin, weil sie ihre Eltern sind." (Diesen Text hat die Securitate Herta Müller wohl entrissen und ihn in Bukarest publiziert – ohne ihren Willen und ihr Wissen. Oder?)

Was hat den Banater Schwaben in „Niederungen" nicht gefallen?
War es nur die Geschichte mit dem „Schwäbischen Bad"?
Und der Rest der Erniedrigungen? Z.B. wird deren Lebensweise an einem wohl einzigartigen Beispiel im Banat – einer Familie (vielleicht hat sie aber so ihre eigene Familie erlebt und das verallgemeinert) die so nie im Banat anzutreffen war – derart übertrieben, dass eigent-lich alle Deutschen Ämter, Verbände und Institutionen auf die Bana-ter Schwaben – während der Freikaufphase 1969 bis 1989 – als ‚gefährliche Übeltäter' hätten aufmerksam werden müssen: das Jugendamt wegen Einprügeln auf Kinder, Frauenorganisationen wegen Diskriminierung und Erniedrigung der Frauen, Tierschutzorganisationen wegen Tierquälerei (z.B. den Hund mit dem Fuß getreten, bis er verendete, dem Kalb das Bein gebrochen, damit es notgeschlachtet werden konnte), der Drogenfahndung (weil ‚vermummte' Großmütter Mohnkuchen backten und auserwählte Banater Krähenmist als Droge nutzen), Polizei wegen gewalttätiger und besoffener Männer und Korruption, usw. Ganz zu schweigen von Fremdgehen, Inzucht und Dergleichen – einen Umstand, den man eher heute findet, damals aber für die katholischen Gläubigen Tabu war. Dieselben Interessen hatten auch die „auserwählten" Mitglieder der RKP – Rumänischen Kommunistischen Partei – die es nicht gerne sahen, dass alle Deutschen das Land verlassen wollten, und ebenfalls alle kollektiv als Nazis oder Hitleristen beschimpften.

Warum hat Herta Müller ihren ersten Mann verlassen und ist bei ihren „angeblichen" Peinigern und Verfolgern **gegen den allgemei-**

nen Trend geblieben? (Jeder, der zu jener Zeit die Gelegenheit hatte, hat das kommunistische Rumä-nien verlassen – legal oder illegal in den Augen der Machthaber! So mancher ist von einer Besuchsreise[13] nicht zurückgekehrt – nur Herta Müller und Richard Wagner sind mindestens drei Mal zu ihren „Peinigern" und „Verfolgern" zurückgekehrt!)

Waren die DDR-Bürger – die Republikflüchtlinge, die an der deutsch-deutschen Grenze erschossen wurden auch alle Nazis? Die wollten doch auch alle als Deutsche nach Westdeutschland. Warum wurden/werden dann die Banater Schwaben sowohl von Herta Müller als auch von den rumänischen Kommunisten als Nazis bezeichnet?

Wie wurde das von Richard Wagner, einem Ex von Herta Müller kommentiert: (**Das Gedicht. Der Jargon. Die Legitimation**. Banater Post 15.06.2015)
„Wir waren links und in unseren eigenen Augen, wenn nicht die besseren Kommunisten. dann doch die gebildeteren Marxisten... Eine maximale Provokation für unsere Landsleute, deren Dorfkultur und Folklore wir wenig abgewinnen konnten." „Wir hatten uns die Mundart zum Feind Nummer eins erkoren. Für uns war Mundart identisch mit Provinz." „Die wohl steilste These, die damals einschlägig ersonnen wurde, war, Herta Müllers ‚Niederungen' seien im Auftrag der ‚ZK-Propaganda-Abteilung' verfasst worden. Und das alles bloß wegen des schwäbischen Bads, einer knappen Seite Text, der die Sauberkeit der Landsleute satirisch zugespitzt in Frage stellte." „Niemals in der Geschichte konnte eine einseitige Prosa eine Gemeinschaft so folgenreich irritieren als diese... Zum Glück gab es ‚Kommunisten' wie Nikolaus Berwanger und Emmerich Reichrath, den Feuilleton-Redakteur des Neuen Wegs, der für angemessene Rezensionen sorgte, und einen linken Verlag in Westberlin, auf den die Kunstrichter aus Darowa keinen Einfluss hatten."

Meine Antwort: (Nur aus Darowa? „Zum Glück gab es noch Verbündete im Westen", die heute ebenfalls für angemessene Rezensionen sorgen, und **andere Meinungen unterdrücken**, und auch die Landsmannschaftsführung reagiert heute ANDERS! Wie im vor 25 Jahren untergegangenen Kommunismus: Publikationsverbot,

---

[13] In dieser Zeit verließen auch 3 Millionen Rumänen aus allen Landesteilen das Land.

Unterdrückung der Meinungsfreiheit und Desinformation der eigenen Landsleute!)

Die ACHSE DES GUTEN von Richard Wagner   21.10.2010
„Die Gibsons oder Die Banater Schwaben, ihre selbsternannten Sprecher und unser Zwei-Fronten-Krieg"

„Meine Landsleute, die Banater Schwaben, waren immer schon dafür bekannt, dass sie sich mehr dem Haben zuneigten als dem Sein. Deswegen ist auch nicht viel übrig von einer eventuellen geistigen Disputation, die ihre und meine Geschichte hätte begleiten können. .... Um es kurz zu machen, am Kommunismus störte sie nicht die eingeschränkte Freiheit, sondern die Enteignung." „Wahr ist, dass das Privateigentum eine Voraussetzung für die individuelle Freiheit darstellt, aber wahr ist auch, dass die Freiheit eines geistigen Horizonts bedarf."

Und über Carl Gibson?
„Gibson hält wahrscheinlich einen einzigartigen Rekord im heutigen Deutschland. Er ist wohl der aus den meisten Blogs Ausgeschlossene."
Meine Antwort/Frage betr. Carl Gibson: Warum darf ein von der Ceausescu-Diktatur politisch Inhaftierter und Gefolterter in einem freien demokratischen Land seine Meinung nicht äußern?)

(**C.F. Delius, der Redakteur des Rotbuch-Verlages**, behauptete: „Das Banater Dorf sei die Hölle auf Erden". Er glaubte aber – genau so wie es ihm Herta Müller eingeflößt hat – dass das dem Umstand zu verdanken gewesen wäre, dass die Leute sich gegenseitig gehasst haben, weil sie alle Nazis waren. Dass der Kommunismus für die „Hölle auf Erden" verantwortlich war, ist ganz und gar untergegangen. Genau so, wie die Tatsache, dass die Ankunft der Kommunismusflüchtigen aus Rumänien unter den 68ern nicht gern gesehen wurde, denn die widersprachen dadurch ihren verbohrten Zielen auf deutschem Boden den „Kommunismus aufzubauen".)

Kommentare zu Herta Müllers „Cristina und ihre Attrappe"
Seite 46 aus „Cristina und ihre Attrappe".
R: „CRISTINA este contactată periodic de Lt.col. Păduraru Nicolae, din cadrul Serv. I/A pentru influentare pozitivă."

D: „CRISTINA wird periodisch vom Oberstleutnant Păduraru Nicolae aus dem Bereich des I/A Dienstes für positive Beeinflussung kontaktiert.“

R: "Direcția a III-a, prin ordinul nr.....17.06.1985 ne comunică că numita 'CRISTINA' se află in legatura cu un diplomat de la Ambasada R.F. Germaniei din București care i-a pus la dispozitie curierul diplomatic pentru a transmite in R.F. Germania datele ce i se solicită de către ofițerul de securitate cu care se află in contact…."

D: „Die dritte Direktion gibt uns durch die Mitteilung Nr... vom 17.06.1985 bekannt, dass die benannte „Cristina“ in Verbindung mit einem Diplomat der Botschaft der B.R. Deutschland aus Bukarest steht, welcher ihr den Diplomatischen Kurier zwecks Übermittlung von Daten in die B.R. Deutschland zur Verfügung stellt, welche vom Securitate-Offizier, mit welchem sie Kontakt hat, verlangt werden.“

Mein Kommentar: „von wegen Verhöre!... und Publikationsverbot nach 1982/1984!“

R: „[...] se impune necesitatea indeplinirii urmatoarelor sarcini.”
D: „[...] wird es erforderlich die folgenden Aufgaben zu erfüllen.“

[...]
R: 3. "Prevenirea scurgerii unor informații de interes operativ in străinatate prin:
-influențarea ei positivă;
-plasarea unor date de dezinformare;
-pregătirea contrainformativa a unor persoane deținatori de
secrete sau cercetatori de valoare cu care ar intra in relații."
D: 3. „Das Vorbeugen des Abfließens einiger Informationen mit operativem Interesse ins Ausland durch:
- ihre positive Beeinflussung;
- das Ausbreiten einiger Desinformationsdaten;
- die gegeninformative Vorbereitung einiger Personen, die
Geheimnisträger sind, oder Forscher mit gutem Leumund,
mit welchen sie in Verbindung treten würde.“

Ich wiederhole:
„CRISTINA“ wird **periodisch vom Oberstleutnant** Păduraru Nicolae aus dem Bereich des I/A Dienstes **<u>für positive Beeinflussung kontaktiert.</u>**

Und:

3. „Das Vorbeugen des Abfließens einiger Informationen [...] durch:
- **ihre positive Beeinflussung**;
- d**as Ausbreiten einiger Desinformationsdaten.**"

Fazit: Die „Verhöre" wurden zwecks positiver Beeinflussung gemacht. Daher kann man nie lesen, was bei diesen (virtuellen) Verhören geschehen ist. Und das mit den Desinformationsdaten muss etwas mit der Irreführung der Öffentlichkeit und Medien zu tun haben.

Herta Müller behauptet in „Cristina und ihre Attrappe", dass diese Securitate-Akte entkernt (weil wohl nicht DAS drin steht, was sie der westlichen Welt als Scheindissidentin und Scheinverfolgte „vorgelogen" hat?) und eine Fälschung ist. Sie richtet sich die Wahrheit so zurecht, wie es ihr gerade Mal in den Kram passt. Und alle Scheindissidentengläubigen glauben das alles – ohne etwas zu überprüfen... Kritiker – wie Carl Gibson, der wirklich inhaftiert war – müssen mundtot gemacht werden. Können wir noch sicher sein, dass wir in einem freiheitlich, demokratischen Rechtsstaat leben?

Bemerkung: Warum sollte die Securitate 1985 ein Dokument fälschen, welches eigentlich den eigenen Mitarbeitern zur Verfügung stehen sollte? Wussten die schon damals, dass man diese Akten eines Tages der Öffentlichkeit zugänglich machen wird, und haben so Herta Müller kompromittieren wollen?

Meine Schlussfolgerungen:
Preisverleihungen für Volksverhetzung von Minderheiten in der „neuen, deutschen" Literatur? Warum wird die Literatur ehemaliger Privilegierter aus dem Altkommunistischen Fan-Block, die die Opfer ehemaliger Ostdiktaturen verhöhnen und verspotten, heute mit Preisen belegt? Warum danken bei uns Bundespräsidenten ab, warum werden andere wieder „abgesägt", warum müssen manche Doktoren ihren Titel „zurückgeben" und warum bekommen Privilegierte menschenunwürdiger Regimes bei „UNS" trotzdem Literaturpreise?

Zum Begriff **Volksverhetzung**: mit mehreren Handlungsvarianten...
Die erste Handlung, das Aufstacheln, ist eine verstärkte, auf die Gefühle des Adressaten abzielende, über bloße Äußerung von Ablehnung und Verachtung hinausgehende Form des Anreizens zu einer emotional gesteigerten feindseligen

Haltung... <u>Auf einen Erfolg, in Form, dass tatsächlich ein Hass erzeugt wird ist, nicht erforderlich</u>. Wichtig dabei ist nur, dass sie das Ansehen des Bevölkerungsteiles herabsetzen können.

Es gibt noch eine Menge Sachen, die ich hier anführen könnte.

Vielen Dank für Ihre Aufmerksamkeit
Mit freundlichen Grüßen

Franz Balzer

Herta Müller in der Neuen Literatur 1979-1987/1989

(Widerlegt wird hiermit ihre Aussage, dass sie 1982 vier Jahre lang auf die Veröffentlichung der „Niederungen" hatte warten müssen (die Textfragmente wurden schon lange vorher in der „Neuen Literatur" gesammelt und veröffentlicht) und nach dem Veröffentlichen hatte sie Publikationsverbot - ganz im Gegenteil - sie hat nach 1982 munter und froh (manchmal auch auf Seite 3, wo sonst der Conducător veröffentlicht wurde) in der „Neuen Literatur" veröffentlicht - sogar 1989, als sie schon 2 Jahre lang Bundesbürgerin war.)

Liste von Veröffentlichungen Herta Müllers in der „Neuen Literatur" vor dem Erscheinen der „Niederungen" 1982 und nach diesem Datum – einer Zeit, in welcher sie „angeblich" in Rumänien Publikationsverbot hatte: http://www.franz-balzer.de/NL-HM-79-89.pdf

Eine recht ausführliche Beschreibung über Herta Müller wurde 2018 an die Veranstalter des Stuttgarter Gesprächs geschickt. (Was darin nicht enthalten ist, dass die Organisatoren – die Stuttgarter Zeitung und die Robert-Bosch-Stiftung – ausländische Studentinnen instrumentalisiert haben, um Herta Müller Fragen zu stellen, während unsere Fragen außen vor blieben):
http://www.balzerfranz.de/HM-Stuttgarter-Gespraech-2018.pdf

Liste von medialen Falschmeldungen über Herta Müllers Lebenslauf:
http://www.balzerfranz.de/HM-Presse-Medien-Falschmeldungen.pdf

Zitate aus der Banater Post 1984 und aus der „Neuen Literatur" 1989

Banater Post, März 1984: »Familien-Clan Ceauşescu. In Rumänien ist der 33jährige Sohn Nicu des Staats- und Parteichefs Nicolae Ceauşescu zum Ersten Sekretär des kommunistischen Jugendverbandes ernannt worden. Die Machtbasis des Familien-Clans Ceauşescu ist damit erneut erweitert worden.« [Von diesem Gremium erhielt Herta Müller 1983 einen Literaturpreis für „Niederungen".]

Banater Post, November 1984: »Eine **Apotheose des Hässlichen und Abstoßenden**. Anmerkungen zu Herta Müllers "**Niederungen**". [...] Am 24.5.81 veröffentlichte der NBZ-Kulturbote eine Kurzgeschichte der Preisträgerin unter der Überschrift „Das schwäbische Bad", die übrigens auch in den Band „Niederungen" aufgenommen wurde [...] Ein Sturm der Entrüstung fegte nach der Veröffentlichung über das schwäbische Banat. Die zweifellos auch literarisch leidgeprüften Banater Schwaben begehrten auf, lehnten die Verunglimpfung entschieden ab [...] Der Dankrede H. Müllers ist zu entnehmen: [...] „Die ständige Angst vor dem Assimiliertwerden des ‚kleinen Häufchens', wie sich die Schwaben so gern bezeichnen, ist nichts als eine Rechtfertigung für ihren ETHNOZENTRISMUS. Der Kult, den sie aus den IMAGINÄREN WERTEN ORDNUNG, FLEISS und SAUBERKEIT, Werte, die ihnen und nur ihnen zugeschrieben werden dürfen, ist nichts als eine fadenscheinige Rechtfertigung für ihre INTOLERANZ.« [Welches sind dann die reellen Werte unserer Gesellschaft heute, die solchem Nihilismus Preise vergibt: Lug, Betrug und Heuchelei? Ein Untertitel zu meinem Buch – ein Zufall?]

Und weiter über den Lektor des Rotbuch-Verlages (Berlin), in welchem 1984 die „Niederungen" veröffentlicht wurden: „Hätte nicht das ‚Kulturinstitut der BRD' (Goethe-Institut) in Bukarest Herrn Friedrich Christian DELIUS eingeladen, der sich selbst als ‚freier MITARBEITER der KLASSENKÄMPFE' bekennt und als Schriftsteller Texte für Leute schreibt, ‚die bewusst oder weniger bewusst ein Interesse zur Veränderung im SINNE des SOZIALISMUS' haben."

Zusammenfassung: „Hauptthema von H. Müllers Erzählungen sind die Banater Schwaben und das schwäbische Dorf. Sie werden LITERARISCH DARGESTELLT beziehungsweise ENTSTELLT, sie werden literarisch GESTALTET beziehungsweise VERUNSTALTET.

Dabei ist ihr jedes Mittel recht, kein Ausdrucksmittel zu vulgär. Sie verunglimpft ihre Landsleute, ihre Sippe, ihre nächsten Angehörigen. Sie schwelgt in der Darstellung des Hässlichen, des Abstoßenden, des Widerlichen und des Ekelerregenden - des Ekels schlechthin." **[Und ich ergänze jetzt. Wer so einem Werk Preise vergibt, hat einen ethnozentrischen, kulturellen, ekelerregenden, volksverhetzenden, rassistischen, geistigen Schaden.]**

Aus der Erzählung „Meine Familie". Zitat: „ ... Mein Großvater hat den Hodenbruch. Mein Vater hat noch ein anderes Kind mit einer anderen Frau [...] die Leute sagen, dass ich [...] von einem anderen Mann bin [...] Die anderen Leute sagen, dass meine Mutter von einem anderen Mann ist und dass mein Onkel von einem anderen Mann ist, aber nicht von demselben anderen Mann, sondern von einem anderen [...] Mein Urgroßvater fuhr jahraus, jahrein jeden Samstag in eine kleine Stadt [...] Die Leute sagen, dass er sich in dieser kleinen Stadt mit einer anderen Frau abgab [...] sie konnte, [...] nicht anderes als eine Badhure sein... " [Um Inzucht geht es auch! Und das soll überall im Banat so gewesen sein!]

Im gleichen Bericht geht es weiter mit: „Als Nebenthemen werden noch Tierquälerei, Kinderprügeln, Totenverachtung und anderes mehr behandelt. Immer wieder mit hässlichen, abstoßenden Details, rabulistisch beschrieben. Gelinde gesagt, Aneinanderreihungen von Geschmacklosigkeiten, die der Menschenachtung und Menschenwürde hohnsprechen und die die krankhafte Ablehnung, Verachtung und den Hass der Autorin gegenüber ihrer Familie und ihrem schwäbischen Volksstamm zum Ausdruck bringen."

Und der Banat-Experte C.F.Delius bringt es auf den Punkt: „Delius bewertet das Buch in seiner Spiegel-Rezension als „EIN MITREISSENDES LITERARISCHES MEISTERSTÜCK [...] Die Wertungskriterien, nach denen Delius sein Urteil fällt, verrät er uns selbst. Er erkennt aufgrund der Lektüre von H. Müllers Buch, ,das deutsche Dorf, es ist, mit einem Wort, die ,Hölle auf Erden'. Er hat das ,grauenvolle Landleben der ,Banatschwaben' erfasst und schreibt dies nicht Ceauşescus Sozialismus, sondern einem Deutschtum zu, das allein auf den Sekundärtugenden Gehorsam, Ordnung, Sauberkeit, Fleiß, Frömmigkeit. sowie auf Deutschdünkelei, deutscher Inzucht beruht.". [Und wo bleiben die Primärtugenden, Herr Delius?]

Noch ein bemerkenswertes Zitat: „Bemerkenswert ist an diesen Behauptungen die Unbekümmertheit (?!), mit der bundesdeutsche Rundfunksender solche Anschuldigungen unwidersprochen ausstrahlen, denn auch der Deutschlandfunk hat am 7.10.84, um 16 Uhr, ein Gespräch von Zenke mit H.Müller gesendet, in dem ähnliche Anschuldigungen ausgesprochen wurden."

Und so wurden damals die deutschen Leser und die deutsche Öffentlichkeit BELOGEN, und weil es so gut geklappt hat, wird es heute noch immer fortgesetzt. Gegendarstellungen sind nicht erwünscht – sie werden unterdrückt und verschwiegen, wie im Kommunismus.

Banater Post, Januar 1985 zu Herta Müllers „Niederungen"
Zitat: „Liebe Banater Post! Zwar bin ich Siebenbürger Sachse, habe aber verwandtschaftliche Bindungen zum Banat sowie recht viel Verständnis für schwäbische Belange und glaube daher, eine gewisse Berechtigung zu nachfolgender Stellungnahme zu haben. Am 8.12.85 übertrug das Fernsehen im dritten Programm (Sendung „Lesezeichen") ein Interview mit der Banater Schreiberin Herta Müller. Leider haben unsere Fernsehanstalten keine Leserrubrik, [...] Um so mehr sollten Darstellungen des Fernsehens, welche das Selbstverständnis – beispielsweise – ost- oder südostdeutscher Volksgruppen provozierend tangieren, von der LANDSMANN-SCHAFTLICHEN Presse nicht UNWIDERSPROCHEN hingenommen werden. Es wurde aus dem Band ,Niederungen' vorgelesen – nicht viel, aber nichtssagend. Das Erscheinen dieses Bandes (in dem bezeichnenderweise „Rotbuch" benannten Verlag) wurde als literarisches Ereignis begrüßt. **Die Quintessenz der Autorin: Die Banater Schwaben waren und sind (heute noch!) faschistische Chauvinisten**. [...]

Ein Zitat aus einer Veröffentlichung (Unser großes Haus) in der „Neuen Literatur" (Nov. 1989), einem hochdotierten literarischen Werk – typisch Herta Müller. Zitat: „Die Putzfrau schüttelt den Staublappen durchs Fenster. Die Akazie ist gelb. Der alte Mann kehrt wie jeden Morgen den Gehsteig vor seinem Haus. Die Akazie bläst ihre Blätter in den Wind. Die Kinder haben ihre Falkenuniformen an. Gelbe Blusen und dunkelblaue Hosen und Faltenröcke. ,Heute ist Mittwoch', denkt Amalie. ,Heute ist Falkentag.' Die

Bausteine klappern. Die Kräne summen. Indianer marschieren in Kolonnen vor den kleinen Händen. Udo baut eine Fabrik. Die Puppen trinken Milch aus den Fingern der Mädchen." Würde man diesen Text mit der Sprache in „Atemschaukel" vergleichen, würde man sehr schnell feststellen, dass die „Atemschaukel" von jemand anderem – von Oskar Pastior - geschrieben wurde (siehe Seite 299, wo das auch zugegeben wird). Daher kommen darin auch nur Siebenbürger Sachsen vor. Und wenn dann doch einmal Banater Schwaben erwähnt werden, dann sind es geistig Behinderte: Die Planton-Kati – die verrückte – aus dem Banat.

Keine Ehrfurcht mehr vor unseren Werten, vor Wahrheit und Gerechtigkeit? Von Elisabeth Anton

Sehr geehrte Damen und Herren,

einige Informationen, die Ihnen vielleicht unbekannt, weil bisher von Medien, Verlagen, Literaturkritiker, Politiker nicht recherchiert oder verschwiegen wurden, werden.

Keine Ehrfurcht mehr vor unseren Werten, vor Wahrheit und Gerechtigkeit? Wie lange wird die Leserschaft noch verblödet, mit diesen Lügen Herta Müllers?

Herta Müller hat in Rumänien alle Privilegien der Diktatur gelebt. Sie durfte in Rumänien veröffentlichen, mehrmals, in mehreren Medien, das Land zwischen 1984 – 1987 Richtung Westen verlassen, als „West-Touristin": „…als ich noch in Rumänien lebte, und viermal für jeweils einen Monat in den Westen ausreisen durfte…" so Herta Müller in einem Gespräch mit Ilka Scheidgen , in: „Zu Besuch bei Günter Grass und Herta Müller", 2016, Seite 87.

1984 durfte sie in Deutschland ihre „Niederungen" (1982 bereits in Rumänien erschienen) veröffentlichen, obwohl noch mit Wohnsitz in Rumänien, während der Diktatur Ceausescus. „Niederungen" hat Herta Müller während der Zeit als Übersetzerin in der Fabrik geschrieben, so die Autorin im Interview vom 05.07.1996 mit Wolfgang Müller: „Poesie ist ja nichts Angenehmes", Seite 5.

„1985 wurde sie mit dem Bremer Literaturpreis ausgezeichnet. Damals wohnte sie noch in Rumänien. Erst 1987 beantragte **Herta Müller die Ausreise.**" (zu lesen unter www.welt.de/kultur/article4776453/Reich-Ranicki-will-nicht-…). Da sieht man auch hier, wie Medien schreiben, ohne zu recherchieren. 1987 reiste sie aus, Antrag stellte sie 1985.

Das sind klare Privilegien der damaligen Diktatur und keine „Schikanen".Dissidenten, die man nicht totgeschlagen, totgefoltert, die saßen in den Gefängniszellen der Securitate und pendelten nicht als „West-Tourist", mehrmals, während Ceausescus Diktatur, durch den Westen, die erwähnt Herta Müller nicht.

Herta Müller war NIE eine Dissidentin, und „EXIL" darf sie nie erwähnen. Oder nennt man einen jeweils vierwöchigen Aufenthalt in West-Berlin, viermal zwischen 1984 und 1987 während der Diktatur Ceauşescus, „Exil"?

Ich habe dort gelebt. Diese Aussagen von Herta Müller, als Zitate der jeweiligen Autorinnen, sprechen die Wahrheit. Sie lebte alle Privilegien der Diktatur. Jeder Leser möge sich dazu seine eigene Meinung bilden. Nur Lügen streuen, das finde ich mehr als verantwortungslos. Recherchieren war schon immer und ist der ehrlichste Weg, Beweise für die Wahrheit zu finden, die zur Genüge vorhanden.

Es ist ein Unterschied, ob jemand Dissident, verfolgt, verhaftet oder von der Securitate „nur beobachtet" wurde, wie Herta Müller.

„…Nicht nur hatte Herta Müller 1982 mit „Niederungen" und 1984 mit „Drückender Tango" schon zwei vielbeachtete Bücher in Rumänien vorgelegt, sie hatte seit 1978 insgesamt 73 Prosatexte an etwa 125 Stellen publiziert…", zu lesen in: Julia Müller, Sprachtakt. Herta Müllers literarischer Darstellungsstil. Seiten 15/16, Böhlau Verlag. Und ich soll jetzt an Publikationsverbot oder Schikanen der Diktatur glauben?

„…Ich wollte wieder zurück nach Berlin", erzählt sie mir, „hier hatte ich bei meinen ersten Aufenthalten, als ich noch in Rumänien lebte, und viermal für jeweils einen Monat in den Westen ausreisen durfte, Bekannte und Freunde gefunden. Berlin war für mich Deutschland." In: Ilka Scheidgen: "Zu Besuch bei Günter Grass und Herta Müller", 2016, Seiten 86/87.
Klare Beweise für die Privilegierten der Diktatur Ceausescus, im damaligen Rumänien.

Herta Müller beschreibt in ihren Veröffentlichungen weder die Wahrheit noch die Realitäten der damaligen Zeit, ob das Leben meiner Banater Landsleute, ob Sprache, Brauchtum, ob ihre eigene, wahrhaftig privilegierte Situation während dieser Diktatur.
Herta Müller hat vergessen zu erwähnen, dass die „Niederungen" NICHT das Leben meiner Banater Landsleute beschreiben, sondern dass die „Niederungen" ihr eigenes Familienleben beschreiben, wie Herta Müller dies in ihrer Familie erlebt, gesehen hat, was nicht repräsentativ, in keiner Weise, auf keiner Ebene, für die Banater Schwaben, für das Leben und Wirken dieser deutschen Minderheit.

Was auf der Rückseite des Buches „Niederungen", 2010, Carl Hanser Verlag München, zu lesen, „…beschreibt sie das Leben der deutschsprachigen Banatschwaben, und sie beschreibt es als düstere Anti-Idylle in einer Enklave, die von Angst und Hass geprägt ist, von Intoleranz und Unbeweglich-

keit." ist eine Lüge. *Dieses Buch beschreibt nicht das Leben der Banater Schwaben im Banat, Rumänien. Es mag einige Bereiche geben, die als Tatsachen des täglichen Lebens vorhanden (Kalben, Ernten, Beerdigungen…), aber niemals in der Form, in der Herta Müller dies in „Niederungen" beschreibt. Diese Beschreibungen von Herta Müller tangieren in keiner Weise den tatsächlichen Alltag der Banater Schwaben – ob Stadt, ob Land – im damaligen Banat, sondern Herta Müllers Leben in ihrem Elternhaus.*

„Niederungen" sind der klare Beweis, dass Herta Müller mit dieser Diktatur auf einer Ebene agierte. Sie beschimpfte alles was mit der Minderheit der Deutschen im Banat zu tun hat, bis heute, eine Minderheit, die Ceauşescu schon lange „untergehen", „verschwinden" lassen wollte. Herta Müller durfte ihr Buch, „Niederungen" veröffentlichen, 1982, in Rumänien, nachdem schon einige Kapitel aus ihrem Buch in verschiedenen Zeitungen veröffentlicht wurden, obwohl voller negativer Kritik und Unwahrheiten über das Leben der Banater, während man anderen Landsleuten Publikationsverbot erteilte – und das zu einer Zeit, als die Bundesrepublik Deutschland dem Diktator Ceauşescu in Rumänien für die Ausreise eines jeden Deutschen eine „Kopfgeldpauschale" bezahlte.

Es ist mir unbegreiflich, was sich auf Deutschlands Literaturbühne, über Jahrzehnte, so alles verunstalten, verfälschen lässt, durch die Lügenspirale in Herta Müllers Bücher, die von Personen, ob aus Medien, ob aus Politik, über Jahre, bis zu höchsten Ehrungen hin, weitergedreht wurde, ohne, auch nicht mal ansatzweise, zu recherchieren, obwohl man weder Kenntnis noch Ahnung hat, so scheint es, über die Wahrheit der damaligen Diktaturzeit im Banat, Rumänien. Auch nicht über die tatsächlichen Bürgerrechtler, die ihr Leben aufs Spiel gesetzt, die gefoltert, geschlagen wurden, monatelang in Haft saßen, weil sie gegen die damalige Diktatur sichtbar aufgebäumt, sich dazu geäußert, die wahren Dissidenten, über diejenigen, die nicht veröffentlichen durften, nicht die Privilegien der damaligen Diktatur gelebt, wie Herta Müller sie gelebt, die bleiben unerwähnt. Herta Müller pendelte zwischen Rumänien und Deutschland,1984-1987, über Jahre, und nach jeweils vier Wochen Besuch im Westen, kehrte sie in das Land **„ihrer Folterer"**, wo sie angeblich Verhöre, Drohungen, Hausdurchsuchungen erlebt haben soll(?), zurück. Was denkt jetzt ein Normaldenkender??? Vor allem jemand, der die damalige Zeit im Banat kennt…

Waren diese Privilegien vielleicht die Antwort auf ihren Satz in der Fabrik, eine Zusammenarbeit mit der Securitate zu verweigern: „Ich habe nicht diesen Charakter!" Wer glaubt denn tatsächlich so einen Schwachsinn, dass man mit solch einem Satz, eine Mitarbeit mit dem Geheimdienst einer Diktatur – ob Securitate, ob Stasi – abwimmeln kann? Die Securitate war an allem interessiert, nur nicht „am Charakter". Oder soll ich mir unter „Schikanen" vorstellen, dass Herta Müller ihre „Niederungen" in der Fabrik schreiben konnte, während ihrer Arbeitszeit, nach angeblich täglichem Besuch von einem Securitate-Mitarbeiter...!?

Jeder nutzte die Gelegenheit, das Land so schnell wie möglich zu verlassen. Viele ließen ihr Leben an den Grenzen Rumäniens, weil sie Freiheit gewollt, dieser Diktatur entkommen wollten. **Herta Müller kehrte, über Jahre des Pendelns durch den Westen, von 1984 bis zu ihrer Ausreise 1987, immer wieder, mehrere Male, in diese Diktatur zurück.** Wer den Sadismus der Diktatur Ceauşescus, mit all den Grausamkeiten, wirklich erlebt, überlebt hat, der glaubt diesen Lügenmärchen nicht. Die Bundesrepublik Deutschland hat für Herta Müller, ihre Mutter und ihren zweiten Ehegatten, Richard Wagner, genau so die „Kopfgeldpauschale" bezahlt, wie das damals praktiziert wurde. Der klarste Beweis, dass Herta Müller das Wort „Exil", für sich, nie erwähnen darf, nie für sich in Anspruch nehmen, weil das nicht der Wahrheit der damaligen Tatsachen entspricht.

Genau wie die Geschichte mit dem Eier essen müssen: „**Ich glaube, ich musste acht** Eier essen", dort waren „...**drei oder vier** Typen", und sie musste „**dreißig oder vierzig** Mal den Ausweis aufheben", so Herta Müller. Wie soll ich das jetzt einordnen? Sie *glaubt* acht Eier gegessen zu haben, *weiß nicht*, ob das drei oder vier Typen waren, **aber**, dass sie **dreißig bis vierzig Mal den Ausweis** aufheben musste. Drei, vier, acht Male, das war schwer zu zählen und dreißig bis vierzig Male waren machbar? Sie wurde „abgeschleppt", damals, in dieses Studentenheim, „...Man brauchte keine Vorladung, fischte mich einfach von der Straße ab", (in: „Cristina und ihre Attrappe", Seite 20), zwei Seiten weiter, im gleichen Buch, S. 22., sagt Herta Müller: „...Sie wollten mich mitnehmen. Ich sagte stur: „Ohne Haftbefehl gehe ich nicht mit! Vielleicht war es ihnen zu riskant, in der vollen Bahnhofshalle Aufsehen zu erregen, denn sie nahmen mich nicht mit." Was soll ich jetzt wählen, was glauben?

Die Securitate scheute weder das Stadtzentrum noch die Bahnhofshalle, noch eine Straßenbahn oder in der Bahn, sie nahmen mit, wenn sie jemanden mitnehmen wollten. Bei Gegenwehr der mitzunehmenden Person, da wurde auf sie eingeprügelt, egal wie viele Menschen anwesend. Das habe ich, während meines Studiums in Temeswar, über Jahre mit dem Nachtzug 00:10 nach Hause gefahren, nicht nur einmal erlebt. Und was ich erlebt, wenn man an der Grenze „die Landesverräter" entdeckt, gefangen hatte, weil nicht an der Grenze gleich erschossen oder totgeprügelt, da konnte man alle Grausamkeiten des Vorgehens, den Sadismus dieser Securitate und Grenzmiliz erleben, keineswegs die von Herta Müller beschriebenen Lügen. Herta Müller wohnte, lebte nicht in einer Grenzstadt Rumäniens, sondern weit entfernt von den Grenzen Rumäniens.

Wer diese Zeit der damaligen Diktatur in Rumänien nicht kennt, dem kann ich versichern, dass man keinen Haftbefehl gebraucht, um jemanden mitzunehmen. Die haben dich auch an den Haaren in ihr Auto gezerrt, ohne dass man die Erde mit den Füßen noch berühren konnte. Wer gegen diese Diktatur, die schriftlichen Termine, Mahnungen der Securitate, auch die der Miliz, damals ignorierte, die haben SIE doch von zu Hause abgeholt. In den meisten Fällen wurde man „bestellt", damit die sich „diese Drecksarbeit" ersparen, so nannte man das damals. Das ist die Wahrheit der damaligen Diktaturzeit – die auch den Ehrlichen unter den Banater Schwaben bestens bekannt, auch mir persönlich.

Was sagte Herta Müller in der **ARD Bühne vom 10.10.2014**: „… je mehr Zeit vergeht, umso mehr kommen mir diese Dinge ziemlich drastisch vor, die damals passiert sind." Wer diese Gräueltaten der damaligen Diktatur wirklich am eigenen Leib durchleben, überleben musste, dem schwinden weder Drastik noch Tragik, sie kommen auch nicht erst nach vielen Jahren. Diese wirklich, tatsächlich erlebten Schikanen, Drohungen, Demütigungen der damaligen Zeit, seitens der Securitate und Miliz, die bleiben für immer, mit gleicher Intensität, für diejenigen, die sie wahrhaftig erlebten, überlebten.

Herta Müller wurde beobachtet, weil sie sich in den 80er Jahren mit dem Kulturattaché der Bonner Botschaft in Bukarest getroffen. In solchen Fällen wurde jeder beobachtet. Herta Müller war **nie in Untersuchungshaft, nie in einer Gefängniszelle der Securitate und hat auch nicht fast zwei Jahrzehnte auf ihre Ausreise gewartet.** Was steht in R. Wagners Biographie zu lesen: „… Nachdem der Mitbegründer des AMG-Literaturkreises (…) im Herbst 1984 von einer Auslandsreise nicht nach Rumänien zurückkehrte, _entschlossen_ sich auch Richard Wagner und seine damalige Ehefrau Herta Müller Anträge zur endgültigen Ausreise zu stellen. Beide konnten 1987 in die Bundesrepublik Deutschland übersiedeln." Das ist mehr als Beweis, das hat nichts mit „Exil" zu tun. Alle, restlos alle, die von Rumänien aus ins Exil mussten, pendelten vorher nicht wie Herta Müller viermal durch den Westen, die saßen meistens in den Gefängniszellen von „Popa Şapcă" in Temeswar, monatelang, über Jahre, manch einer.

Von 1984 bis zu ihrer Ausreise 1987, besuchte sie mehrmals Deutschland, als **„Verfolgte"?** Nachdem sie, 1979, die Ausreise mit ihrem ersten Mann verweigerte, damals _nicht_ mit ihm _ausreisen wollte_, was sie in ihrer Biographie verschwieg, durfte sie in Deutschland veröffentlichen, **obwohl mit Wohnsitz noch in Rumänien** und kehrte immer wieder dorthin zurück. Solch eine „Art von Diktatur" gehörte nur „deren Privilegierten".

Wann wird endlich recherchiert, um diesen Lügen ein Ende zu setzen? Wann wird man **diese klaren Beweise, diese Wahrheit** endlich wahrnehmen, berücksichtigen wollen???

Seltsam: Nachdem der Mitbegründer des AMG-Literaturkreises 1984 nicht von seiner Reise aus Deutschland zurückgekehrt, kann nun Herta Müller als

Westtouristin pendeln. Es kommt also ein Vertrauensmann der Partei aus dem Westen nicht mehr zurück, und Herta Müller darf dennoch in den Westen reisen. **Das durfte nur der harte Kern der Diktatur-Privilegierten.**

Herta Müller wollte erst dann in die Bundesrepublik ausreisen, als in Rumänien die Lebensmittelnot dramatisch geworden, die ich bis ins Detail kenne. Bis dahin pendelte sie mit Westvisum durch den Westen, was nur den Privilegierten von Partei und Securitate möglich war – was Herta Müller, über Jahre, nie erwähnt, diese ihre Privilegien.

Sie hat in Rumänien schon als Gymnasiastin veröffentlichen dürfen, sagt Ernest Wichner im Interview mit Herta Müller, Dezember 2012, als Gast bei RavensBuch, danach in den Jahren 1979, 1980, 1982, 1984, in „Neue Literatur", was nicht allen erlaubt war. Sie hat **1984 in Deutschland** ihre „Niederungen" veröffentlichen dürfen, (1982 in Rumänien erschienen) **obwohl mit festem Wohnsitz in Rumänien.** Da kann man nicht zu den Staatsfeinden gehören und auch das Wort „Exil" darf Herta Müller **niemals** erwähnen. Wenn diese ihre Geschichten wahr wären, warum kehrte Herta Müller, jedes Mal, nicht nur einmal, zwischen 1984 und 1987,bis zu ihrer Ausreise, immer wieder in dieses Land zurück, wo sie angeblich verfolgt, schikaniert, gedemütigt wurde. Soll ich unter **„Schikanen"** verstehen, dass Herta Müller den **Pass bekommen**, um als **Westtouristin** durch den Westen zu reisen? Soll ich unter **„Demütigung"** verstehen, dass Herta Müller **veröffentlichen durfte, in Rumänien, über Jahre,** wie R. Wagner und viele andere auch. Oder soll ich unter „Schikanen" verstehen, dass Herta Müller, während ihrer Arbeitszeit in der Fabrik ihre „Niederungen" geschrieben? (Poesie ist ja nichts Angenehmes, Gespräch mit W. M., 05. Juli 1996, Seite 5).

Selbst im **November 1989**, wenige Wochen vor Ceauşescus Erschießung, hat Herta Müller noch in „Neue Literatur" Rumänien veröffentlicht, obwohl sie und ihr zweiter Mann Richard Wagner schon seit zwei Jahren mit Wohnsitz in Deutschland. Obwohl, ein angeblicher Freund 1986 gestorben, ein anderer in Temeswar, Mai 1989, in seiner Wohnung tot aufgefunden wurde. Dann schicke ich noch Artikel in dieses Land, wo ich angeblich so viele „Schikanen", „Verfolgungen" erlebte und Freunde auf mysteriöse Weise ihr Leben verloren…!!!

Der Moderator, **ARD Mediathek, 20.02.2014**, hatte nicht mal so Unrecht, als er meinte, „Herta Müller sei dem Klammergriff des Diktators entkommen" – klar, sie durfte den Westen bereisen, so als **„Verfolgte der Securitate" oder wie???**

Selbst in ihrem letzten Buch „Mein Vaterland war ein Apfelkern" schildert uns Herta Müller nur Lügen, die niemals Realität im Kindergartenumfeld der damaligen Zeit waren. Ich finde es mehr als eine Lüge, dass eine Direktorin Herta Müller ein ganzes Regal voller Stöcke, in allen Längen und Breiten präsentierte. Nein, das glaube ich nie! Ich war Lehrerin am Gymnasium und kenne die Welt der Kindergärten von damals. Und wenn das so gewesen, warum hat Herta Müller, hier in Deutschland, **über dieses Problem, „Kinder prügeln im Kindergarten",fast dreißig Jahre geschwiegen?** In der **ARD Bühne, 10.10.2014,** Herta Müller aus „Mein Vaterland war ein Apfelkern": „… Die Kinder haben mich verachtet, weil ich sie nicht geschlagen habe, sie hielten mich für inkompetent, … die Stöcke habe ich an der Tischkante zerbrochen, dafür haben mich die Kinder verachtet, weil ich sie nicht prügeln konnte." Wenige Sätze weiter, im gleichen Buch: „…Wenn ich zu jemandem in die Nähe bin, hat das Kind den Kopf eingezogen, gesagt „Nicht schlagen!" und die anderen haben gebrüllt „Hau drauf, schlag drauf!" Dazu kann sich jetzt jeder seine Meinung eigens bilden, im oben erwähnten Buch Seite 27/28 zu lesen. Stöcke im Kindergarten, nein, nie gesehen.

Ich bin entsetzt, in welcher Art und Weise Herta Müller diese ihre eigenen Erfahrungen aus dem eigenen Elternhaus auf das Banat, das Leben der deutschen Minderheit überstülpt, dabei ein ganz falsches Bild, fernab jeglicher Wahrheit, entstehen lässt. Wie z. B. auch die Geschichte mit dem Akkordeon, welches Herta Müller voller Zynismus und Hass beschreibt. Das Akkordeon war ein Erinnerungsstück, an einen unschuldig Gefallenen aus der Familie, in diesem verheerenden Krieg, den auch von uns Banater Schwaben keiner gewollt. Daher wurde es so in Ehren gehalten, weil es eine greifbare, letzte Erinnerung an einen geliebten Menschen, der an der Front im Kugelhagel gestorben. Viele der Gefallenen erst 18, 19, in der Blüte ihrer Jugend. Über dieses Akkordeon streut die Autorin nur Hass und Verachtung, dann muss diese Erinnerung eben im Brunnen landen, so Herta Müller.

Freiwillig ging keiner, weder in den Krieg noch nach Russland und auch nicht in die Bărăgan-Ebene. Das müsste, eigentlich, jeder normale Menschenverstand wissen. Diese Erinnerungsstücke wurden von allen Familien wie ein Heiligtum bewahrt, eben als Erinnerung an die Gefallenen in diesem Krieg. Was Herta Müller auch diesbezüglich beschreibt, das sind alles nur Erlebnisse aus ihrem eigenen Elternhaus, ihre persönliche Art, die Dinge **zu sehen**, **zu hassen**, nicht das Leben der Banater Schwaben, meiner Landsleute.

Herta Müller erwähnt oft, wie sie hasst. Nur ein Beispiel: „Niederungen", 2010, Seite 25: „…Und weil ich noch am Leben war, kam der Hass…" Wenige Zeilen weiter: „… Und als ich die Kuh ins Tal trieb mit meinem Hass…" Ein normaldenkender, normalfühlender Mensch, der entwickelt, spürt, auch im Augenblick von anwesender Angst, Pech oder Unruhe, keinen Hass.

Wer solche Zeilen schreibt, Seite 24: „...Es ist immer die Angst in diesen Hundeaugen, in diesen Hundeschädeln. Fußtritte bekommen die Hunde sowohl von den Männern als auch von den Frauen...Von diesen Tritten sind die Hunde augenblicklich tot und steif neben den Wegen und stinken unter den Fliegenschwärmen..." Das klingt ja so, als würde das Dorf voller Hunde liegen, durch die Fußtritte der Männer getötet. Welch grauenvolles Bild, voller Lügen. Es mag Einzelfälle gegeben haben, durch unglückliche Zustände, aber niemals so, wie es von Herta Müller hier beschrieben wird. Nur Lügen. Das ist ja nicht nur fehlende Tierliebe, sondern da gärt ja alles voller Hass gegen diese unschuldigen Hunde, fernab jeglicher Normalität.

Auch die Beschreibung, dass Nitzkydorf ein isoliertes Dorf, zeigt, dass Herta Müller noch kein isoliertes Dorf in Rumänien gesehen, wo man ab zehn Kilometer laufen musste, um an eine Bahnstation zu kommen. Herta Müller hatte ja auch ein Treffen beschrieben, im Bahnhof von Poiana Brașov. Leider, dort gab es keinen Bahnhof.

ARD Bühne, 10.10.2014, Herta Müller: „Prügeln war nicht die Ausnahme. Ich **glaube**, fast alle Kinder im Dorf haben Prügel bekommen. Das war normal." Dazu sage ich: „Glauben heißt nichts wissen!" – ein uraltes Sprichwort. Wenn ich eine Tatsache nicht persönlich kenne, dann streue ich keine Lügen. Als ob man durchs Banat geprügelt worden wäre. Alles nur, Herta Müllers eigenes Familienleben, nicht jenes der Banater Schwaben.

Wenn ich dann höre, Video, **H. M. Lido, ARD Mediathek vom 20.02.2014**, dass ein Banater, *Leiter des Berliner Literaturhauses, Ernest Wichner* sagt: „Die Mentalität in diesen Dörfern war, dass Kinder zugerichtet werden müssen, die müssen, parieren, müssen, müssen still sein, müssen arbeiten, müssen Verantwortung tragen und haben kein Recht auf Kindheit und auf Spiel, und Verrücktheit, und Ausgelassenheit. Das hat sie, wenn sie von ihren Großeltern erzählt, ist das etwas anders, die scheinen sie mehr als Kind auch wahrgenommen und beschützt zu haben, während die Eltern die bösen Zurichter waren."

Ich musste mir das, tatsächlich, ein zweites Mal anhören, weil ich dachte, ich habe mich verhört. Wie ist denn so etwas möglich? Warum stellt man das Leben dieser Banater Menschen, Dörfer, unter solch ein falsches Licht? Hat **E. Wichner** das persönlich auch so erlebt, weil er so über **„Die Mentalität in diesen Banater Dörfern war, dass Kinder zugerichtet werden müssen..."** kommentiert? Ich kenne das nicht, und meine Landsleute auch nicht. Ich war im Krankenhaus tätig, beim Rettungsdienst, der die umliegenden Dörfer auch „mitversorgte, mit bediente", ich hatte viele Klassenkollegen aus den umliegenden Nachbarsorten, meine Schüler am Gymnasium kamen auch aus den umliegenden Ortschaften, aber so etwas habe ich weder gehört noch gesehen. **Warum haben Herta Müller, ihr zweiter Mann Richard Wagner und Ernest Wichner, nach ihrer Ankunft in der BRD,**

nicht über diese Probleme berichtet, sich dafür eingesetzt, dass dieses „Kinder prügeln" öffentlich wird, für die Kinder ein Ende nimmt???

Vielleicht etwas Klartext für all diejenigen, die Wahrheit lieben, die etwas von der Geschichte, dem Leben der Banater deutschen Minderheit wissen wollen: Mag sein, dass es einzelne Ausnahmen von Prügel gegeben hat, wie schon zu allen Zeiten, auch heute, leider, aber, dass das die Regel, wie selbst Ernest Wichner das sagt: „Die Mentalität in diesen Dörfern war, dass Kinder zugerichtet werden müssen…" Hat dieses Interview niemand mitbekommen, diese Art von Aussagen über die Banater Dörfer niemand gehört? Schon die Wortwahl von E. Wichner „zugerichtet", „dass Kinder zugerichtet werden müssen" – die sagt alles aus – über Inhalt und Sprache des sich Äußernden.

Das ist eine Lüge. Die Mentalität der Banater Schwaben, ob in Stadt oder Dorf, war nicht, dass „Kinder zugerichtet werden müssen", wie Ernest Wichner, bis Dezember 2017 Leiter des Literaturhauses in Berlin, das äußert. Woran denken sie eigentlich, Herta Müller und Ernest Wichner, wenn sie diese Lügen streuen, bis heute? Ich war an mehreren Gymnasien meiner Heimatstadt, im Kindergarten, tätig, an Hauptschulen in drei umliegenden Ortschaften, aber so etwas habe ich nie gesehen noch gehört.

Ich finde es schade, dass man sich nicht freut, dass die Grenzen endlich gefallen, dass diese Banater Schwaben all ihr Leid, im Laufe ihrer Geschichte, erhobenen Hauptes getragen und überlebt, dass sie aus dem Banat die Kornkammer Europas gemacht. Dass sie wohl lesen und schreiben können und nicht wie Nils Marvin Schulz in seiner Studienarbeit: „Untersuchung von Herta Müllers „Niederungen" S. 4 schreibt: „…Durch die Zugehörigkeit Rumäniens zum sowjetischen Einflussbereich ergab sich für die rumäniendeutsche Minderheit eine Spracharmut, die sich ebenfalls auf die Literatur niedergeschlagen hat. Vor allem die Auffrischung an der lebendigen deutschen Sprache wurde dadurch unmöglich."
Mal „Spracharmut" festgestellt, mal „Sprachmagierin"(TAZ). Wo liegt die Wahrheit?

Die Banater Schwaben haben ihre Muttersprache, bei der Aussiedlung, mitgebracht. Sie haben nicht erst hier in Deutschland die deutsche Sprache erlernt. Und meine Landsleute, die leiden, genau wie ich auch, an **keiner** Spracharmut. Das sind ehrliche, rechtschaffene Menschen, denen die Werte unseres Daseins, vor allem die Ehrlichkeit, noch viel bedeuten. Wohl eines wahr: Herta Müller, eine Literaturnobelpreisträgerin von 2009, spricht auch heute, nach 30 Jahren in Deutschland, kein korrektes Deutsch.

E. Wichner, ARD Mediathek, 20.02.2014, sagt über Herta Müller: „Sie hat geschimpft auf das was sie im Alltag erlebt, also auf alles gleichzeitig, auf das Elend, das hier herrschte, die Repression, die Art wie mit Menschen überhaupt im Alltag umgegangen wird, sie war ein Mensch in der Revolte…"

Nur zur Information: Ernest Wichner verließ mit 23 Jahren Rumänien. Soll ich mir diese Revolte am Schalter des Passamtes vorstellen, wo Herta Müller, mehrere Male, ihren Pass für Westreisen abholen durfte, viermal je vier Wochen in Deutschland, während der Diktatur Ceaușescus verbringen, so als „Schikanierte, Verfolgte der Securitate", oder soll ich an R. Wagners Worte (seine Biographie) denken: „… sie hatte Angst vor dem Schreibprozess" und E. Wichner sagt: „Sie schreibt nie gerne Bücher. Sie schreibt Bücher, wenn sie sich anders nicht mehr zu helfen weiß." – und diese Worte über eine Nobelpreisträgerin der Literatur 2009… Nein, Revolte, das ist ganz was anderes. Wer Revolte lebt, der setzt sich öffentlich ein, dass Kinder nicht weiter geprügelt werden, Kinder im Kindergartenalter.

Allen, die tatsächlich denken, dass die Banater Schwaben an „Spracharmut" leiden, kann ich versichern, dass diese Banater Schwaben, meine Landsleute, ihre Muttersprache kennen, lernten in der Schule lesen, schreiben und rechnen. Vor allem, im Gegensatz zu Herta Müller, die **mit Dialekt und Heimat nichts zu tun haben will**, sprechen meine Landsleute, genau wie ich auch, heute noch, nach vielen Jahrzehnten aus der Heimat vertrieben – wegen Diktatur, keinerlei Freiheit – voller Begeisterung ihre Mundart. Jede Fremdsprache ist leicht zu erlernen. Mundart, die muss man sprechen können, die bekommt man in die Wiege gelegt. Und an Spracharmut leiden wir bestimmt nicht, weder meine Landsleute noch ich.

Was sagte Herta Müller im Interview 05 Juli 1996 „Poesie ist ja nichts angenehmes" – im Internet zu lesen: „Die Sprache ist für mich eine geruch-, geschmack- und farblose Sache… sie ist ja nicht an sich Inhalt, sie transportiert ja nur…" oder „Die Poesie der Sprache ist ein Nonsens…" Die Sprache der Banater Schwaben, genau wie die meinige auch, ist weder geschmack- noch geruchlos. Vor allem, sie ist reich an Inhalt.

Man merkt, dass manch einer die Werke vieler Banater Autoren, wie z.B. Marschang, Lippet, Gibson, Balzer, Mühlroth, Samson u.a. nicht gelesen hat. Da kann man Sprachmacht, elitär gewählte Wortwahl, Wortschatz voller Tiefe und Schönheit begegnen, Werke, in welchen diese Autoren Geschichte und Geschichten aus dem Banat in höchster Präzision beschreiben, um dem Leser die wahre Geschichte des Banats, seiner Menschen, zu präsentieren, in purer Wahrheit, voller Geruch, Farbe und Ausdrucksvielfalt – im Gegensatz zu Herta Müllers Lügen.

Für die Ahnungslosen: Wir haben tatsächlich Radio gehört, es gab Zeitungen, Zeitschriften, ausländische Fernsehprogramme (Serbien, Ungarn) und deutsche Zeitschriften aus der BRD kamen immer wieder „unter die Leute" und wurden fleißig ausgetauscht.

Dass Herta Müller in einem Interview behauptet: „…dass es unzählige bunte Zeitschriften gibt, so gutes Papier, so viele Texte, die nur flüchtig gelesen und schon weggeschmissen werden – das alles kannte ich in Rumänien nicht. Es gab nur graue, nach Schmieröl stinkende Staatszeitungen, sonst nichts. Schon vom Umblättern kriegte man schwarze Finger." Das ist mal wieder eine Lüge von Herta Müller. In Rumänien gab es natürlich auch andere Zeitschriften, französische Zeitungen. Man musste diese nur lesen wollen, sich diese kaufen – ob im Bahnhofsgebäude, große Post in Temeswar usw.

Im gleichen Interview zu lesen: „Kurz nachdem ich aus Rumänien kam, war ich viel unterwegs. Ich wollte mich bei Freunden melden und suchte in den Orten, wo ich gerade war, nach Postkarten. Aber auf den schwarz-weißen Karten standen dümmliche Sprüche, die witzig sein sollten. Und die Ansichtskarten hatten so grässlich missratene Farben. Schon der Himmel war auf allen ein dickes Blau, die Bäume ein dickes Grün, die Dächer ein dickes Rot." Wie soll ich das deuten? Herta Müller ist kurz aus Rumänien hier in Deutschland angekommen und schon kritisiert sie Aussehen und Sprüche auf Postkarten, die eigentlich von den Menschen hier gerne gekauft werden. Ich frage mich, warum Herta Müller sich ihre Postkarten nicht aus Rumänien mitgebracht hat, wenn sie hier alles nur kritisieren kann, kurz nach ihrer Ankunft aus Rumänien. Schon die Tatsache, dass sie hier reisen konnte, fällt mir auf…

Uns hatte man selbst die „erlaubte Geldsumme" bei der Ausreise weggenommen. Wir kamen, 14. Juli 1980, ohne einen Pfennig hier an, freuten uns, wie kleine Kinder, auf unser Begrüßungsgeld, waren dankbar, wie schön es hier ist, auch wenn wir Dinge erlebt, ob in Nürnberg oder den anderen Aufnahmeorten, die nicht grade menschlich, bestimmt einmalig. Mein Mann und ich, wir schliefen in Nürnberg, in einem Dreibettzimmer, mit Großeltern und Kind, eine Woche auf dem Linoleum-Boden, weil nur drei Betten vorhanden. Wir hatten tatsächlich, im Übergangswohnheim Mannheim kein warmes Wasser, August 1980, Boiler im Bad musste mit Holz geheizt werden, Kohleofen in der Ecke des Wohnzimmers. Wir hatten in Rumänien ein funktionierendes Bad, Ölheizung. Aber, diese Umstände sind kein Grund, über Land, Leute oder Postkarten zu kritisieren, wie Herta Müller das getan.

Als wir hier in Deutschland angekommen, endlich, nach fast 20 Jahren Wartezeit seit unserem Ausreiseantrag, und tatsächlichen Schikanen der Securitate, weil ich kein Parteimitglied war und auch nicht als Spitzel mitgearbeitet, keinerlei Privilegien kannte, nachdem man uns, selbst die genehmigten Kofferinhalte, an der Grenze in Curtici, halbierte, mein UNI-Diplom nicht mitbringen durfte, bei der Ausreise, dachte ich, ich bin im Paradies gelandet. Obwohl wir nicht grad höflich empfangen wurden, weil der Fahrer einige Male zum Bahnhof musste, weil der Orient-Express bei unserer

Ausreise, gerade an diesem Tag, fast acht Stunden Verspätung hatte, unsere Ankunft sich fast um einen Tag verzögerte, hatte ich weder Kritik vor Augen noch sonst welche negativen Gedanken. Endlich in Deutschland zu sein, frei und grenzenlos Gedanken äußern, das war Paradies für mich. Herta Müller kannte dies ja nicht, sie bereiste den Westen vorher, nach Lust und Laune – als Privilegierte der Diktatur Ceauşescus.

Ich frage mich schon, warum Herta Müller die Banater Schwaben in solch ein falsches Licht gestellt, dies bis heute tut. (Siehe Wiener Vorlesung 14.11.2014 mit Prof. Hubert Christian Ehalt.)

Mich wundert es, wie Herta Müller uns ihre Kindheit präsentiert, als ob sie schon als kleines Kind, über Tage und Jahre, nur mit und bei den Kühen verbracht. Sie war doch im Kindergarten, sie hat die Grundschule besucht. Das würde heißen, dass sie nur in den **Ferien** Kühe hüten musste – drei Monate lang, **15. Juni bis 14. September**, die Ferienzeit der damaligen Diktatur. Manch andere, die haben ab ihrem elften Lebensjahr gearbeitet, in allen Ferien, drei Monate lang, jeden Sommer, bis zum Abitur. Da hat man die leichtere Arbeit bekommen, seines Alters entsprechend, die man bewältigen konnte. Das war ein Gefühl der Zufriedenheit, der Freude, mit Erwachsenen etwas zu leisten, freiwillig.

Die Zeit längst reif, dass all diejenigen mal recherchieren, die fernab der Wahrheit kommentieren, ohne die Fakten der damaligen Zeit zu kennen – ob Professoren, Doktoren, Literaturkritiker, Journalisten, Politiker, Verleger, Medien – damit endlich Wahrheit gestreut wird.

Auch in ihrem letzten Buch „Mein Vaterland war ein Apfelkern", Seite 143-145 erzählt Herta Müller, dass sie im Frühjahr 1990, zwei Monate nachdem Ceauşescu erschossen, durch die Kellerräume im Securitate – Gebäude stiefelte, da lagen Fotos für jeden sichtbar:

„Als ich in 1990 in Rumänien war, gab es keine Securitate mehr. Man hatte den Geheimdienst angeblich aufgelöst. Heute weiß ich, dass die Securisten in dieser Zeit trotzdem weiter ihr Gehalt bekommen haben und dann bruchlos in den neugegründeten SRI - Rumänischen Informationsdienst – übernommen wurden. Damals bin ich in Temeswar einfach unbehelligt durch das Geheimdienstgebäude gestiefelt. Ich bin in den Keller gegangen, um die Gefängniszellen zu sehen, in denen meine Freunde eingesperrt waren. Auch um mich zu überzeugen, dass die Securitate nicht mehr existiert, auch nicht im Keller unten. Ich habe den Raum gefunden, in dem die Häftlinge fotografiert wurden… Und zwischen den Fotos waren die Karteikarten mit den Personalien und Fingerabdrücken der Häftlinge. Ich schaute Fotos und Karteikarten durch, dann polterte es hinter mir. Ich zuckte zusammen, meine … Alles stand herrenlos herum, die vielen Fotos, ich hätte mich bedienen können, aber welches Gesicht hätte ich mir nehmen sollen? Und wozu? Ich weiß nicht warum, ich hab es nicht übers Herz gebracht…"

Betonte Herta Müller doch im Exklusiv-Interview mit Report Mainz, 19.01. 2010: „Ich war es gewöhnt, in Angst zu leben." Dann frage ich mich, wie man, zwei Monate, nachdem der Diktatur Ceaușescu erschossen, sich allein in den Keller des Geheimdienstgebäudes der Securitate begeben kann/konnte, wie man dort überhaupt rein konnte. Hatten die vielleicht grad „Tag der offenen Tür"!? Und wenn ich in Angst lebe, ständig „Securitate-Besuch" in der Fabrik, zuhause, dann kann ich dort ein Buch schreiben, ihre „Niederungen", wie Herta Müller dies im Gespräch mit Wolfgang Müller am 05.07. 1996 erzählt „Poesie ist ja nichts Angenehmes".

Nach meinen Erlebnissen mit diesem Geheimdienst, konnte ich, seit meiner Ausreise 1980 nicht mal mehr in die Nähe dieser Straße mich begeben. Ich kannte ja auch die Privilegien der Diktatur nicht, wie Herta Müller, ich lebte deren Schattenseite, über Jahrzehnte.

Wer so eine Lüge glaubt, der hat keinerlei Ahnung. Sagte Herta Müller nicht 2009, Zeit Online, dass die Securitate noch im Dienst sei?!? Ja, zur damaligen Zeit, 1990, durch die Kellerräume der Securitate „stiefeln" können, wie Herta Müller das nennt, „stiefeln", das konnten nur diejenigen, die mal „dazugehörten" – so auch die Äußerungen von Bekannten, die heute noch dort im Banat leben. Und trotz „stiefeln" dürfen, im Securitate-Gebäude, hat Herta Müller das Kinder-Prügeln nie angesprochen? Wer glaubt denn tatsächlich, dass nach einer Wende – ob Securitate in Rumänien, ob Stasi in der DDR – jeder durch deren Gebäude „stiefeln" kann, allein? Denkt „der Leser" nicht mehr nach beim Lesen dieser Absurditäten, dieser Lügen?

Seite 185/186, wieder mal ein Beweis der Privilegierten: „…Und im Kleingedruckten stand, dass der Antrag ungültig ist, wenn die Fragen nicht genau und wahrheitsgemäß beantwortet werden. Wir haben die Fragen durchgestrichen und statt der Antworten hat jeder seine ganz anderen, eigenen Gründe für die Auswanderung eingetragen: Verfolgung durch den Geheimdienst, Verhöre, Hausdurchsuchungen, Rausschmiss aus der Fabrik, Entlassungen aus mehreren Schulen wegen Individualismus und fehlendem sozialistischen Bewusstsein, Zensur und Publikationsverbot und so weiter.…Und schon **nach anderthalb Jahren** bekamen Richard Wagner, mit dem ich inzwischen verheiratet war, und ich **die Benachrichtigung, dass wir ausreisen dürfen**…"

Die Mehrheit der Ausreisewilligen hat über Jahre, Jahrzehnte, auf ihre Ausreisegenehmigung warten müssen und nicht wie Herta Müller und Richard Wagner, grad mal ein Jahr und vier Monate, nachdem sie durch den Westen gependelt und immer wieder in diese Diktatur zurückgekehrt sind, wohl weil „schikaniert" und „verfolgt".

Und 1985 war es noch klar, in Temeswar, Banat, Rumänien, dass nur Ausreiseanträge angenommen wurden, von der Passbehörde, Securitate-Gebäude in Temeswar, B-dul Säläjan, wenn diese Ausreiseanträge durch Schreibkräfte „ausgefüllt" waren, die in bestimmten Büros der Stadt („birou de copiat acte" - so hießen diese damals) saßen, mehrere Schreibkräfte in einem großen Raum, alles seitens der Securitate organisiert. Es wurde kein Antrag angekommen, wenn er fehlerhaft, wenn er nicht von einem, der von der Securitate bestimmten Schreibbüros, wo man die Menschen hingeschickt, ausgefüllt war, mit Schreibmaschine. Und, nach anderthalb Jahren ab Formularabgabe, schon die Ausreisegenehmigung zu bekommen, das ist erstaunlich. Andere mussten fast 20 Jahre auf ihre Ausreise warten, und haben, all die Jahre, die tatsächlichen Schikanen der Securitate, Miliz, überleben müssen. [Diese Ausreise war also keine Flucht ins Exil!]

Es täte unserer Literatur der Zukunft, die unsere Kinder und Enkelkinder lesen, gut, wenn mal Wahrheit geschrieben und gesprochen wird, nicht Lügen noch mit Nobelpreis für Literatur und Bundesverdienstkreuz geehrt werden. Die Welt lacht schon über uns.

Ich habe diese damalige Diktatur erlebt, mit ihren „Schikanen", Grausamkeiten, gönne jedem jeden Preis, wenn die Quellen der Preisverleih-Entscheidung, die beschriebenen Tatsachen in Bücher und Interviews, der Wahrheit entsprechen.

Ich mag als Leser und Staatsbürger einfach nur die Wahrheit.

In einem Interview mit „**Realitatea.net Sechelelecomunismului**", am **08.10.2009,** vom Reporter gefragt, ob der Nobelpreis für Literatur Auswirkungen auf das literarische Schaffen eines Autors hat, <u>sagte Herta Müller,</u> <u>dass der einzige Vorteil dieser Auszeichnung die große Geldsumme ist,</u> <u>welche der Preisträger bekommt, keinesfalls die literarische Aner-</u><u>kennung</u> - heute noch im Internet zu lesen.

Daher wohl die vielen Preise und Ehrungen bekommen, hier in Deutschland??? Welches literarisch wertvolle Buch hat Herta Müller geschrieben, veröffentlicht, auch seit 2009? „Atemschaukel" hat Oskar Pastior diktiert, „ganze Hefte voll", so die Autorin - was an der Sprache des Romans eindeutig zu erkennen.

Und das in diesem Jahr, 2019, erschienene Buch von Herta Müller mit 117 Collagen, „Im Heimweh ist ein blauer Saal", das kann an Niveaulosigkeit von keinem Buch auf diesem Erdball überboten werden - ob Inhalt, ob die plagiierten Wörter aus Zeitungen und Zeitschriften. Die armen Wörter, ich kann sie nur bedauern. Sie können nicht ahnen, wie falsch der Zufall einer Sprachunbegabten sie zusammengewürfelt hat, auf dem Tisch hin- und hergeschoben, und daher den Kern ihrer Bedeutung mehr als verunstaltet wurde. Solch einen Mist an zusammengewürfelten Wörtern, habe ich noch nie gelesen, so etwas gibt es in der elitären Weltliteratur, egal welchen Autor ich wähle, nicht, in keinem Land der Welt. Warum das Buch nicht mal eine Seitenangabe hat, kein Foto der Autorin, das kann jeder für sich erahnen…

Wer akzeptiert, dass ein Moderator (ARD Bühne) mit solchen Worten über den eigenen Vater urteilt: „Ihr Vater war ein SS-Mann, der sich tot gesoffen hat…", das sagt unheimlich viel aus. Da haben wohl beide noch nie mitbekommen, dass Alkoholismus eine schwere Krankheit ist. Außerdem, ihr Vater hat als LKW-Fahrer gearbeitet. Diese Fahrer waren, auch im Rumänien der damaligen Zeit, nicht ununterbrochen stockbesoffen[14] am Lenkrad. Und diese Herabwürdigung, dass ihr Vater LKW-Fahrer war, das ist auch realitätsfremd. Jeder der konnte, wollte LKW-Fahrer sein, weil diese die „besten Kontakte" überall hatten und mit allem sich bestens versorgen konnten – ob Fleisch, Brot, Zucker, Mehl, Gemüse, Südfrüchte usw. Und das mit dem SS-Mann, das kann ich mir schon nicht mehr anhören: In welchem Krieg bitte, darf ein Soldat tun und lassen, was ER will? Wie realitätsfremd ist das denn? Da mussten doch alle gehorchen, wie in jedem Krieg. Weiß Herta Müller das nicht?

In **Bild Kommentar 30.08.2015** sagt Herta Müller: „…**Ich war auch ein Flüchtling aus Rumänien**…" Im Internet die Bilder der Ankunft Herta Müllers in Wien, mit ihrem zweiten Mann Richard Wagner und ihrer Mutter zu sehen. Da kann man sehen, wie „manche Flüchtlinge aus Rumänien" in der Freiheit ankommen durften…, denen man weder Uni-Diplom an der Grenze, bei der Ausreise, weggenommen noch die Koffer halb entleert, wie manch einer das erlebte. Oder meint Herta Müller mit „Schikanen" ihre Westreisen zwischen 1984 und 1987, viermal je vier Wochen lang hier im Westen verweilt, dann wieder zurück in die Diktatur, in der Herta Müller eine klare Privilegierte war. Von den finanziellen Kosten dieser Reisen, kann man worauf schließen?

Und all die Jahre zuvor, in denen sie veröffentlichen durfte, schon als Gymnasiastin, in Rumänien, und 1984 erscheint in Deutschland „Niederungen", obwohl sie mit Wohnsitz noch in Rumänien, zur Zeit der Ceauşescu-Diktatur. Oder meint Herta Müller, wenn sie von Schikanen und Verfolgung spricht, ihre Zeit in der Fabrik, wo sie ihre „Niederungen" geschrieben hat? (nachzulesen in: „Poesie ist ja nichts Angenehmes", Gespräch mit W. M. am 05.07.1996, Seite 5.)

Herta Müller hat in dieser Diktatur voll mitgespielt, sie gehörte zu den Privilegierten von Partei und Diktatur, anders wären weder ihre Veröffentlichungen

---

[14] Die Promillegrenze im damaligen Rumänien war 0,0.

noch ihre wiederholten Westreisen möglich gewesen. Nur „ihre Leute", „die Treuen der Diktatur", hatten diese Privilegien. Das ist die Wahrheit der damaligen Zeit, und das wissen alle, die ehrlich und realitätsgetreu die damaligen Zeiten dort erlebt. In den Westen reisen oder den kleinen Pass („Permis") für Jugoslawien bekamen nur „ihre Leute", die Alten, Sportler, die Spitzel, oder ihre Agenten.

Wie lange sollen sich die echten Opfer der Diktatur, die Leserschaft, all diese Lügengeschichten über Banat, seine Menschen noch anhören?

Ich suche bis heute die Fußnoten, die mir zeigen, was Oskar Pastior diktierte, ganz „viele Hefte vollgeschrieben", so Herta Müller: „Er hat diktiert, ich habe geschrieben, ganze Hefte voll." Wo kann ich diese von O. Pastior (Der Himmel möge ihm Frieden schenken) so wertvollen, von ihm diktierten Zeilen, Erinnerungen finden? In keiner Ausgabe eine Fußnote zu finden. Nicht zu erkennen, welches die von O. P. diktierten Zeilen, welches der Zusatztext der Autorin. O. Pastiors Zeilen wurden übernommen, so die Autorin. Das glaube ich sofort. O. Pastior besaß Sprachmacht einzigartiger Eigenartigkeit. Wenn ich jemandem ganze Hefte voll, über lange Zeit, **diktiere**, dann gehe ich davon aus, dass mein Werk, meine Gedanken, meine Erinnerungen, meinen Namen tragen, mindestens in einer Fußnote.

Wenn Deutschlands Germanisten, Wissenschaftler, Professoren, Literaturkritiker, Politiker, Journalisten, Verleger keinerlei Ahnung von der Banater Geschichte, den tatsächlichen Gräueltaten, den Privilegierten der Diktatur der damaligen Zeit in Rumänien, dann wären Recherchieren, Nachforschen ein ehrlicher Weg.

Quellen mit Beweismaterial findet man in den vier veröffentlichten Büchern von Carl Gibson, mit klaren Beweisen über Herta Müllers Lügen und Plagiieren. Siehe auch Homepage von Franz Balzer, sein Buch zu den Lügen von Cătălin Dorian Florescu, ein in der Schweiz lebender Autor, der genauso skrupellos, taktlos wie Herta Müller, seine unverschämten Lügen über das Banat und seine Menschen streut. C.D. Florescu hat **mit 15 Jahren** Rumänien verlassen (und gibt an, dass er **erneut flüchten** konnte), woher will er die dortigen Realitäten des Banats kennen?

Wie ist es möglich, dass Literaturkritiker, Politiker, die Wahrheit nicht hören, nicht recherchieren wollen?

Das ist keine Werbung, sondern Quellenangaben von Beweisen über Herta Müllers Lügen und Plagiate, in den Veröffentlichungen von Carl Gibson – Philosoph, Historiker, Literaturkritiker – der monatelang im Gefängnis saß, der wahrhaftig gefoltert und verfolgt wurde von der Securitate, weil er gegen Ceausescus Diktatur, öffentlich das auch gezeigt. Darüber schreibt Herta Müller nichts, erwähnt ihre Banater

Landsleute nicht, die monatelang in den Gefängniszellen der Securitate um ihr Leben bangten, weil Dissidenten. Das wäre ja ein Stück Wahrheit aus der Geschichte der damaligen Diktaturzeit.

In der Welt der Märchen müssen Hänsel und Gretel die Lebkuchen essen, weil sie hungrig. Müssen wir, als Leser, tatsächlich mit ansehen, wie solche Lügengeschichten ignoriert werden, Veranstaltungen verschiedenster Themenauseinandersetzungen stattfinden, nur ehrlichen Inhalt, den will man nicht berücksichtigen. **Wahrheit nicht mehr gefragt?**

Die wahren Dissidenten, die gefoltert, geschlagen wurden, monatelang in Haft saßen, die erwähnt Herta Müller nicht.

Herta Müller sagt, im Gespräch mit Prof. Dr. Hubert Christian Ehalt, Wiener Vorlesung vom 14.11.2014, dass, in ihrem Heimatdorf nur der Polizist und der Arzt Rumänen waren. Wie haben sich diese mit den Dorfbewohnern unterhalten?

Weiter erzählt Herta Müller, dass sie erst nach der 8. Klasse, mit 15, am Gymnasium in der Stadt Temeswar, die rumänische Sprache erlernt hat. Dass ein Gymnasium in Temeswar, eine Schülerin aufnimmt, die kein Rumänisch spricht, das ist mir ein Rätsel, auch für die damalige[15] Zeit. Auch hier steckt irgendwie eine Lüge dahinter. Was tat Herta Müller in diesen Rumänisch-Stunden am Gymnasium, nicht 2. Kl. Grundschule, sondern Gymnasialklasse, wo man über Rumänische Literatur und Grammatik diskutierte, ohne die rumänische Sprache zu beherrschen? Wie bekam Herta Müller ihre Noten bei Rumänisch, ohne diese Sprache zu sprechen?

Herta Müllers Akte wurde erst am **08.03.1983** eröffnet, ein Jahr nach der Veröffentlichung ihrer „Niederungen" in Rumänien… (in: „Cristina und ihre Attrappe…"), erst nachdem die Securitate erfahren, wie die eigenen Landsleute gegen diese Fäkalsprache, Lügen und Verleumdungen Herta Müllers reagierten, protestierten. Dann erst hat die Securitate eine Akte zu Herta Müller angelegt, am 08.03.1983, nach Buchveröffentlichung, um Herta Müller **zu „beobachten"**.

Und dennoch reist sie „als Verfolgte der Securitate"(?) in die BRD, ein Jahr später, 1984, um ihre „Niederungen" hier zu veröffentlichen. Mit Wohnsitz in Rumänien, darf sie hier in Deutschland ihr Buch veröffentlichen?!? Und das soll ich als Schikane und Verfolgung der Securitate einordnen? Nein, ich

---

[15] Grundsätzlich musste in Rumänien damals bei dem Eintritt ins Gymnasium (Lyzeum) eine Aufnahmeprüfung abgelegt werden (Privilegierte bildeten vielleicht eine Ausnahme). „Diskalkulie" oder „Agrammatismus" wurden nicht beachtet.

habe dort gelebt, nicht anderthalb, sondern fast 20 Jahre auf meine Ausreisegenehmigung gewartet, ich kenne die Schikanen der Securitate, am eigenen Leib erlebt, weil ich nicht als Spitzel tätig war, nicht unterschrieben, dass ich für die Securitate arbeite, kein Parteimitglied war.

Meine Darstellungen haben nichts mit Wut, Neid oder Hass zu tun, weil diese nicht zu meinem Leben gehören, sondern das ist die Wahrheit der damaligen Zeit. Herta Müller kann alle Titel und Ehrungen dieser Welt bekommen, sie möge nur endlich die Lügen über meine Banater Landsleute, deren Leben, über diese damalige Zeit im Banat, beenden.

Diese Lügengeschichten Herta Müllers übertreffen Münchhausen.
 Sie hielt Lesungen im Goethe-Institut in Bukarest. Das durften nur „bestimmte Personen", „ihre" Leute, die Privilegierten der Partei und Diktatur, die, im wahrsten Sinne des Wortes, „mitgespielt" haben. Andere, die durften nicht mal einen Artikel in der Zeitung veröffentlichen, weil sie nicht für die Securitate gearbeitet, weil sie nicht „mitgespielt" haben, wie Herta Müller und all die anderen Spitzel und Heuchler, sich im Sinne von Partei und Securitate „gebeugt haben" – was man nicht musste, wenn man seinen Werten treu geblieben.

Herta Müller kann, während ihrer Arbeitszeit, in der Fabrik ihre „Niederungen" schreiben, das hat wohl nichts mit Schikanen zu tun, da ist man eine Privilegierte, wenn man während seiner Arbeitszeit Privatdinge erledigen kann, „Niederungen" schreiben.

Aus der Fabrik angeblich entlassen, und dann als Lehrerin und Kindergärtnerin tätig. Wer glaubt denn solche Lügen? Also man wird entlassen, aus einer Fabrik, um dann aber die Erziehung der Kinder – ob Kindergarten, ob Schule – zu übernehmen, während der Diktatur Ceauşescus? Nachdem man in dieser Fabrik, während seiner Arbeitszeit „Niederungen" schreiben konnte… Nachdenken, Vergleichen, vor allem intensives Lesen wären mal gefragt.

Sehr geehrte Damen und Herren,

stehen unsere edlen Werte wahrhaftig nicht mehr im Vordergrund?

In diesem Sinne, viel Erfolg beim Recherchieren, Erfahren der Wahrheit.

> **Ich wusste gar nicht, dass**
> **„freie Meinungsäußerung"**
> **was mit „Lügen" zu tun hat.**

Herta Müller war nie eine Dissidentin, sie war all die Jahre eine Privilegierte dieser Diktatur. Dazu am Ende des Schreibens die entspre-

chende Info, wie es ausgesehen, wenn jemand, in Ceauşescus Diktatur in Rumänien, Dissident war. Darüber erwähnt, schreibt Herta Müller nichts, da wären ihre Lügen ja entlarvt.

Herta Müller sagt tatsächlich in www.bild.de Bams Kommentar vom 30.08. 2015: „Ich war auch ein Flüchtling aus Rumänien. In Rumänien hat man von der Fluchtkrankheit gesprochen. Je mehr Menschen an der Grenze bei der Flucht erschossen wurden, umso mehr sind trotzdem geflohen…" Da sieht man mal wieder, wie Herta Müller die Fakten verdreht. **Herta Müller darf weder „Flucht" noch „Exil" erwähnen**, nachdem sie, als Privilegierte der Diktatur, von all ihren „West-Reisen", in diese Diktatur wieder zurückgekehrt ist, weder in Rumänien noch hier im westlichen Ausland das Kinderprügeln im Kindergarten („Mein Vaterland war ein Apfelkern") angesprochen hat.

Und wenn einer an der Grenze erschossen wurde oder gefangen, geprügelt, verhaftet, dann war dessen Familie zuerst mal lahmgelegt, und nicht, wie Herta Müller behauptet, „…um so mehr sind trotzdem geflohen."

Weiter sagt die Autorin: „…Um sein Leben zu retten, war man bereit, sein Leben auf der Flucht zu riskieren…" Von wem spricht die Autorin? Sie kam aus dem Westen zurück, mehrere Male, sie wohnte in Temeswar, fernab jeglicher Stacheldrahtgrenze. Woher diese ihre Informationen? Sie hat nie eine Flucht geplant, weil sie, als Privilegierte, per Pass, den Westen bereisen durfte, mehrere Male.

Ich wohnte in Hatzfeld/Jimbolia, Banat, eine Grenzstadt zum damaligen Jugoslawien, mit Stacheldrahtgrenzen, Leuchtraketen, auf Menschenfangen dressierte Hunde, Personalausweiskontrollen am Bahnhof, wenn man in die Stadt wollte, an allen Ecken am Stadtrand waren Grenzsoldaten mit aufgepflanztem Gewehr postiert. Ich könnte Ihnen Wahrheit erzählen, die Herta Müller weder erlebt, weder gelebt und auch nicht gesehen, und schon gar nicht der Wahrheit entsprechend schildert.

Und was „Heimat" bedeutet, das wusste Herta Müller noch nie, sie hat ja nur geschimpft, beleidigt, ob über ihre Eltern, ob über die Banater Schwaben. Nur (Seite 183, Mein Vaterland war ein Apfelkern), wenn ihre Mutter sie mit Lebensmittel versorgte, das zählte: „Meine Mutter brachte mir jede Woche Fleisch und Gemüse vom Dorf, ohne sie hätte ich hungern müssen."

Und als Dank schreibt Herta Müller, in „Niederungen", Seite 20: „…Seitdem es mich gibt, sind Mutters Brüste schlaff, seitdem es mich gibt, hat Mutter kranke Beine, seitdem es mich gibt, hat Mutter einen Hängebauch, seitdem es mich gibt, hat Mutter Hämorrhoiden und quält sich stöhnend auf dem Klo…" Niveaulosigkeit mit Siegel, was Herta Müller in ihren „Niederungen" beschreibt – das Leben innerhalb ihrer Familie, nicht repräsentativ für das Leben der Banater Schwaben zur Zeit der Diktatur Ceauşescus.

Diese Banater Schwaben haben, über Generationen, Werte gelebt und weitergegeben. Wie es aussieht, hat Herta Müller noch nie im Internet mal nachgelesen, welche Persönlichkeiten aus dem Banat in Rumänien stammen, die wahrlich was geleistet, vor allem Deutsch gesprochen und geschrieben, nicht die Fäkalsprache von Herta Müller.

Und noch ein paar Zeilen, die zum Nachdenken anregen: Seite 183: „…Nach der dritten Reise sagte der Vernehmer, mein sozialistisches Vaterland habe mir eine Chance gegeben, aber ich sei zu dumm gewesen, um sie zu nutzen. Ich hätte mich verräterisch und undankbar benommen und mit dem Reisen sei es jetzt vorbei." Was diese Zeilen wohl aussagen…??? Möge sich dazu jeder seine eigene Meinung bilden…

Und zur Sprache:

Ob die Sprache des zu Vermittelnden exotisch gewählt oder einfach, ob mit oder ohne Stil, ob direkt oder geheimnisvoll, ob lobend oder kritisierend, ob majestätisch, ob ohne Farbennuancen, ob in einfachen oder zusammengesetzten Satzgefügen, ob Dialekt oder nicht, die Sprache muss, in welcher Form auch immer sie die Gedanken zu einem Werk, einer Rede sammelt, die Wahrheit der Tatsachen dem Leser zur Verfügung stellen, ohne, wie bei Herta Müller, Lüge um Lüge zu beschreiben – ob aus Kindheit, Jugendzeit oder Zeiten ihres Arbeitsalltags, ihres Schreibens. Jede Sprache hat nicht nur ihre Augen, sondern die Wahrheit als oberster, hehrer Wert unserer Zivilisation, auch in der Literatur.

Fazit, bewundernswert: Über Jahre veröffentlichen dürfen, selbst ins Rumänische übersetzt, ihre Veröffentlichungen, auch schon zu ihrer Gymnasialzeit, durfte ans Gymnasium in Temeswar, ohne die Landessprache zu kennen. Über Kinderprügel im Kindergarten, über Jahrzehnte in Deutschland, geschwiegen. Als Übersetzerin aus der Fabrik entlassen, um dann als Lehrerin am deutschen Elite-Gymnasium in Temeswar zu unterrichten, zur Diktaturzeit Ceauşescus. Als Übersetzerin nicht mehr tragfähig, aber als Lehrerin…? Und Privatstunden gab sie auch… Und in drei Jahren, vor ihrer Ausreise, war sie viermal, je vier Wochen, hier in Deutschland, zur Zeit der Diktatur…

Mehrere Male Deutschland bereist, hier in Deutschland veröffentlichen dürfen, mit Wohnsitz in Rumänien, während der Ceauşescu Diktatur, wobei sie nur in Angst gelebt. „Niederungen" in der Fabrik geschrieben, durch Mutter – wie Herta Müller das aussagt – in der Stadt nicht hungern müssen… Ich bin entsetzt, welche Lügen in Deutschland möglich, nicht recherchiert wird, obwohl Beweise klar vorhanden. Für alle, die eine Diktatur nicht erlebt: Beobachten heißt beobachten, schikanieren heißt schikanieren, auch in einer Diktatur.

Und was Herta Müller im **Gespräch „Poesie ist ja nichts Angenehmes"** **mit Wolfgang Müller, am 05.07.1996 in Carlisle am Dickinson College** u. a. sagt, Seiten 1, 4, 5/6, 6, da kann sich jeder seine eigene Meinung bilden:

Seite 1: „…also einmal diese Diktatur, *dann auch noch diese Minderheit, mit der ich ja den Konflikt wegen der Bücher hatte…"* „Konflikt wegen Bücher", ich dachte, Herta Müller hatte in Rumänien Publikationsverbot!?

Seite 4: „…Der PEN ist kein Sammelbecken für Schriftsteller, der PEN ist eine Organisation, deren Grundkonzept sehr wohl ein ethisches ist. Was denn sonst? Wer diese Ethik nicht durch seine Biographie begleitet hat, es tut mir leid, der hat da nichts verloren. Es müssen nicht alle drin sein. Der PEN vertritt ja nicht Schriftsteller oder die Schriftstellerei als solches…" Jetzt gab es vom PEN den Ovid-Preis, für die Lügen über Biographie, Leben und Wirken der Banater Schwaben…???

Seite 5/6:
„…Ich habe mein erstes Buch in der Fabrik geschrieben mit sechs oder sieben anderen Leuten im Büro, wo die ganze Zeit ein- und ausgegangen wurde. Da waren sehr laute Rechenmaschinen, da wurde telefoniert, da kamen ständig Leute, da wurden Gehälter verteilt. Zum Beispiel kamen die Arbeiter, um ihre Lohntüten abzuholen. Das war im Grunde eine sehr laute Umgebung. Dazwischen habe ich auch noch mit den Kollegen gesprochen. Ich musste um fünf aufstehen, um halb sieben in der Fabrik sein und kam um fünf Uhr nachmittags nach Hause. Samstag wurde gearbeitet und, wenn der Plan nicht erfüllt war, meistens auch sonntags. Ich war auch immer so müde, wenn ich von dieser Fabrik nach Hause kam. Insofern wäre ich ja nie zum Schreiben gekommen, wenn ich mir nicht in dieser Fabrik einen Freiraum für mich genommen hätte. Vielleicht war das auch eine Kompensation für diese Arbeit, zu der ich überhaupt keine Beziehung hatte…" Welch überraschende Aussage??? Vielsagend…!!!!

Seite 6:
„…Ich selbst gehörte zu dem gewöhnlichsten Teil der Bevölkerung in Rumänien und habe keinen Ekel vor den Massen. Diese gewöhnlichen Menschen sind ja das, was mich interessiert. Diese Sicht sollte einem auch nicht abhandenkommen." Daher hat sie nicht die Erlebnisse ihrer Mutter und der anderen Dorfbewohner aus der Deportation gesammelt, sondern auf jene von O. Pastior gewartet?

Was ist denn das für eine beleidigende Aussage?
Was heißt denn hier „gewöhnliche Menschen"?

Es gibt keine „gewöhnlichen Menschen", weil jeder Mensch an sich, wie immer er denkt, glaubt, egal woher er kommt, egal welche Hautfarbe er hat, ist ein Unikat eines Lebewesens, das, egal was immer auch sein Weg durchs Leben, seine lobenswerten Eigenarten hat. Jeder Mensch ist was Besonderes in seiner Art zu sein und niemals „gewöhnlich", wie Herta Müller das sagt. „Gewöhnlich kommt er zu spät", „gewöhnlich, denke ich an einen Termin…" aber doch nicht „gewöhnliche Menschen". Nicht in meiner Gedankenwelt, nicht in meinem Sprachschatz.

Dann frage ich mich, warum sie über Eltern, Landsleute mehr geschimpft als sie das je über die Diktatur getan hat!?
(Diese drei Zitate habe ich in der aktuellen Rechtschreibung wiedergegeben.)

Die beiden folgenden Zitate beweisen klar und deutlich, dass Herta Müller kein Veröffentlichungsverbot hatte, sondern eine Privilegierte der damaligen Ceausescu Diktatur war. Vielleicht durfte sie ab Ausreiseantrag, das war mal grad ein gutes Jahr, nicht mehr veröffentlichen, andere verloren mit ihrem Ausreiseantrag ihren Arbeitsplatz – ob in der Schule oder Fabrik. Ich habe dort gelebt, ich kenne diese Zeit zur Genüge, mit all ihren Heuchler, Spitzel und Privilegierten.

Die Aussagen von Herta Müller, als Zitate der jeweiligen Autorinnen, entsprechen der Wahrheit.

„…Nicht nur hatte Herta Müller 1982 mit „Niederungen" und 1984 mit „Drückender Tango" schon zwei vielbeachtete Bücher in Rumänien vorgelegt, sie hatte seit 1978 insgesamt 73 Prosatexte an etwa 125 Stellen publiziert…", zu lesen in: Julia Müller, Sprachtakt. Herta Müllers literarischer Darstellungsstil. Seiten 15/16, Böhlau Verlag.

„…Ich wollte wieder zurück nach Berlin", erzählt sie mir, „hier hatte ich bei meinen ersten Aufenthalten, als ich noch in Rumänien lebte, und viermal für jeweils einen Monat in den Westen ausreisen durfte, Bekannte und Freunde gefunden. Berlin war für mich Deutschland." In: Ilka Scheidgen: "Zu Besuch bei Günter Grass und Herta Müller", 2016, Seiten86/87.

Mit freundlichen Grüßen und besten Wünschen für ein ehrliches Recherchieren aller vorhandenen Beweise über das Leben, die Privilegien der Autorin in dieser Diktatur der damaligen Zeit, im Banat, in Rumänien.

Elisabeth Anton,
Speyer / Hatzfeld – eine Banaterin, die einfach nur die Wahrheit liebt

C.D.Florescus Lesung im Senatssaal an der Gutenberg Universität MAINZ

Aktion gegen eine Lesung des Autors des die Triebswetterer diskriminierenden und rassistisch verleumdenden Romans „Jacob beschließt zu lieben" von Catalin Dorian Florescu. Ort der Veranstaltung: Gutenberg-UNI Mainz!!!

Zitat aus der Bekanntmachung der Lesung:
„Catalin Dorian Florescu Ein Wanderer zwischen West- und Osteuropa Eine REISE durch die Geschichte und die Geschichten Rumäniens mit dem Romanautor und Schweizer Buchpreisträger am Montag, 2. Juni 2014, um 18:15 Uhr im **Senatssaal der Naturwissenschaftlichen Fakultät** (??), Johannes Gutenberg-Universität Mainz."

Zitat: „...den ständigen Balanceakt des modernen Menschen zwischen nationaler historischer Identität[16] und globalen Anforderungen vor Augen führt."

Meine E-Mail an die Organisatoren, die ihnen wohl die Sprache verschlagen hat, denn eine Antwort gab es keine!

Sehr geehrter Herr Dr. Lustig,
Sehr geehrter Herr Dr. Maner,

wenn der Gutenberg DAS erfahren würde, dann würde er sich im Grabe umdrehen. Dass bei Prof. Dr. so etwas durchgeht, ist schon erstaunlich und dass sie dafür sorgen, dass die würdelose Beschreibung einer lebenden Person, die sich dagegen nicht wehren kann, dass ein ganzes Dorf (Triebswetter) und ein ganzer Volksstamm (die Banater Schwaben) total verunglimpft werden (das ist Volksverhetzung, ist das in der Literatur nicht bekannt?) einschließlich der des Antlitzes von Toten, dass dieser „altkommunistische Mist" auch noch unter Studenten verbreitet wird, ist bemerkenswert.

---

[16] Das ist ein Synonym für rassistische Volksverhetzung, Persönlichkeitsrechtverletzung und Verunglimpfung des Antlitzes von Toten.

Meine Gratulation an die „gedankenlosen" Herren Dr. Lustig und Dr. Maner sowie an den Fachreferenten der Universitätsbibliothek Mainz!

Lesen Sie bitte weiter auf:
http://www.triebswetter.de/roman.htm oder
http://www.franz-balzer.de/verleumdung.htm

Nachträglich (im Juni 2017): Versand eines kostenlosen Exemplars meines Buches „Gehört Verleumdung zum Brauchtum der Banater Schwaben?" an die Universitätsbibliothek Mainz mit folgendem Begleittext:

Rastatt, den 26.06.2017

An die Universitätsbibliothek Mainz

betr.: „Gehört Verleumdung zum Brauchtum der Banater Schwaben?" Autor: Franz Balzer
Bezug: Audiatur et altera pars!

Sehr geehrte Frau Stuckert,

nachdem ich nun seit mehreren Jahren die Berichterstattung zu bestimmten literarischen Werken, deren Autoren (ehemalige Privilegierte der rumänischen kommunistischen Diktatur, die sich im Westen als Dissidenten einschleichen konnten) sich mit der **Diskriminierung meiner Landsleute, den Banater Schwaben, Opfer der kommunistischen Diktatur Rumäniens**, befassen, verfolge, habe ich mich entschieden ein Buch über diese fehlerhaften und falschen – meine Landsleute diskriminierenden Berichte und Werke – zu schreiben. Ich bitte Sie deswegen, dies unter dem Begriff „**Audiatur et altera pars**" einzuordnen. Aus den berichterstattenden Medien kann sich

niemand ein reelles Bild machen, denn es wird im wahrsten Sinne des Wortes „gelogen wie gedruckt" (bewusst oder unbewusst), und das immer zum Nachteil und Verunglimpfung meiner Landsleute, <u>die es nicht verdient haben, auf diese Art und Weise erniedrigt zu werden</u>.

Und an die Wahrheit ist heute niemand mehr interessiert: **Es zählen keine Fakten mehr, nur noch Fiktionen.** In meinem Buch „Gehört Verleumdung zum Brauchtum der Banater Schwaben?" gehe ich auf diese Fakten ein und beschreibe meine Bemühungen, Kontakte zu Medien aufzunehmen, um wenigstens das Wichtigste, was in der Berichterstattung falsch war zu korrigieren. **Jede falsche Berichterstattung stellt eine Beleidigung meiner Landsleute dar und jeder auf der Grundlage dieser falschen Berichterstattung erteilter Literaturpreis oder jede verliehene Ehrendoktorwürde ebenfalls.** Daher erhalten Sie heute mein Buch als Gegenpol zu einer widerlichen, falschen, verlogenen Berichterstattung. Die Wahrheit kann nur jener kennen, der die kommunistische Diktatur erlebt hat (und <u>wenn er den Kommunismus kritisiert, ist er kein Nazi</u>!) und **nicht jener**, der unter den kommunistischen Machthabern außergewöhnliche **Privilegien genoss** und sich heute als (Schein)-Dissident aufspielt. **Kritiker und Kenner der Materie – auch Inhaftierte des ehemaligen Diktators Ceausescu – kommen heute bei uns** (wo Meinungs- und Pressefreiheit herrscht) **nicht zu Wort, werden nicht publiziert oder veröffentlicht und mundtot gemacht**. Das ist im Allgemeinen das Thema meines Buches. Bitte es in Ihrem Angebot für Studenten

Audiatur et altera pars!

Der Universitätsbibliothek Mainz
Zwecks Recherche bezüglich Diskriminierung
einer Minderheit aus dem ehemaligen
kommunistischen Rumänien durch eine
falsche, fehlerhafte Berichterstattung
in den freien, deutschen Medien
(Anno 2015). Ka

Rastatt 26.06.2017

aufzunehmen.

Vielen Dank.
Mit freundlichen Grüßen.
Franz Balzer

Bemerkung/Ergänzung: Die Bibliotheksleitung der Uni Gutenberg aus Mainz hat dieses Buch abgelehnt.. Dabei wurde folgende Begründung angegeben: Dieses Buch könnte man ja in Tübingen oder München (ein Student aus Mainz würde das wohl in Tübingen oder München?) einsehen und es würde nicht zu den Sammelkriterien der Uni-Bibliothek zählen. Die „Bibliotheksstubenkockerin" hat wohl die Bedeutung der Wörter „Audiatur et altera pars", sowie den Satz „Kritiker und Kenner der Materie – auch Inhaftierte des ehemaligen Diktators Ceaușescu – kommen heute bei uns nicht zu Wort, werden nicht publiziert oder veröffentlicht und mundtot gemacht." Ich finde, dass durch diese Haltung genau dasselbe geschehen ist, wie in einer unwürdigen kommunistischen Diktatur! Den Studenten in Mainz wird eine allgemeine Sicht der Dinge und die Wahrheit so verschleiert. Denkt man in Mainz auch schon wie „linksterroristische" Ideologen? (Und das auch noch mit unseren Steuermitteln?)

Sehr geehrte Frau Klöckner,
Vorsitzende[17] der CDU-Fraktion des Landtages von Rheinland-Pfalz,
Sehr geehrter Herr Dr. Wolf,
(SPD) Minister für Wissenschaft, Weiterbildung und Kultur RLP,

schreibe Ihnen diese Beschwerde über die Praktiken der Uni Mainz (Literaturbereich), eine Institution, von welcher man doch erwarten sollte, dass sie wirklich für Wissenschaft, Weiterbildung und Kultur eintreten und Beispiel sein sollte. Weil sie mit Steuergeldern unterstützt wird (oder ist das ein Irrtum, den ich jetzt begehe?), sollte man auch hoffen, dass man für Recht und Gerechtigkeit, sowie gegen Diskriminierung von Minderheiten oder Volksverhetzung eintreten

---

[17] Frau Klöckner ist mittlerweile Landwirtschaftsministerin in Berlin

sollte. Dass man Praktiken der ehemaligen kommunistischen Regierungen des Ostens nicht weiterführen sollte, fände ich auch als Normalität.

Ich bin Banater Schwabe aus Triebswetter (Triebswetter wurde 1772 im heute rumänischen Banat gegründet und die Ansiedler kamen aus Elsass-Lothringen und Süddeutschland – genau 62% aus Lothringen und unter anderen 3,5% aus der Pfalz) Von einem Teil meiner Vorfahren weiß ich, dass sie aus Lothringen kommen, aber von der anderen Hälfte weiß ich nichts. Das Banat fiel nach dem Ersten Weltkrieg an Rumänien und wurde nach dem Zweiten WK kommunistisch, mit all den Folgen, die ich jetzt nicht nennen möchte (da ich davon ausgehe, dass sie bekannt sind). In den Jahren 1968 – 1989 wurden die Banater Schwaben (wie auch die Siebenbürger Sachsen) von der deutschen Regierung freigekauft, einen Umstand, der weder den dort ansässigen Kommunisten, als auch der hiesigen „kommunistischen Front" nicht gefallen konnte, war es doch (zumindest) der Anfang des Untergangs der Kommunisten.

Nun kommt gerade ein Nachkomme dieser Kommunisten aus Rumänien und schreibt einen Roman über meinen Geburtsort. Er ist zwar angeblich auch geflüchtet, aber seine Fluchtgeschichte glaubt nur er und „unsere, freien, wahrheitsliebenden" Medien. Denn er konnte sogar mit PKW, Dachgepäckträger und Anhänger ERNEUT flüchten (er konnte also mehrmals flüchten), verherrlicht in seinen preisgekrönten Werken den Kommunismus und Ceauşescu, den er wie „Vater und Mutter" hält. Weitere Feststellungen habe ich in einem 316-Seiten-Buch festgehalten.

Der Schweizer Autor mit rumänischen Wurzeln (vergisst es nie zu erwähnen) heißt Cătălin Dorian Florescu und sein Roman „Jacob beschließt zu lieben". Darin werden meine Landsleute aus Triebswetter und vor allem jene, die Vorfahren aus Lothringen haben, auf das Äußerste verunglimpft, auf die unwürdigste Art und Weise verunstaltet und mit Dreck besudelt. Und die Schweizer und Deutschen Medien finden das so gut, dass er Preise am laufenden Band dafür bekommt, weil die Leser und die Öffentlichkeit ständig belogen werden und unsere Kommentare entweder gar nicht veröffentlicht oder gleich gelöscht werden.

Kurzes aus dem Inhalt. Gestank nach Kot, Urin und dreckverkrusteten Füßen, ungewaschene Körper, Sex unter Minderjährigen, ständig besoffene Burghüter (der Messner), die Mutter ist eine Hure, der Hauptprotagonist, der als Halbbruder einen Zigeuner hat, wurde auf dem Mist geboren, hat seinen Sohn an die Russen verraten, damit dieser deportiert wird, der Apotheker ist ein Dorftrottel, die Vorfahren aus Lothringen verließen ihre alte Heimat mit Blut an den Händen und wurden zu den Zivilisationsstiftern von Triebswetter, sie werden als Bauernmörder, Geiselnehmer, Brandstifter, Zigeunerjäger, Zigeunerhenker und Vergewaltiger beschrieben. Dabei werden die **Namen real existierender Familien** aus Triebswetter, die aus einem Familiensippenbuch übernommen wurden, verwendet. Der Hauptprotagonist muss mit seinem echten Namen herhalten und wurde nie gefragt, ob Florescu dies auch darf. Er heißt einmal Jakob (sein deutscher Name), der immer der Böse ist, und einmal Jacob (aus dem rumänischen Ausweis), der immer der Gute ist – rassistische Tendenzen hat das für unsere Medien überhaupt nicht. Das ist Künstlerfreiheit!

Das ist **Persönlichkeitsrechtverletzung** – weil alle Originalnamen verwendet wurden. Das ist **Volksverhetzung**, weil alle Triebswetterer mit einer falschen, erfundenen, nicht zutreffenden Identität beschrieben wurden (die Originalnamen meiner beiden Urgroßväter stehen auch im Roman drin). Das ist **Verunglimpfung des Antlitzes von Toten**, die leider auch im Roman, einen traurigen Platz gefunden haben. Glauben Sie jetzt immer noch, dass man diesem Schundwerk Literatur-Preise vergeben soll und dass man in Deutschland und der Schweiz durch Schulen und Lehrerfortbildungsanstalten und Unis tingeln soll, um es an die „richtigen Leute" zu bringen?

Weil die Meinungen der Triebswetterer zum Roman nie veröffentlicht wurden, habe ich ein Buch geschrieben, in welchem auch meine Erfahrungen mit „sturen, leserverachtenden, volksverdummenden Medien" – wie gesagt – in einem freien demokratischen Land, wo es noch Meinungsfreiheit (angeblich) gibt, geschrieben. Es heißt: „**Gehört Verleumdung zum Brauchtum der Banater Schwaben**?" Untertitel: „**Was ist gesellschaftlicher Wandel: Lug, Betrug und Heuchelei?**" „**Ist der Medienbeitrag zum großen Roman ‚Jacob beschließt zu lieben' Fiktion oder Volksverdummung?**"

Und was hat das alles mit Ihnen zu tun?
Die Uni Mainz hat dem Autor Florescu ein Podium, zwecks Verbreitung seines Schmutzwerks zur Verfügung gestellt. Das war eine Lesung des Schweizer Autors mit oltenischen (rumänischen) Wurzeln, Cătălin Dorian Florescu, vom Montag, 2. Juni 2014, um 18:15 Uhr im Senatssaal der Naturwissenschaftlichen Fakultät, Johannes Gutenberg-Universität Mainz. Aus diesem Anlass habe ich der Uni-Bibliothek Mainz auch **mein Buch kostenlos zugesandt.**

Und die Fachreferentin, die sich anfangs verleugnete – Frau Stuckert – kann damit NICHTS anfangen, weil dieses Buch „würde nicht zu den Sammelkriterien" der Uni Mainz (Abteilung Literatur) gehören.

Na dann Prost! Das Buch „Jacob..." von Florescu gehört dazu? Und vielleicht auch „Niederungen" von Herta Müller?
„Niederungen" war die Vorlage für „Jacob...", denn Florescu und Herta Müller beackern dasselbe Thema – laut einer Aussagen von Florescu in der ADZ. (ADZ = Allgemeine Deutsche Zeitung / Bukarest, Rumänien)

Für diesen Schund werden Steuergelder ausgegeben?
(http://www.triebswetter.de/roman.htm)
Mein Buch wurde für die Uni-Bibliothek kostenlos zugesandt.

Werden so die Opfer der ehemaligen kommunistischen Diktaturen von der Uni Mainz behandelt? Das sind genau die Praktiken der Nazis, wie auch die der Kozis (Kommunisten)!

Vielen Dank für die Aufmerksamkeit
Mit freundlichen Grüßen
Franz Balzet

Frau Klöckner hat geantwortet, da sie aber kurz danach nach Berlin ging, verlief alles im Sande. Der (SPD) Minister für Wissenschaft, Weiterbildung und Kultur hat nie etwas von sich hören lassen! (Warum sollte auch ein „Roter" etwas gegen seine ehemaligen „Brüder aus dem Osten" unternehmen?)

So frage ich mich: „Ist das das heutige Vorgehen an deutschen Universitäten, an welchen sich die Professoren so verhalten, als

würden sie sich zu den letzten Bastionen der untergegangenen kommunistischen Diktaturen bekennen, für welche auch noch die Studenten instrumentalisiert werden?"

Das Problem hatte ich doch schon mit Professoren der Uni Tübingen und Uni Jena und anderen, denn ich habe hier nur „besonders" auffällige Probleme mit „linken" (eingebildeten und intelligenten) Intellektuellen und Theoretikern behandelt.

Texte über Herta Müller aus rumänischen Publikationen (Adrian Majuru erläutert den Preis für „Niederungen")

„Die ihre **eigene Geschichte verfälschenden ‚Dissidenten'** (Herta Müller und Daniela Crăsnaru)", veröffentlicht im „Cotidianul" vom 11.August 2010: „Die Herta Müller von damals, aus dem Jahr 1982, hat bei der Entgegennahme des VdKJ-Preises Folgendes erklärt: „Ein Preis ist kein entscheidender Ansporn, was das Schreiben anbelangt. Aber er gibt mir die Möglichkeit, festzustellen, dass es **Menschen gibt, die das gutfinden**, was ich zu Papier gebracht habe. Und das freut mich." (Literarische und künstlerische Beilage der „Scînteia Tineretului" – „Funke der Jugend" -, 3. Jahrgang, Nr. 24, 12. Juni 1983, S. 5)

Hat sich Herta Müller Gedanken darüber gemacht, welche Ehre ihr da zuteil wird und was dieser Preis bedeutet?

Adrian Majuru beantwortet diese Frage: „Welche **Bedeutung** die **VdKJ-Preise**[18] hatten und welches die **Auswahlkriterien** dafür waren? Die preisgekrönten Werke mussten den Willen der jungen Künstler zum Ausdruck bringen, ihren Beitrag zur Bereicherung der Kunst und Kultur unserer sozialistischen Gesellschaft mit Kunstwerken zu leisten, die die Arbeit, das Leben und die bemerkenswerten Errungenschaften des rumänischen Volkes widerspiegeln und die von einem tiefen patriotischen, revolutionären Geist, von den hohen Idealen des sozialistischen Humanismus durchdrungen sind, die im Bewusstsein der Jugend das Pflichtgefühl wecken sollen, alles für die unbeirrbare Umsetzung (Verwirklichung?) des Programms der Partei, der Anweisungen und Ansichten des Genossen Nicolae Ceaușescu, Generalsekretär der RKP, Präsident der SRR[19], zu tun." („Viața Studențească", 28. Jahrgang, Nr. 42, 17.Oktober 1984, S.3)

---

[18] VdKJ = Verband der Kommunistischen Jugend (Rumäniens)
[19] RKP = Rumänische Kommunistische Partei / SRR = Sozialistische Republik Rumänien

Nachlese

Warum habe ich dieses Buch geschrieben?

Nachdem ich die literarischen Werke, welche den Volksstamm der Banater Schwaben in rücksichtsloser und erniedrigender Weise beschrieben haben, sowie die recht geistlos und diese Verunglimpfungen in hohen Tönen lobenden Rezensionen gelesen hatte, habe ich mich entschlossen den Medienvertretern, die diese Lobeshymnen (die sich mit den Berichterstattungen bei Ceauşescu und Honecker hätten messen können) in die Tat umsetzten diese Tatsache mitzuteilen, ohne zunächst einmal auf eine besondere Reaktion zu hoffen. Als sich aber herausstellte, dass die Kulturredaktionen heute genau so arbeiteten, wie jene (die sich hervorragend mit Zensur auskannten) aus den menschenunwürdigen Regierungen des ehemaligen Ostens, die ich ja sehr gut kannte, habe ich damit begonnen diese meine Kommentare zu sammeln, um sie zu veröffentlichen. Es ging mir dabei einzig und allein, dem deutschen Leser die Wahrheit über die literarisch entstellten Landsleute (die Banater Schwaben) und die Lügen der Schmierfinke mitzuteilen – also um die Verbreitung meiner eigenen Meinung, die mir von Mal zu Mal nicht gewährt wurde. (Ich möchte hier präzisieren, dass ich nicht nur eine Meinung – ohne etwas davon zu wissen – hatte, ich kannte und präsentierte auch die Fakten – also die Realitäten.) Meine beschriebenen Fakten wurden bis heute verschwiegen, während die leserverachtenden, volksverdummenden Meinungen der „Qualitätsmedien" den Weg um die Welt machten. Der Komedian Dieter Nuhr sagte einmal: „Jeder darf seine eigene Meinung sagen, wer aber nichts weiß, sollte einfach mal die Fresse halten!"
Leider wussten das die meisten Kommentatoren nicht.

Ich kann mit allergrößter Sicherheit behaupten, dass ich während des kommunistischen Aufbaus[20] eine verkorkste, zerstörte Kindheit und Jugend hatte und zwar nicht weil mich meine Eltern und Großeltern tagtäglich verprügelten (wie es Herta Müller in die Welt hinausschreit), sondern wegen der Unfreiheit und den anderen jedem bekannten Repressionen der kommunistischen Diktatur.

---

[20] Anfangs nannten die Kommunisten ihre Ziele „sozialistisch" – was eben von den wahren Zielen ablenken sollte. Ich setze hier „Sozialismus" gleich „Kommunismus".

Am Ende des Buches (ab Seite 202) habe ich noch einige Flyer eingefügt, die als Ansporn für meine Landsleute gelten und mit der Meinung „Man kann ja nichts machen!" aufräumen sollen!

Gehört Verleumdung zum Brauchtum der Banater Schwaben? [mein erstes Buch zum Thema]

Was ist gesellschaftlicher Wandel: Lug, Betrug und Heuchelei? Ist der Medienbeitrag zum „großen" Roman „Jacob beschließt zu lieben" Fiktion oder Volksverdummung?

BoD-Books on Demand Verlag
ISBN: 978-3-7386084-5-8

Das ist ein Buch über die Diskriminierung einer ehemaligen deutschen Minderheit aus dem kommunistischen Rumänien in der „neuen, deutschen Literatur" durch ehemalige Privilegierte und „freien, deutschen, leserverachtenden" Medien.

Das hier vorgestellte Werk ist keine schöngeistige Literatur, es ist eher eine harsche Kritik (also kein Loblied) an allgemein auftretenden öffentlichen Verfehlungen, die nichts mehr mit Demokratie, Freiheit und erst recht nicht mehr mit Meinungsfreiheit zu tun haben. Die Meinungsfreiheit wird abgewürgt, wenn sie nicht „linienkonform oder gewinnmaximierend" ist. Es handelt sich hier um eine Kritik am heutigen Literaturbetrieb, der trotz Volksverhetzung auf seine Künstlerfreiheit pocht, um eine Kritik an der Meinungsfreiheit, die von den Medien wegen ihrem „goldenen Kalb" Pressefreiheit, missbraucht und missachtet wird und schließlich und endlich gehört auch etwas Gesellschaftskritik dazu, eine Gesellschaft, die wohl durch die ständige volksverdummende Berieselung durch die Medien total abgestumpft ist und nicht mehr Recht und Unrecht auseinanderhalten kann. Wer nicht am gesellschaftlichen Wandel Lug, Betrug und Heuchelei teilnimmt, wird niedergemobbt, ausgegrenzt und diskriminiert (wenn es auch ein ganzer Volksstamm ist).

Künstlerfreiheit ja, aber nicht wenn die Würde einer Person, einer Personengruppe oder gar eines ganzen Volksstammes untergraben und verletzt wird (was Volksverhetzung heißt)!

Wir sind vor einigen Jahrzehnten vor dem Kommunismus geflohen (wir wurden sogar freigekauft) und jetzt hat er uns in der geistlosen, neuen, deutschen Literatur mit der Unterstützung von Lügnern und Nichtswissern wieder eingeholt.

Die Opfer der kommunistischen Diktatur werden literarisch wie Ausgestoßene von der Gesellschaft und vor allem von den teils gekauften Medien und Rezensisten behandelt. Das hat nichts mit Künstlerfreiheit zu tun! Das ist Volksverhetzung!

Klappentext:

Das ist ein Buch über die Diskriminierung einer ehemaligen deutschen Minderheit aus dem kommunistischen Rumänien in der „neuen, deutschen Literatur" durch ehemalige Privilegierte und „freien, deutschen, leserverachtenden" Medien.

Der Autor und Verfasser dieses Werkes ist Triebswetterer, hat fast dreißig Jahre lang die rumänische kommunistische Diktatur am eigenen Leibe erlebt. Leider kann man das von den Kommentatoren auf Bewertungsportalen oder Medienberichterstattern zum Roman „Jacob beschließt zu lieben" nicht mehr sagen. Sie bewerten etwas, wovon sie keine Ahnung haben. Die Sturheit und Kommunikationsverweigerung der Medienfuzzis hat bereits wieder „altkommunistische Züge" erreicht. Daher stellt der Autor mehrere Fragen, welche die Runde unter „Lobliedschreibern" machten. Hier liegt das Ergebnis einer dreijährigen Recherche des Autors vor.

Werden Triebswetterer und Banater Schwaben nach den Fiktionen und Lügen gewissenloser Hassromanschreiber „literarisch und redaktionell" beurteilt und behandelt? Sind die Methoden der menschenunwürdigen altkommunistischen Regierungen aus dem Osten Europas, wo Meinungs- und Pressefreiheit nur ein Traum waren, schon wieder vergessen? Diese Fragen werden in diesem Werk nicht beantwortet. Vielleicht kann sich der Leser einen „Reim" darauf machen.

Fragen an folgende Lobliedschreiber:

-Personen, die beim Schweizer Buchpreis, für den Roman gestimmt haben, sowie Preisjurie, Medien, Institutionen, Gymnasien (Paserellen-Gymnasium), u.s.w.;
- Personen, die bei der Eichendorff-Preisverleihung mitgewirkt haben;
- Personen, die für die Vergabe des Hermann-Hesse-Stipendiums (in Calw, SWR, Sparkasse, Hesse-Stiftung) verantwortlich sind;

-Verantwortlichen des Goethe-Institutes, die den Roman im Ausland verbreiten und übersetzen lassen;

- Verantwortlichen des DAAD (Deutschen Akademischen Austausch Dienstes), der durch die Verbreitung des Romans im Ausland (Werbung oder Übersetzung) Deutschland nur lächerlich macht (das scheint aber in Deutschland seit '68 bei Akademikern Normalität zu sein);

- Banater Schwaben und andere, die den Roman gelesen haben;

- Banater Schwaben und andere, die den Roman nicht gelesen haben, ihn aber trotzdem mit einem positiven Kommentar bewerten;

- Personen, die sich in Banater Foren anmelden, aber keine Ahnung von Identitätsmerkmalen der Banater Schwaben haben;

- Literatur- und Kulturredakteure, die Triebswetter kennen oder nicht;

- Literaturgurus, die den Sinn für Realitäten verloren haben, dazu gehören auch Professoren-Doktoren der Literatur;

- andere Lobliedschreiber, die weder die Geschichte der Triebswetterer oder Banater Schwaben kennen und trotzdem „Experten" sind;

- Personen, die genau wissen worum es geht, bei Kommentaren aber lügen;

- Medienverantwortlichen, die durch einseitige Berichterstattung ein falsches Bild vermitteln und „Mediendiktatur", wie in einem kommunistischen, totalitären Regime, betreiben. (Nr. 18 beachten!)

Fragen an alle, die in der Danksagung des Autors für die Unterstützung dieses Romans genannt werden: Das Land Schleswig-Holstein und die Städte Erfurt und Baden-Baden sowie das Literarischen Colloquium Berlin und die Bosch-Stiftung. (Nr. 18 beachten!) (Hier fehlen aber noch Einige!!!)

18.) **Hallo Lobliedschreiber! Wisst Ihr wirklich[21] nicht, was es bedeutet**:

  - in Rumänien gute Beziehungen zu haben und täglich der Miliz zu berichten;

---

[21] Hier wird nur die Frage Nr. 18 wiedergegeben.

- durch diese „Beziehungen" grenzenlose Freiheiten genießen, die kaum jemand in Rumänien in jener Zeit nutzen konnte (Italien, Amerika, aus dem Lebenslauf);

- die Möglichkeit zu haben mehrmals – sogar mit dem eigenen PKW - zu flüchten;

- die Heldentaten Ceauşescus zu referieren (Werbung für den Kommunismus);

- am Nationalfeiertag in der ersten Reihe mitzumarschieren (aus „Wunderzeit");

- über rumänische „Informanten" an Daten über Triebswetter zu gelangen;

- Triebswetter als Ort von Selbstmördern und Pechvögeln zu beschreiben;

- Triebswetterer als REAKTIONÄRE, traditionalistische Kreise zu bezeichnen;

- Ceauşescu auf gleicher Stufe wie Vater und Mutter (Zeit-Online) zu stellen;

- genau am 23. August, am Nationalfeiertag der Altkommunisten, einen Bericht in der Zeit-Online über Ceauşescu und Rumänien zu posten?

- Der Bericht „Wer eine Welt verloren hat, der muss eine neue erobern" in der Badischen Zeitung sagt alles über seinen „verlorenen Kommunismus" aus.

- Ceauşescu wollte die IDENTITÄT der Minderheiten auslöschen (siehe Nachrichten Dez. 1989), Florescu schafft es jetzt mit seinem Roman, was Ceauşescu nicht gelang.

Das sind ausschließlich Eigenschaften, die den privilegierten Genossen des kommunistischen Diktators eigen waren!

Meine SCHLUSSFOLGERUNG: WIR HABEN GAR KEINE FREIEN MEDIEN! EINSEITIGE BERICHTERSTATTUNG IST VOLKSVER-DUMMUNG und ALLTAG! HIER HAT JEMAND BEIM C.H. BECK VERLAG EINEN FEHLER GEMACHT UND DAS MUSS VER-TUSCHT WERDEN!

Auf den nächsten Seiten habe ich einige Werke mit Zitaten von Carl Gibson mit seiner freundlichen Genehmigung zusammengefasst.

Ich muss dabei unterstreichen, dass wir beide unabhängig vonei-nander zu denselben Schlüssen über Herta Müllers Vita und Litera-tur gekommen sind. Carl Gibson war früher dran. Ich hatte zuerst „massive, literarische" Probleme mit dem Schweizrumänen, der mehrmals mit PKW, Anhänger und Dachgepäckträger flüchten konn-te, der meine Landsleute und meinen Geburtsort auf die unwürdig-ste Art beschrieb, analysiert und habe mir nicht immer Zuspruch meiner Landsleute eingehandelt. Aus welchem Grunde auch immer. Kollaborateure oder Opfer- und Täter-Seilschaften mit ehemaligen kommunistischen Machthabern sind offensichtlich noch sehr präsent.

Ich hatte von Anfang an bemerkt, dass der Schweizrumäne auf den Nobelpreis abzielt (denn sein Werk wurde von so einem „literari-schen Wegelagerer" mit der „Blechtrommel" verglichen). Deswegen reiste er auch aus der Schweiz nach Rumänien ins Banat, wo er zwar 15 Jahre lebte, aber die Banater Dörfer nicht kannte. Eines Tages verlautbarte er in der ADZ (Allgemeine Deutsche Zeitung Ru-mäniens), dass er und Herta Müller dasselbe Thema beackern, was mich dazu veranlasste unabhängig von Carl Gibson über Herta Müllers Vita und Literatur Recherchen anzustellen. Und wer die „kommunistische Materie" kennt und **kein „verbohrter Fanatiker"** ist, versteht sofort, **was alles erstunken und gelogen ist**.

> **Am Ende des Buches (ab Seite 202) habe ich noch einige Flyer eingefügt, die als Ansporn für meine Landsleute gelten und mit der Meinung „Man kann ja nichts machen!" aufräumen sollen!**

Werke von Carl Gibson – ehemaliger politisch Inhaftierter und Gefolterter der kommunistischen Diktatur!

Begründer des Instituts für Aufklärung und Aufarbeitung der kommunistischen Vergangenheit in Europa.
Werke von Carl Gibson Karikaturen von Michael Blümel

„Ohne Haftbefehl gehe ich nicht mit".
Über Herta Müller: Mit Hass, Hetze, Täuschung und politischer Protektion, sowie Medienunterstützung bis zum Nobelpreis. Tusche-zeichnungen von Michael Blümel[22]

"Ohne Haftbefehl gehe ich nicht mit". Über die kommunistische Vergangenheit Europas? Was schon viele (kaum 25 Jahre danach) vergessen haben!... Dieses bemerkenswerte Buch über die kommu-nistische Vergangenheit Europas konnte ich beim Autor selbst über den Carl Gibson Blog besorgen. Hier mein Kommentar dazu: „Es sind mehr als 25 Jahre ins Land gegangen, seit die letzten Bastionen der menschenunwürdigen kommunistischen Regimes gefallen sind, eine Zeit in welcher sich neue menschenunwürdige Praktiken dieser Regimes erneut stabilisieren, und das mit dem Segen der „unfehl-baren, freien" Medien. Die Pressefreiheit wird mittlerweile genau so gehandhabt wie in den vorab erwähnten Regimes. Die Altkom-munisten sind (in der Literatur) wieder im Kommen, auf dem Vor-marsch und wollen ihre Untaten verniedlichen. Das bemerkt man auch bei anderen („großen, literarischen") Publikationen.

Welcher Dissident aus dem ehemaligen kommunistischen Rumänien (unter Ceaușescu) oder der ehemaligen DDR (unter Honecker, usw.) hätte dem berüchtigten Geheimdienst (der Securitate oder der Stasi) gegenüber bei einer Verhaftung sagen können: „Ohne Haftbefehl gehe ich nicht mit"? Wer konnte auf einem Bahnhof (Poiana Brașov, Rumänien), den es in Wirklichkeit gar nicht gibt, von der Securitate verhaftet werden? So etwas gelingt nur Herta Müller in einem Bericht bei der Zeit-Online: „Die Securitate ist immer noch im Dienst". Und das geht nur, weil keiner hier weiß, was richtig ist oder richtig sein

---

[22] Michael Blümel ist Graphiker und hat mehrere Werke von Carl Gibson mit Karikaturen bespickt. Er wird allerdingst von Wikipedias „dunkle Seiten" der Gutmenschenenzyklopedie diskriminiert und ausgegrenzt!

könnte. Diese und weitere Ungereimtheiten werden in Carl Gibsons Buch beschrieben.

Als ich das Buch, das von Karikaturen von Michael Blümel gespickt ist, gelesen habe, habe ich mir Sätze, die mir besonders gut gefielen und die voll und ganz der Wirklichkeit (die Vergangenheit, die kaum noch von jemandem erkannt und wahrgenommen wird) entsprachen, unterstrichen und markiert. Und jetzt ist mein ganzes Buch unterstrichen und markiert. Das Buch stellt auch eine Kritik an die nach und nach schwindende Presse- und Meinungsfreiheit, die heute bei uns schon so gehandhabt wird, wie in den oben genannten menschenunwürdigen Regimes dar. **Dieses Buch ist meiner Meinung nach empfehlenswert in einem freien, demokratischen Land, in welchem sich nicht Lug, Betrug und Heuchelei ausbreiten dürfen.**

„Plagiat als Methode" - Herta Müllers „konkreative" Carl Gibson-Rezeption

Wo beginnt das literarische Plagiat? Zur Instrumentalisierung des Dissidenten-Testimoniums „Symphonie der Freiheit" – Selbst-Apologie mit kritischen Argumenten, Daten und Fakten zur Kommunismus-Aufarbeitung sowie mit kommentierten Securitate-Dokumenten zum politischen Widerstand in Rumänien während der Ceausescu-Diktatur

„Vom Logos zum Mythos!?"
Die Herta Müller-Maskerade im Brenn-SPIEGEL der ZEIT-Kritik

Ein forcierter Nobelpreis für Literatur (2009)!? Wie eine Hasspredigerin und Systemprofiteurin der Ceausescu-Diktatur deutsche Politiker hinters Licht führt und die Werte des christlichen Abendlandes auf den Kopf stellt!

Abschied von der Moral – Umwertung aller Werte!? Zum aktuellen politischen Wandel im Land des aufwachenden Deutschen Michel: Renaissance des Kommunismus, Wille zur Macht oder neues Biedermeier in Deutschland?

Was ist los in Deutschland? Verabschiedet sich das neue Deutschland nach der Wende von der Moral? Weshalb werden in Berlin Kommunisten mit dem Bundesverdienstkreuz geehrt? Weshalb setzen sich deutsche Politiker rücksichtslos über die Wahrheit hinweg und segnen in fragwürdigen Ehrungen Lügen ab, ohne auf berechtigte Einsprüche und Bürgerprotest einzugehen? Fallen die Deutschen, saturiert, apolitisch unkritisch in die Welt des Biedermeier zurück, den Blick abwendend, wenn Unrecht geschieht, während sich so in politischer Arroganz eine neue Form des Willens zur Macht ausbildet? Carl Gibsons zunehmend politischer werdendes Aufklärungswerk geht weiter. Nachdem bereits in den drei im Jahr 2014 publizierten Kritiken zum Leben und Werk Herta Müllers argumentativ dargelegt und philologisch- komparatistisch im Detail nachgewiesen wurde, wie die umstrittene Nobelpreisträgerin für Literatur (2009) systematisch lügt, täuscht und plagiiert, fragt der Zeitkritiker Gibson nun nach den Hintermännern der forcierten Abläufe und inszenierten Maskeraden sowie nach dem Endzweck des – für die demokratische Kultur fatalen – Zusammenspiels von Medienwirtschaft und Politik auf Kosten von Ethos und traditionellen Werten. Wohin steuert dieses Deutschland, das die „Tugenden des Kommunismus", das Lügen, das Täuschen und das Stehlen, der Ehrung wert findet? In den antidemokratischen Berlusconi-Staat der Machtzyniker? **Oder fallen die wiedervereinten Deutschen ethisch blind und politisch kurzsichtig in die verlogene Welt des Kommunismus zurück?**

Herta Müller im Labyrinth der Lügen:
„Wir ersäufen dich im Fluss" – Mythen, Märchen Münchhausiaden im „authentischen" Lebensbericht der deutschen Nobelpreisträgerin für Literatur und Kritisches zum Zeitgeschehen
Gebundene Ausgabe Oktober 2016

Herta Müller im Labyrinth der Lügen:
Vom medialen „Phänomen" zur unantastbaren Staatsschriftstellerin - Wie eine falsche „Ikone" „gemacht" wurde und über politische Protektion immer noch am Leben erhalten wird: Zur Rolle und Mitwirkung des „SPIEGEL", der „ZEIT", der unkritischen Forschung und der hohen Politik (SPD und KAS der CDU) bei der Konstruktion der Pseudo-Vita einer Hassgetriebenen aus der Ceaușescu-Diktatur zwecks Instrumentalisierung – auf Kosten der Ehre der Banater Schwaben und zu Lasten der historischen Wahrheit. Gegenargumente, Daten, Fakten.

Kritische Studien, Interpretationen und Essays zum „Leben", „Werk" und zur fragwürdigen „Wirkung" der forcierten Nobelpreisträgerin für Literatur Herta Müller (2009) unter Berücksichtigung historisch relevanter Dokumente (Securitate-Akten) zum Zeitgeschehen.

Nach der angeblichen Drohung der Securitate „Wir ersäufen dich im Fluss", die bereits im Jahr 1979 erfolgt sein soll, reist die rumänische Staatsbürgerin Herta Müller in den Jahren 1984/85 - nicht einmal, zweimal oder dreimal, sondern gleich viermal in den freien „Goldenen Westen" – und kehrte immer wieder freiwillig in Ceauşescus Diktatur zurück, mit der Aussicht, im Fluss ertränkt zu werden! Das glaube, wer will!! Erst nach ihrer Ausreise im Jahr 1987 in die BRD entdeckt die „schikanierte" – Herta Müller ihre Kritik am Ceauşescu-Kommunismus und beginnt damit, über ein neu zurechtgelegtes „Feindbild", sich selbst neu zu erfinden! Die bis zur Ausreise staatsloyale Autorin von Belletristik schreibt ihre Biographie einfach um! Erfindungsmanie macht sich breit. Als Reaktion auf meine brieflich formulierte Aufforderung aus dem Jahr 2006, die in den Raum gestellten Oppositions- und Widerstandsmythen während der roten Diktatur konkret zu beweisen, „erfand" Herta Müller immer schrillere, absurdere Opfer- und Verfolgungsgeschichten, Legenden, Münchhausiaden, frech an der Realität vorbei, die sie dann, gedeckt von ihren Verlegern und deutschen Spitzenpolitikern, in der „ZEIT", in „Cicero" und anderen Blättern veröffentlichte. Ohne konkrete Beweise einer Verfolgung vorzulegen, wurden die inszenierten Mythen öffentlich durchgesetzt, gegen die Stimmen der Kritiker, aber mit viel Macht, Geld und Einfluss „mächtiger Freunde"! Drei Jahrzehnte hindurch wurde das deutsche und internationale Lesepublikum getäuscht, indem reine Fiktionen als Fakten, Erfindungen, Lügen, Selbst-Inszenierungen als historische Wahrheiten ausgegeben wurden, auch nach der Nobelpreisverleihung im Jahr 2009. Deshalb geht – nach den bisher vorgelegten Studien in vier Büchern zur Thematik – die Entmythisierung des „Phänomens" in diesem Werk weiter – über Beweisführungen und Fakten. Aufrechte im Widerstand oder falsche „Ikone" und hassgetriebene „Nestbeschmutzerin"!? Kritische Beiträge zu den Gesichtern und widersprüchlichen Lebensläufen eines „Chamäleons" aus dem rumänischen Banat zwischen Realität und Fiktion, Wahrheit und Lüge, Ideal und Wirklichkeit im Spiegel biographischer Zeugnisse und fragwürdiger Nonsens-Literatur. „Genie und Wahnsinn" – Werke des Obszönen und ihre psycho-pathologischen Antriebe!? Zur gestylten

Inszenierung einer kontrovers diskutierten, polarisierenden Literatin in deutschen Medien unter Berücksichtigung der Tabus in der einseitigen, von Anfang an versagenden, akademischen „Forschung" und Lehre. Szenen aus dem ungleichen Kampf eines prometheischen Sisyphus der Moderne gegen „ein deutsches Politikum", gegen die Windmühlen und Mach-Werke des Literatur- und Medienbetriebs – sowie hundert Argumente, weshalb Herta Müller den Nobelpreis für Literatur nicht hätte erhalten dürfen!

Heimat, Werte und Kultur der Banater Schwaben in den Zerrbildern Herta Müllers – Das „deutsche Dorf im Banat", „Reich der Grausamkeit" und „Hölle auf Erden"!?

Bild – Zerrbild – Feindbild. Zur „literarischen" Diffamierung der - existenziell exponierten – deutschen Minderheit Rumäniens während der kommunistischen Diktatur im Früh- und Debüt-Werk „Niederungen", medial unterstützt im „SPIEGEL" und in der „ZEIT".

Heimat, Werte und Kultur der Banater Schwaben in den Zerrbildern Herta Müllers / Kurzbeschreibung: Heimat - Deutsche Identität – Exodus: Herta Müllers Verhöhnung deutscher Kultur und christlicher Werte im Frühwerk … und der hämische Widerhall im linken Deutschland. Wenn falsch verstandene Satire zu Hetze wird: Die „Grabrede" einer Totengräberin der deutschen Kultur des Banats: „Wir sind stolz auf unsere Gemeinde. Unsere Tüchtigkeit bewahrt uns vor dem Untergang. Wir lassen uns nicht beschimpfen, sagte er. Im Namen unserer deutschen Gemeinde wirst du zum Tode verurteilt. Alle richteten ihre Gewehre auf mich." (H. Müller, Grabrede, in: „Niederungen", 1982.)

Bundespräsident Horst Köhlers „Unbeugsame" fiel ihren deutschen Landsleuten im Banat gerade dann „literarisch" in den Rücken, als der Exodus der Deutschen aus Rumänien seinen Anfang nahm und der angehende Diktator Ceausescu als Kommunist und Nationalist dabei war, die „deutsche Identität" – über „Dörfer-Systematisierung" und „Assimilation" – für immer auszulöschen. Kommunisten deutscher Zunge halfen ihm dabei – auch über Literatur! Am Anfang war der Hass. Das Schaffen aus dem Ressentiment heraus und die Früchte der Hetze: Negativität und Destruktion – Politikum Herta

Müller: Weshalb ein eklatantes Lügen- und Täuschungs-Phänomen politisch sanktioniert und protegiert, jenseits der Moral – mit Geld und Macht – am Leben erhalten und auch von der akademischen „For-schung" unkritisch mitgetragen wird.

Das kommunistische Rumänien, „Diktator" Ceauşescu, sein Geheimdienst „Securitate" und die Banater Schwaben im Zerrbild der Literatur Herta Müllers. Ceauşescus „Staatsfeind(in)" erfindet sich selbst neu: Die „Legende" und ihre „Geschichte(n)" – Zur sonderbaren Metamorphose der antideutschen Hassgetriebenen aus der Kommunisten-Diktatur zur Vorzeige-Staatsschriftstellerin und vielgeehrten Repräsentantin des aufrechten Ganges in Deutschland. Das Banat in Rumänien: „Zerrbilder" des „Zerrbilds": Land, Landstrich, Volk und Minderheit auf den Kopf gestellt: Abkehr von der Realität und verfälschte Geschichte über Fiktion und tendenziösen Journalismus. „Erfindung", Erfindungsmanie, Dämonisierung und Übertreibung als Mittel rücksichtsloser Selbstinszenierung. Ahistorisch-irrational konstruierte Mythen und Feindbilder des Kalten Krieges post festum vom sicheren Hafen aus: Sujets einer „neuen", medial hochgeschaukelten Literatur des Dada und des Absurden – Epigonentum und Plagiat.

Kritische Auseinandersetzung mit Herta Müllers Frühwerk „Niederungen" – Interpretationen, Genese, Wirkung, u. a. aus wertethischer Sicht bzw. aus der Perspektive eines Bürgerrechtlers und Zeitzeugen während der kommunistischen Diktatur in Rumänien bzw. aus der Sicht eines Banater Schwaben. Hass- und Hetz-Literatur als Katalysator des Exodus und Mittel der Politik? Rumänien, „Diktator" Ceauşescu, sein Geheimdienst „Securitate" und die Deutschen im Banat als „Karikatur".

Herta Müller im Labyrinth der Lügen: *„Wir ersäufen dich im Fluss"* – Mythen, Märchen, Münchhausiaden im „authentischen" Lebensbericht der deutschen Nobelpreisträgerin für Literatur!

Die „Unbeugsame" als „Politikum", ihre „Als ob"-Biographie aus der Retorte und DER FALL OSKAR PASTIOR: Nobelpreis für ein Plagiat!?

Zitate: (Zusammenhänge sind nicht unbedingt direkt erkennbar)
Der Erste Mann im Staat als Stütze der Lüge.
Wenn ein Sparkassen-Direktor, der, nicht vom Volk direkt gewählt, sondern von einer Mehrheit im deutschen Parlament zum Ersten Mann im Staat bestimmt wurde, sich zu Themen äußert, von welchen er nichts versteht, also blind seinen Beratern und Redeschreibern ausgeliefert ist, dann wird aus einer pathologischen Lügnerin, die täuscht und plagiiert, eine „Unbeugsame", eine Person „mit Charakter", also ein Vorbild für alle Bundesbürger!

Das tragische Los des Horst Köhler verweist darauf: Nicht er hat das Amt beschädigt, das nach seinem Abgang und nach dem Wulff-Skandal angeblich von Joachim Gauck wieder aufgewertet und mit Anstand und Würde erfüllt wurde, wie halbblinde Journalisten verkünden – ganz im Gegenteil: Köhler ging, wie oft von mir betont und herausgestrichen, weil er Moral hatte!

Horst Köhler, ein Mobbing-Opfer in höchster Position, ging, weil er als aufrechter Verfechter der Moral in Deutschland Tabus gebrochen hatte, weil er gegen ungeschriebene Gesetze der politischen Handlanger-Kaste verstoßen hatte, indem er sich mit den „Systemrelevanten" anlegte, die eigenen und fremden Banker kritisierte, weil er, von Anstand und Würde erfüllt, seinem Gewissen gehorchend, gegen den deutschen Kriegseinsatz in Afghanistan Position bezog!

Herta Müllers Globe-Theater und die Schauspieler.
In diesem Apparat stehen Horst Köhler, Joachim Gauck und Peter Hahne auf einer Stufe. Herta Müller, für alle Wunder zuständig, macht den leidenden Messias – und die Propheten singen Halleluja.
Über allen, an den Strippen, die Buch-Macher und Geld-Drucker,

Michael Nauman und Michael Krüger, die gut von diesen Wundern leben.

Tea-Time: Zwei Chamäleons beim Tee – Hohepriester Joachim Gauck empfängt die pathologische Lügnerin und Plagiatorin Herta Müller auf Schloss Bellevue! Schon hatte ich es mir auf die Fahne geschrieben und es als kleinen Erfolg verbucht: Nach einer öffentlichen Kampagne gegen die beabsichtigte Lobrede Joachim Gaucks auf Herta Müller sprang Norbert Lammert ein, der Bundestagspräsident und bügelte das aus, was Joachim Gauck schon einmal verbockt hatte:

Das ist das Deutschland Anno Domini 2016, das Land, das Putin zur Räson rufen will, sich mit Erdogan anlegt und über Donald Trump die Nase rümpft!

Der Fisch stinkt vom Kopf her – Das deutsche Präsidialamt deckt Herta Müllers Lügen und trägt sie mit – wissentlich unwissentlich!

Wenn Köhler und Gauck in Deutschland Kommunisten ehren, zunächst die antideutsche Hassgetriebene Herta Müller – und dann auch noch, für besondere Verdienste, ihren zweiten Gatten und Mann fürs Grobe, Richard Wagner, propagandistischer Scharfmacher aus der kommunistischen Partei des Diktators Ceaușescu, einen Burschen, der seinerzeit (1978) verkündete: „hier ist alles in Ordnung" – und der „kein Dissident" sein wollte, dann steht die Welt in Deutschland auf dem Kopf! Dann ist jede Aufklärung kommunistischer Umtriebe in Deutschland sinnlos geworden.

Der deutsche Spitzenpolitiker als Hanswurst! Weshalb will der Präsident des Europäischen Parlaments Martin Schulz eine Lobrede auf die verlogene Plagiatorin Herta Müller halten?

Doch weshalb muss sich ein Spitzen-Politiker hergeben, um obskure Gestalten des Literaturbetriebs öffentlich zu ehren – etwa die Pseudo-Dissidentin, Plagiatorin und kontrovers diskutierte antideutsche Hasspredigerin Herta Müller?

Die Liste der in dieser Maskerade eingespannten Politiker ist lang. Vertreten sind Namen wie Joachim Gauck, Horst Köhler, Norbert Lammert und demnächst wohl auch der Europa-Politiker Schulz, der, als gelernter Buchhändler, vielleicht einmal ein Büchlein der wüsten Dadaistin „post festum" zur Hand nehmen und verinnerlichen sollte, bevor er – wie einst Gauck (2004), eine forcierte Laudatio hält, die womöglich und wahrscheinlich durch einen obskuren Ghostwriter ausgearbeitet worden sein könnte.

Was weiß Schulz von der – von Anfang an polarisierenden, gegen ihre deutschen Landsleute im Banat hasserfüllt anschreibenden – Herta Müller, die sich in schwerer Zeit, als echte Bürgerrechtler und Dissidenten gegen den Kommunismus verfolgt und in Gefängnisse geworfen wurden, opportunistisch und feige auf die Seite der Verfolger, der Ceaușescu-Kommunisten schlug, sich von diesen fördern und ehren ließ, einen kommunistischen Scharfmacher heiratete und als Systemprivilegierte in den Westen reisen durfte, während andere an der grünen Grenze beim Fluchtversuch erschlagen wurden?

Das deutsche Bundespräsidialamt will die Wahrheit nicht wissen! Man hat eigene Wahrheiten! Zu den nicht beantworteten Anfragen des Aufklärers Carl Gibson – in den Wind gesprochen?
Deckt Bundespräsident Gauck die politischen Dummheiten und absurden Eskapaden Herta Müllers?

Um das herauszufinden, richtete ich im Juni 2016 sechs Anfragen an das Bundespräsidialamt in Berlin. […] Herta Müller, Enfant terrible aus dem Banat, eine Gestalt, die in Deutschland tun und lassen kann was sie will, lässt Politiker auf ihrer Lügen-Bühne tanzen wie Marionetten, wirre Behauptungen in die Welt sendend.

Anfrage 1: „An das Bundespräsidialamt, Anfrage: Betr. Authentizität eines Ereignisses, Telefonanruf rechter Kreise mit Drohungen, Bestätigung für ein wissenschaftliches Werk.
Sehr geehrter Herr Bundespräsident Joachim Gauck,
in dem Artikel „Die Securitate ist noch im Dienst", DIE ZEIT, 23. Juli 2009, schreibt Herta Müller: „Als mir 2004 der Literaturpreis der Konrad-Adenauer-Stiftung zugesprochen wurde, erhielt nicht nur die Stiftung stapelweise Briefe mit den üblichen Verleumdungen. Die Aktion steigerte sich diesmal ins Maßlose, auch das Präsidium des Deutschen Bundestages, der damalige Ministerpräsident Erwin Teufel, die Vorsitzende der Jury, Birgit Lermen, und Joachim Gauck

als Laudator erhielten Briefe, die mich als Agentin, Mitglied der Kommunistischen Partei Rumäniens und Nestbeschmutzerin verunglimpften. [...] Schmähungen und Drohungen, unterlegt mit dem Horst-Wessel-Lied. Diese Anrufe kamen nächtelang, bis die Polizei den Anrufer durch eine Fangschaltung ermittelte."
Können Sie das bestätigen? Mit freundlichen Grüßen, Carl Gibson, ehemaliger Bürgerrechtler, Opfer der Ceauşescu-Diktatur, in Gefängnishaft, Autor.

Das Bundespräsidialamt hat weder bestätigt noch dementiert. Was zu erwarten war [...] In der floskelhaften Antwort der Mitarbeiterin des Amtes vom 7. Juli 2016 heißt es lapidar:
„Sehr geehrter Herr Gibson, der Bundespräsident hat mich gebeten, Ihnen für ihre Zuschriften zu verschiedenen Themen zu danken."
Nach einigen knappen Sätzen, die lediglich eine Teilbeantwortung einer Anfrage von sechs darstellen, wird begründet, weshalb der Erste Mann im Staat, der mit einer pathologischen Lügnerin, Plagiatorin und antideutschen Hassgetriebenen Tee trinkt, mich, den antikommunistischen Aufklärer aus der roten Gefängniszelle, nicht persönlich empfangen kann:
„Ein persönlicher Gesprächstermin allerdings ist, wie Ihnen schon im September 2015 mitgeteilt, aus Gründen der hohen Arbeits- und Terminbelastung nicht möglich."

Tea-Time mit der „Unbeugsamen" und Pseudo-Dissidentin ist möglich – der Verfasser der „Symphonie der Freiheit" jedoch ist nicht willkommen!

Anfrage 2: Weshalb ehrt der deutsche Bundespräsident den ehemaligen rumänischen Kommunisten Richard Wagner mit dem Bundesverdienstkreuz?
Sehr geehrter Herr Bundespräsident Joachim Gauck, werden in Deutschland jetzt Kommunisten geehrt?
Weshalb ehrt der deutsche Bundespräsident den ehemaligen rumänischen Kommunisten Richard Wagner mit dem Bundesverdienstkreuz?
Ich habe gegen diese Ehrung öffentlich und in Publikationen protestiert, weil R. W., der 1978, während ich als Dissident verfolgt wurde, als KP-Mann und Scharfmacher verkündete: „hier ist alles in Ordnung!", (Standpunkt, Neuer Weg) – und somit die Diktatur Ceauşescus billigte und propagandistisch förderte.

Carl Gibson, ehemaliger Bürgerrechtler, Opfer der Ceauşescu-Diktatur, Gefängnishaft.

Was meint die Mitarbeiterin des Amtes dazu?
„Hinsichtlich Ihrer Frage, warum Herr Richard Wagner mit dem Verdienstkreuz der Bundesrepublik Deutschland ausgezeichnet wurde, darf ich Ihnen mitteilen, dass der Bundespräsident Herrn Richard Wagner auf Vorschlag des Regierenden Bürgermeisters von Berlin am 30. August 2014 das Verdienstkreuz am Bande im Wesentlichen für sein umfangreiches verdienstvolles schriftstellerisches Wirken verliehen hat."

Anfrage 3:
Wer schuf die „Unbeugsame"?
An das Bundespräsidialamt, Anfrage: Urheberschaft „Unbeugsame" bzw. Kontakt zu BP Horst Köhler in dieser Sache.
Wer ist der Urheber des Begriffes „Die Unbeugsame", bezogen auf die Ehrung von Herta Müller mit dem Bundesverdienstkreuz?
Meine – früher schon öffentlich aufgeworfene – Frage, wer der „geistige Vater", der Urheber der „Unbeugsamen" ist, wurde nicht beantwortet.
Stattdessen legte man mir die – im Internet abrufbare - Rede bei, in welcher Bundespräsident Horst Köhler – vom Blatt ablesend – das Zerrbild als echtes Bild einer Person aus dem Widerstand mit Charakter vor der ganzen Welt vorträgt.

Der Kontakt-Aufnahme-Versuch zu Bundespräsident a. D. Köhler wurde ebenso ignoriert wie die Auslotung der Möglichkeiten, im Bundespräsidialamt weiter wissenschaftlich zu recherchieren.

Anfrage 4:
Weshalb empfängt der deutsche Bundespräsident die Lügnerin und Plagiatorin Herta Müller zum Tee?
„Sehr geehrter Herr Bundespräsident Joachim Gauck, ist Ihnen bekannt, dass Herta Müller ihren Widerstand erfunden hat, dass sie lügt, täuscht und betrügt – nachgewiesen in meinen weltweit verbreiteten Publikationen. (Allein 5 verschiedene Werke (mit Plagiat-Nachweis) stehen in Stanford.)
Weshalb werden echte Dissidenten nicht gehört, weshalb wird die Herta-Müller-Maskerade öffentlich fortgeführt, auch durch Ihre Person?

Carl Gibson, ehemaliger Bürgerrechtler, Opfer der Ceauşescu-Diktatur, Gefängnishaft, Autor.

Anfrage 5:

Audienz Carl Gibson: Weshalb hat der deutsche Bundespräsident kein Ohr für einen ehemaligen Bürgerrechtler, Opfer der Ceauşescu-Diktatur, mit Gefängnishaft?

„Sehr geehrter Herr Bundespräsident Joachim Gauck,

als Sie zum ersten Mal als Kandidat für das höchste Amt in diesem Staat antraten, trat ich öffentlich für Ihre Person ein.

Ein Audienz-Ersuchen wurde abgewimmelt.

Ich will mit Ihnen die Frage diskutieren, weshalb in diesem Land Befürworter totalitärer Systeme und kommunistischer Diktaturen öffentliche Ehrung finden – als Moral-Philosoph und Bürgerrechtler, der für seine Überzeugungen ins Gefängnis ging, der unter Lebensgefahr das Ceauşescu-Regime über die ILO der UNO verklagt hat (1981-1984), während Herta Müller und ihr Gatte aus der KP Ceauşescus, Richard Wagner mit dem Regime paktierten.

Carl Gibson, ehemaliger Bürgerrechtler, Opfer der Ceauşescu-Diktatur, Gefängnishaft, Autor."

Anfrage 6:

Recherchen von Carl Gibson zu dem Projekt: „Quo vadis, Germania, wohin steuert Europa, im Bundespräsidialamt.

Anfrage: Weitere Recherchen von Carl Gibson zu dem Projekt: Quo vadis, Germania, wohin steuert Europa, (Buch jüngst erschienen) im Bundespräsidialamt, speziell zu den Themen Korruption, Einflussnahme, politischer Filz.

„Sehr geehrter Herr Bundespräsident Joachim Gauck,

zu den Rücktritten von BP Köhler und BP Wulff würde ich gern wieterführende Forschungen im Bundespräsidialamt durchführen.

Die Materie wurde thematisiert in: Carl Gibson, Quo vadis, Germania, wohin steuert Europa, 2016. Ist das möglich? Wie ist vorzugehen?

Carl Gibson, ehemaliger Bürgerrechtler, Opfer der Ceauşescu-Diktatur, Gefängnishaft, Autor."

Davon will man auf Schloss Bellevue wohl nichts wissen!

Trotzdem nahm ich die Materie auf und zog meine Konsequenzen – weit über die Causa Herta Müller hinaus! Mein Nachhaken wurde ignoriert!

Fazit: Nachdem meine sechs Anfragen praktisch unbeantwortet blieben, legt mir diese Mitarbeiterin des Bundespräsidenten nahe, **keine weiteren Anfragen zu senden, da diese vollkommen ignoriert würden** – und dies mit der windigen Umschreibung: „Daneben darf ich Sie um Verständnis bitten – dass ich – auch wegen der Fülle der für den Bundespräsidenten täglich eingehenden Post – künftig nicht jedes Mal wieder den Eingang Ihrer Schreiben bestätigen werde. **Wenn sie also auf Ihre weiteren Zuschriften keine Antwort erhalten, dann ist deswegen ihr Brief nicht etwa verloren gegangen, sondern erneut aufmerksam zur Kenntnis genommen worden."**

So funktioniert die Demokratie in Deutschland Anno Domini 2016!

Meine Bemerkung: Und ich wundere mich, dass ich vom Bundespräsidenten, keine Eingangsbestätigung erhalte! Als mein Schreiben einging waren „die Würfel schon gefallen"!

Bevor du in dem Himmel kommst, fressen dich die Heiligen auf! Aufklärer und kritische Bürger – „Bittsteller" an der Pforte der hohen Politik? Ein deutsches Demokratie-Problem?

Ein Aufklärer, der viele Jahre seines Lebens als Idealist und Wertethiker im Kampf gegen Totalitarismus verbracht hat, der – nur an der Wahrheitsfindung interessiert – Jahre damit verbracht hat, Fakten und Beweise in Buchform vorzulegen, der – seit mehr als einem Jahrzehnt [...] sein Los hinnimmt, um einen Aufklärungsbeitrag zur Aufarbeitung der kommunistischen Vergangenheit im Osten Europas zu leisten, ist kein Bittsteller!

Köhler hat Müller geehrt, der Kommunisten-Jäger Gauck den Kommunisten Richard Wagner!

Horst Köhler verließ Schloss Bellevue, weil der die Heuchelei in Berlin nicht mehr ertragen konnte! Christian Wulff musste gehen, weil das System ihn nicht mehr halten konnte!

Was hat EU-Parlamentspräsident Martin Schulz mit Büchern zu tun?
EU-Parlamentspräsident Martin Schulz ist gelernter Buchhändler! Also versteht er etwas von dem alten Medium Buch!

Image-Pflege: Herta Müllers „Literaturpreise", öffentliche Ehrungen und „Lesungen" als Mittel der Manipulation. – Gesteuerte PR- und Marketing-Aktionen im Dienst des Buch-Verkaufs. Grotesken der Kulturszene und der deutschen Kulturpolitik!
Die Maskerade geht weiter – mit dem Segen und der Mitwirkung der Politik! Alle Literaturpreise, die Herta Müller je erhalten hat – und das waren viele – sind eine große Farce, vom ersten aus den kommunistischen Katakomben zu Temeschburg im Banat bis zum letzten, forciert verliehen von den noblen Kapitalisten aus Stockholm.

Die Stadt Wittlich will die Lügnerin und Plagiatorin Herta Müller ehren – und Buchhändler EU-Schulz gibt wohl seinen Senf dazu? (Verleihung des Georg-Meistermann-Preises 2016 der Stiftung der Stadt Wittlich an Herta Müller, Schriftstellerin und Literaturnobelpreisträgerin.)

„Nicht ist es dein Los, Fliegenwedel zu sein!"
Nietzsche, in „Zarathustra", Von den Fliegen des Marktes.

„Herta who", wunderte sich die New York Times im Oktober des Jahres 2009, als der krassen Außenseiterin [...] der Nobelpreis für Literatur zugesprochen wurde.
„Wittlich who", frage ich heute, nachdem man mich, wie so oft bei solchen Anlässen, mit der Thematik konfrontierte, in der Erwartung, ich möge erneut protestierend dagegenhalten.

Heimat, Werte und Kultur der Banater Schwaben in den Zerrbildern Herta Müllers – Das „deutsche Dorf im Banat – Reich der Grausamkeit" und „Hölle auf Erden"!?

Bild – Zerrbild – Feindbild.
Zur „literarischen" Diffamierung der – existenziell exponierten – deutschen Minderheit Rumäniens während der kommunistischen Diktatur im Früh- und Debüt-Werk „Niederungen", medial unterstützt im „SPIEGEL" und in der „ZEIT".
Hass- und Hetz-Literatur als Katalysator des Exodus und Mittel der Politik?
Rumänien, „Diktator" Ceaușescu, sein Geheimdienst „Securitate" und die Deutschen im Banat als „Karikatur".
Karikaturen von Michael Blümel.

Herausgegeben vom Institut zur Aufklärung und Aufarbeitung der kommunistischen Vergangenheit in Europa.

Vorwort: Lügen als Methode: Einführung in das Lügen mit System und in das systematische Täuschen in der offenen demokratischen Gesellschaft über eine gelenkte Presse.

Wenn Jahrzehnte hindurch – individuell und über ganze dienstbare Apparate – gelogen und getäuscht wurde, bedarf es mehrerer Anläufe, um das Verborgene wieder zurechtzubiegen und das eklatant Verfälschte richtig zu stellen.

Herta Müller, Prototyp des verlogenen Deutschland, des unwahrhaftigen Deutschland, flankiert von ihren – aus der Ceaușescu-Diktatur mit importierten – „roten Genossen", ist nur ein austauschbarer Name, eine Inkarnation, aus der das Un-Phänomen einer Zeit hervor scheint.

Wie die Hetze begann! Eine „literarische" „Ursache" mit fatalen politischen Aus-„Wirkungen".
1984 – Literatur als Provokation! Von Vorurteilen, Ressentiments und „gravierenden Missverständnissen" der Interpretation über tendenziöse, ideologisch motivierte Kritik im Magazin „DER SPIEGEL".

Die „SPIEGEL-Kumpanei" von Anfang an! SPIEGEL-Autor und Rot-buch-Verleger F.C. Delius „bespricht" das Debüt-Werk Herta Müllers „Niederungen" in eigener Sache!

Den langen Marsch zum Ziel, ausgeheckt, betrieben und durch-exerziert von Profis der Medien- und Verlagswelt unter Einbindung einer Marionette, erkannten nicht einmal die Insider!
Man, das heißt die breite Öffentlichkeit, nahm es hin, fast gottgewollt, in der Hoffnung, alles werde wohl seine Richtigkeit haben, und die geniale Künstlerin, die die Sprache Goethes, Luthers und Thomas Manns nicht einmal mittelmäßig beherrscht und sich einen Dreck um Kultur und Bildung schert, sei wirklich genial!
Was der bundesdeutsche Leser, Student oder Wissenschaftler auch heute noch nicht weiß: Die Herta-Müller-Maskerade nahm ihren An-fang bereits im Jahr 1984 – wie könnte es anders sein, in dem frivo-len Nachrichtenmagazin DER SPIEGEL aus Hamburg, dessen Stil, ich zufällig meine frühe „polemische Schulung" verdankte.

SPIEGEL-Hetze gegen Deutsche! Stigmatisierung und Ausgren-zung statt konstruktiver „Integration" der deutschen Aussiedler als Neubürger!
„Niederungen" war ein gutes Instrument, um dem deutsch-konser-vativen, vaterländischen Lager ins Kontor zu schlagen! Aus der Sicht der Betroffenen aber war diese unausgewogene, die besondere Si-tuation der Exponierten verkennende Buchbesprechung, die zudem Herta Müller auf ein Treppchen hob, das ihr nicht zustand, damals nichts weiter als blanker Hohn.

Das Banat – „Hölle auf Erden", „Locus terribilis", von „Hass" erfüllt und von Rückständigkeit geprägt?
„Denn das deutsche Dorf, es ist, mit einem Wort, die Hölle auf Er-den. Die Höllenbewohner sind in Hass aufeinander eingeschworen." Doch die Steigerung geht noch weiter: „Herta Müller schreibt, als erwache sie – in einem Reich der Grausamkeit.
Denn das deutsche Dorf, es ist, mit einem Wort, die Hölle auf Erden. Die Höllenbewohner sind in Hass aufeinander eingeschworen." Ein Kennzeichen der Hölle: Eine extreme „Rückständigkeit". [...] Waren alle Kunstschaffenden vor Herta Müller auf den Kopf gefallen oder blind und unfähig, eine Hölle zu sehen, wo keine Hölle war?

Oder war gar keine Hölle da? Nur eine hohle Höhle mit Schatten, die von getäuschten Betrachtern für „Wahrheiten" gehalten wurden? Auch Rezensenten sollten sich im Denken einüben – und zwar so lange, dass sie der eigenen logischen Aussage konsequent über zwei, drei Sätze folgen können.

Im deutschen Fernsehen: Herta Müller klagt an – nein, nicht Ceauşescu und die Kommunisten, sondern ihre deutschen Landsleute und stempelt die Banater Schwaben als Faschisten ab!

Außerdem kam mir ihre deutsche Aussprache irgendwie merkwürdig vor. Der herbe, recht ungewohnte Akzent machte mich stutzig und ließ mich daran zweifeln, ob die Person auf dem Bildschirm tatsächlich aus dem Banat stammte. [...] Sie wetterte über die Gegend ihrer Herkunft wie über das Alte Babylon, wie über Sodom und Gomorra, ohne zu bedenken, dass unser Banat anderen ein Garten Eden, ein hoher Wert, eine Heimat war. Die Geisteshaltung der Menschen dort im Banat reduzierte sie zur Verblüffung des Auditoriums auf einen Begriff, auf das Wort „faschistoid".

Ohne dass es ihr groß auffiel, **beleidigte sie damit mehr als hunderttausend Menschen aus jenem Raum**, ganz so wie sie sie auch in ihren spröden Kurzgeschichten verhöhnt hatte. Wer dachte damals an das Verfassungsgebot gegen Völkerhass und Hetze, wo es doch nur gegen eine kleine deutsche Minderheit ging, weit weg vom Schuss, in einem entlegenen Teil Europas?

„Meine Mutter ist ein vermummtes Weib" – Der SS-Vater, ein Säufer ... und „Obszönitäten", die aus der Verehrer-Ecke des Grafen Porno!

Literatur der Frustration? „Meine Mutter ist ein vermummtes Weib" - las ich da. War das die Revolte einer emanzipierten Frau gegen die „Welt von Gestern"? Die Tracht entsprach der Sitte, der konservativ keuschen Lebensauffassung einer Region – und war individuell so gewollt. Weshalb wurde dieser Wille, so auftreten zu wollen, nicht respektiert? Hatte diese Mutter, die sicher auch einen eigenen Lebensweg beschritten hatte, auch noch das Recht auf Würde?

Und das Pendant dazu – der Vater hatte das Stigma des Säufers! [...] Hatten ihm vielleicht die Henker aus Berlin das Leben verpfuscht, als sie ihn zur SS einzogen und vielleicht auch schuldig werden ließen? Noch ein paar Seiten mehr – und ich wusste einiges über Gepflogenheiten am stillsten aller Orte, Geschmacklosigkeiten, über die Unterleibskrankheiten der halben Familie; ich hörte vom Bruch des Großvaters, von Venenleiden im Analbereich, naturalistische Details beim Verrichten der Notdurft, Geräusche der Exkremente und andere Unappetitlichkeiten, die jedes Aufkommen einer Freude am Lesen zunichtemachten. Und immer wieder Obszönitäten, die aus der Verehrer-Ecke des Grafen Porno zu entstammen schienen.

Mit dem Strom!? – Die Vertriebenen-Zeitungen „Banater Post" und „Siebenbürgische Zeitung" boykottieren die Werke Carl Gibsons und schlagen sich jüngst auf die Seite des Kommunisten-Protegés Herta Müller und des – marxistischen Agitators Richard Wagner aus der KP.

> **Ist die Zeitung in einer Demokratie der Wahrheitsberichterstattung verpflichtet – oder dient sie nur den Interessen bestimmter Kreise ... wie in der unfreien Despotie und Diktatur?**

Eine im Oktober 2013 eingereichte Rezension zu „Allein in der Revolte" wurde in der „Banater Post" nicht abgedruckt! (Auch meine Werbung zu meinem Buch „Gehört Verleumdung zum Brauchtum der Banater Schwaben?" wurde stillschweigend von beiden Presseorganen – Kostenpunkt etwa 110,- € – verweigert.)

„Volksverhetzung" via Literatur und Presse?
Sind die Banater Schwaben ein schmutziges Volk, ein dummes Volk, eine wehrlose deutsche Minderheit, auf deren Ehre und Würde man ungestraft herumtrampeln darf? Zur Kultur und Schule von Hass und Hetze gegen Menschen nach dem Maßstab von SPIEGEL, ZEIT und Herta Müller!

„Die Verleumdung gehört zum Brauchtum der Banater Schwaben" – wer hat das gesagt? Zur Botschaft der Hasspredigerin und den Machenschaften der „ ZEIT",

Banater Schwaben sind also Unter-Menschen im eigentlichen Sinne des Wortes, Menschen von einzigartiger Dummheit, die sich gegenseitig hassen … und diesen Hass auch noch an ihre mittelmäßigen Literaten weiter geben, die dann aus dem ganzen Dreck und Unrat ihre Müll-Literatur fabrizieren … um über diese – dank höherer göttlicher Fügung und garniert mit Lug und Trug – in Stockholm schließlich auch noch einen irdisch-profanen Mammon-Preis zu erhaschen.

Inzwischen hat die Hasspredigerin Herta Müller einen „würdigen" Imitator gefunden, den Rumänen C.D. Florescu, der Herta Müllers Dreck-Werfer-Paradigma aufgreift und erfolgreich – via Müll-Literatur zu Geld ummünzt.

Die saubere Schweiz, wo man bekanntlich weißer wäscht als anderswo auf der Welt, lässt diesen mit Schmutz werfenden Verunglimpfer und Verleumder der Deutschen ungestört gewähren, durchdrungen von künstlerischem Liberalismus, Toleranz und einer Freiheit, die an der Ehre und Würde der – bereits von der Lügnerin Herta Müller – verhöhnten Banater Schwaben keine Grenze findet.

Es wäre zu erwarten, dass deutsche Politiker und Akademiker, die auf solch schäbige Weise instrumentalisiert werden, sich dagegen wehren – im Geiste der Aufrichtigkeit und der Wahrheit, statt unwidersprochene Lügen weiter zu ermutigen. Oder?

Echte Opfer der kommunistischen Diktatur, Folter- und Haftopfer, haben ihre Leiden nie instrumentalisiert, um sich selbst zu inszenieren, wie jene kontrovers diskutierte Skandal-Autorin, deren angebliche Leiden das Martyrium Christi am Kreuz verblassen lässt.

Dafür haben jene Dissidenten, die viel früher die Freiheit wählten, die Menschenrechtsverletzungen der Kommunisten-Diktaturen aktiv politisch bekämpft, hier und dort, um der Sache willen, nicht als PR-Gag und ohne ihren wahrhaftigen Einsatz an die große Glocke zu hängen wie jene „Unbeugsame" des „aufrechten Ganges".!

Soviel zum Opfer-Mythos und zum ideellen Diebstahl.

Carl Gibson Autor von:

• *Symphonie der Freiheit. Widerstand gegen die Ceauşescu-Diktatur. Chronik und Testimonium einer tragischen Menschenrechtsbewegung in literarischen Skizzen, Essays, Bekenntnissen und Reflexionen. J. H. Röll Verlag, Dettelbach 2008, ISBN 978-3-89754-297-6.*

• *Allein in der Revolte: Eine Jugend im Banat. Aufzeichnungen eines Andersdenkenden – Selbst erlebte Geschichte und Geschichten aus dem Securitate-Staat. J. H. Röll Verlag, Dettelbach 2013, ISBN 978-3-89754-430-7*

• *Die Zeit der Chamäleons. Kritisches zum Leben und Werk Herta Müllers aus ethischer Sicht. Bad Mergentheim 2014, ISBN 978-3-00-045135-5.*

•*„Ohne Haftbefehl gehe ich nicht mit" - Herta Müllers erlogenes Securitate-Folter-Martyrium: Mit Hass, Hetze, Täuschung und politischer Protektion plagiatorisch zum Nobelpreis. Bad Mergentheim 2014, ISBN 978-3-00-045364-9.*

•*Plagiat als Methode - Herta Müllers „konkreative" Carl Gibson-Rezeption. Bad Mergentheim 2014, ISBN 978-3-00-045670-1.*

• *Vom Logos zum Mythos!? Die Herta Müller-Maskerade im Brenn-SPIEGEL der ZEIT-Kritik. Bad Mergentheim 2015, ISBN 978-3-00-048502-2.*

Beispiele meiner entworfenen Flyer: Banater Schwaben und ihre Diskriminierung
[Vorder- (gerade) und Rückseite (ungerade)]

Franz Balzer: Gehört Verleumdung zum Brauchtum der Banater Schwaben?

Der Satz „Verleumdung gehört zum Brauchtum der Banater Schwaben" stammt aus einem Zeit-Online-Bericht von Herta Müller.

Franz Balzer

Gehört Verleumdung zum Brauchtum der Banater Schwaben?

Ist der Medienbeitrag zum „großen" Roman „Jacob beschließt zu lieben" Fiktion oder Volksverdummung?

Ist gesellschaftlicher Wandel: Lug, Betrug und Heuchelei?

BoD Books on Demand
ISBN: 978 – 3 – 7386 – 0845 – 8
Erhältlich im Buchhandel: 10.99 €

Warum dürfen die Leser nicht die Wahrheit über den Schundroman erfahren?

Der Autor und Verfasser dieses Werkes ist Triebswetter, hat fast dreißig Jahre lang die rumänische kommunistische Diktatur am eigenen Leibe erlebt und kennt die Situation der Minderheiten im rumänischen Banat ganz genau. Leider kann man da zu den Kommentatoren auf Bewertungsportalen oder Medienberichterstattern zum Roman „Jacob beschließt zu lieben" nicht mehr sagen. Sie bewerten etwas, wovon sie keine Ahnung haben. Die Starheit und Kommunikationsverweigerung der Medienfuzzis hat bereits wieder „altkommunistische Züge" erreicht. Daher stellt der Autor mehrere Fragen, welche die Runde unter „Lobliedschreibern" machten. Hier liegt das Ergebnis einer derjährigen Recherche des Autors vor. Es handelt sich um Fakten und nicht um „wahrscheinliche Meinungen".

Werden Triebswetter und Banater Schwaben nach den Fiktionen und Lügen gewissenloser Hassroman-schreiber „literarisch und redaktionell" beurteilt und behandelt? Sind die Methoden der menschenunwürdigen altkommunistischen Regierungen aus dem Osten Europas, zu Meinungs- und Pressefreiheit nur ein Traum waren, schon wieder vergessen? Haben Triebswetter und andere Banater Schwaben keine verfassungsmäßig zugesicherten Rechte? Warum wird dann die Meinung der Betroffenen unterdrückt?

Das alles und noch etwas mehr wird in diesem Werk des Triebswetter Autors behandelt. In der Hauptsache geht es um die Werke von Herta Müller, „Niederungen", und Cătălin Dorian Florescu, „Jacob beschließt zu lieben", die beide gleichermaßen die Triebswetter und Banater Schwaben zu ihren Hassobjekten gemacht haben, wobei eine Verbindung der ehemaligen kommunistischen Herrschern nicht von der Hand zu weisen ist. Und das noch mit Unterstützung mehrerer deutscher Institutionen und Medien...

Leseproben. Der Roman von Cătălin Dorian Florescu „Jacob beschließt zu lieben".

ist eine Erniedrigung, Verleumdung und Volksverhetzung aller Triebswetter und Banater Schwaben durch den rassistisch-nationalistisch geführten Roman. Unterstützung und Diskriminierung erfährt er durch ahnungslose, lobliedschreibende deutsche Pressefuzzis, die nur noch bewusste Volksverdummung betreiben.
(Bemerkung: Fuzzi ist ein nicht ernstzunehmender selbsternannter Experte, dessen Arbeit Beurteilen und Erraten ist.)

Highlights aus dem Roman (die Fiktionen eines Romäniers über Banater Schwaben). „Triebswetter ist ein Dorf von Selbstmördern und Pechvogeln." Die Vorfahren der Triebswetter haben ihre „alte Heimat Lothringen **machthungrig und mit Blut an den Händen verlassen**", um danach Triebswetter zu gründen. „Sie wurden zu den Zivilisationsziffern von Triebswetter im Banat" und „**gründeten ihr Glück auf das Unglück anderer**".
(Bemerkung: Denkt mal an die Enteignungen und an die Bánátgau-Deportation: Wer gründete sein Glück auf das Unglück anderer?)

Einige „**sinnliche, Erkenntnisse fördernde**" Umschreibungen (laut einer deutschsprachigen Verdummungspresse): „Dreckige, stinkige, ständig besoffene, unzivilisiert fressende und saufende Mörder, Brandstifter, Zigeunerjäger, Zigeunerhenker, Vergewaltiger und Geisteskranker."

Über die Qualitäten dieser Geschichte aller Geschichten: Sie wird mit einer wortgewaltigen, hervorragend gestalteten schriftstellerischen Meisterleistung erbracht. Er hat sich wirklich Mühe gegeben, unsere Identität und Geschichte zu verfälschen.
(Bemerkung: Verfälschte Identität heißt Volksverhetzung)

Private Internetseite: http://www.franz-balzer.de/verleumdung-htm

Volksverhetzung heißt: eine Gruppe, ein Personenkreis, einen Volksstamm, in seiner Geschichte, seinen Sitten und Bräuchen, so darzustellen, wie diese nie waren!

Franz Balzer: Gehört Verleumdung zum Brauchtum der Banater Schwaben?

Warum verweigern die Medien Meinungen von Kritikern zu veröffentlichen?

Triebwetter Roman?

Hier erfährt man alles, was nichtsahnende Leser wissen müssen und alles, was von der Werbung für den Roman mit (vorsätzlicher, volksverdummender) Vehemenz verschwiegen wird

Alle Triebswetterer und Banater Schwaben, die den Roman noch nicht gelesen haben, sollen ihn sich sofort besorgen, damit Autor und Verlag unterstützt werden, um weiterhin so „große, sinnliche, Erkenntnisse fördernde" (Schwarzwälder Bote nach der Hesse-Stipendium-Vergabe in Calw 2013) Romane schreiben und drucken zu können

Was schreiben Jörg & Miriam Kachelmann in ihrem Buch über Journalisten: Zitate aus „Recht und Gerechtigkeit", Untertitel: „Ein Märchen aus der Provinz" (Welche Provinz?..): „Die Berichterstattung der Medien war durch die dezidierte Falschinformationspolitik der Staatsanwaltschaft in Tateinheit mit der Bequemlichkeit der Redakteure aller Qualitätsmedien nahezu identisch." Und so kann man schließen: „Aber wie das Beispiel zeigt, haben diese Menschen (im Knast) mehr Ehre im Leib als so manche Journalisten"

Weitere Zitate über Journalisten: „Wenn die Sonne der Kultur tief steht, dann werfen auch Zwerge lange Schatten." (Karl Kraus) „Moderne Medien zurück in die Steinzeit? Oder Nullmedien?" (Thomas Wieczorek) „Halbbildungsstammtisch Presseclub" (Thomas Wieczorek) – dort wo sich die intelligentesten Leute Deutschlands treffen" (ein 'Medienguru' bei Frank Plasberg).

Siehe auch: „Gekaufte Journalisten" von Udo Ulfkotte

Einige Fragen an Banater Schwaben (die ihm für seinen „großen" Roman ständig gratulieren) Hat man sich bei Euch im Dorf mit „Bruder und Schwester" angesprochen? Hat man sich bei Euch im Dorf im Banat mit Strohdecken zugedeckt? Deckt Ihr Euch heute noch mit Strohdecken zu, ohne Euch zu waschen? Hat man bei Euch damals den „Teig aus dem Brot gerissen", sich den „Mund vollgestopft" und anschließend noch ein paar „Wurstscheiben nachgeschoben"? Pflegt Ihr dieses unzivilisierte Essen (oder Fressen und Saufen) heute noch? Warum sollten es die Triebswetterer und ihre Vorfahren getan haben? Wer hat bei Euch im Dorf in Rumänien einen Zigeuner als Halbbruder gehabt? Welche banatschwäbische Frau hat bei Euch je einen Zigeuner geboren? Wessen Mutter hat als Hure in Amerika „gearbeitet" und ein Kind auf dem Mist bekommen, wobei der Quacksalberer einer Zigeunerin Vorzug gegeben wurde? Welcher banatschwäbische Vater hat seinen Sohn an die Russen verraten? Wer sind dann „diese Banater" (Schwaben), die ihm ständig gratulieren?

In Anlehnung an Herta Müllers „Niederungen", gibt es auch einige wichtige Erkenntnisse für Banater Schwaben im Allgemeinen. Zum Beispiel:

„Ohne Haftbefehl gehe ich nicht mit"

Carl Gibson über Herta Müller: Mit Hass, Hetze, Täuschung und politischer Protektion, sowie Medienunterstützung bis zum Nobelpreis.

Tuschezeichnungen von Michael Blümel
ISBN 978-3-00-045364-9

Siehe auch: http://www.franz-balzer.de

Florescu tritt mit Füßen die verfassungsgemäß zugesicherten Rechte von Jakob Obenten, aller Triebswetter, deren Namen verwendet wurden und auch aller Toten, die sich gegen diese Infamie nicht mehr wehren können.

Florescus Fluchtwagen. Unglaublich was für Wunder C.D.Florescu bei seiner Flucht erlebt hat. Eine „fiktionale" Flucht mit einem PKW, mit Gepäckträger und Anhänger gelang nur, weil Vater „getrocknete Gräser" aus der Öltenischen Tiefebene über das Gepäck streute, wo man doch anderen den Wagen auseinandernahm!!!

Persönlichkeitsrechtverletzung, Volksverhetzung, und Verunglimpfung des Antizzas von Toten! Bei gleichzeitiger Diskriminierung ALLER Triebswetterer. Dafür steht hier eine intelligente „Jury" von Preisverleihern: NZZ, SRF2, SRVV, FAZ, usw. Karikaturen: Michael Blümel

Private Internetseite: http://www.franz-balzer.de/verleumdung.htm

Volksverhetzung heißt: eine Gruppe, ein Personenkreis, einen Volksstamm, in seiner Geschichte, seinen Sitten und Bräuchen, so darzustellen, wie diese nie waren!

Karikaturen: Michael Blümel. Flyer: Franz Balzer.

Keine Werbung! Literaturkritik!

Literaturpreis der Stadt Solingen „Die schärfste Klinge" geht 2014 an Literaturnobelpreisträgerin Herta Müller.

„Der Menschenwürde eine Stimme geben."

Wie ist es um die Menschenwürde ihrer Landsleute – den Banater Schwaben - welche sie in „Niederungen" auf das Äußerste besudelt, bestellt, und dafür auch noch einen Preis von den Altkommunisten Rumäniens bekommt?

„Gegen Angriffe kann man sich wehren, gegen Verleumdung ist man machtlos."

Welche Möglichkeiten hatten ihre in „Niederungen" 1982 entwürdigten und verleumdeten Landsleute, die in den 70er- und 80er-Jahren der Freiheit suchten, wobei sie gleichzeitig mit ihrer „schmutzigen Prosa" konfrontiert wurden? Wo ist deren Menschenwürde geblieben? Wo bleibt ihr Recht auf Meinungsäußerung?

Warum wird in den Medien über Herta Müller ständig gelogen?
Ein Beispiel.
Zitat aus der BamS: „Beim Streit um die Ehrenbürgerwürde für Herta Müller ist Berlin wieder dabei sich lächerlich zu machen... Bis heute schreibt sie gegen die Schreckensherrschaften kommunistischer Diktaturen an, die sie selbst erlebt hat. Im Kampf um die Rechte der Siebenbürger wurde sie vom rumänischen Ceausescu-Regime gedemütigt und eingesperrt."
Von dieser Schreckensherrschaft hat sie mehrere Preise bekommen und durfte mehrmals ins Ausland, was andere nicht durften. Sie hat weder für

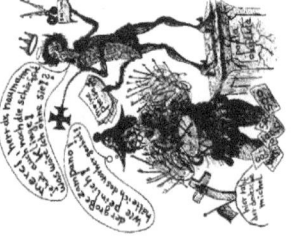

die Rechte der Siebenbürger gekämpft, denn sie lebte im Banat unter Banater Schwaben, die sie voller Hass als die letzten Menschen auf Erden beschreibt, noch war sie eingesperrt. Und gedemütigt wurden ihre eigenen Landsleute in ihrem vorher genannten Schmutzwerk.
„Wie gut, dass hier niemand weiß..."

Bei der letzten Preisverleihung fiel das Zitat:

"Wenn sich vor unserer Haus für Zustände auftürmen, welche die sicher geglaubten Errungenschaften unserer Zivilisation bedrohen"

dann kann ich nur ergänzen, dass gerade diese Preisverleihung eine der ersten Schritte zu diesen Zuständen ist! Gewissenlos, gedankenlos, irreführend und volksverdummend.

Carl Gibson protestiert gegen Preisvergaben an Herta Müller

Plagiatorin Herta Müller und Volksverdummung in Solingen. Werden OB Norbert Feith und der designierte Laudator, Bundestagspräsident Dr. Norbert Lammert, das so hinnehmen? Carl Gibson und andere protestieren gegen die Ehrung „Die schärfste Klinge"!

„Ohne Haftbefehl gehe ich nicht mit" - Herta Müllers erlogenes Securitate- Folter- Martyrium

Die Zeit der Chamäleons

Plagiat als Methode - Herta Müllers „konkreative" Carl Gibson-Rezeption

ben hat. Sie lügt seit 1987. Sie hat die deutschen Leser und Öffentlichkeit getäuscht und an der Nase herum geführt. Wer konnte schon einem Geheimdienst (Stasi, Securitate) gegenüber behaupten, dass er ohne Haftbefehl nicht mitgehen würde? Haben die je einen Haftbefehl benötigt? So stellt sich letztendes die Frage: Wer verleumdet wen?

Carl Gibson hat drei Bücher („Die Zeit der Chamäleons", „Ohne Haftbefehl gehe ich nicht mit" und „Plagiat als Methode") geschrieben, in welchen er den Nachweis führt, dass Herta Müller lügt, plagiert und täuscht. Und dafür bekommt man bei uns Preise? Sind die „Tugenden" der menschenunwürdigen kommunistischen Regierungen, kaum 20 Jahre danach, bei uns auch schon Alltag: Lügen, Täuschen, Betrigen, Stehlen?

„Die ihre eigene Geschichte verfälschenden ‚Dissidenten'"

(Herta Müller und Daniela Crăsnaru)", veröffentlicht im „Cotidianul" vom 11. August 2010: (betr: „Niederungen") Die Herta Müller von damals, aus dem Jahr 1982, hat bei der Entgegennahme des VdKJ-Preises Folgendes erklärt:

„Ein Preis ist kein entscheidender Ansporn..." („Scînteia Tineretului" – „Funke der Jugend"", 3. Jahrgang, Nr. 24, 12. Juni 1983, S. 5)

(VdKJ=Verein der kommunistischen Jugend)

Schon 1982 stimmte etwas mit der „eigenen" Geschichte nicht.

Nobelpreis 2009

Der Nobelpreis beruht auf einem Werk, das nicht ihres ist , sondern das von Oskar Pastior. Sie hat ihren Lebenslauf frisiert, um die Deutschen hinters Licht zu führen.

„Ohne Haftbefehl gehe ich nicht mit."" „Die Securitate ist noch im Dienst.("). „ Verleumdung gehört zum Brauchtum der Banater Schwaben"

Herta Müller hat ihre Folter (Huren-, Eierfolter, Zugfahrt zu einem nichtvorhandenen Bahnhof) in einer Reportage(") erlogen. Weiter behauptet Carl Gibson, dass sie aus seinem Werk „Symphonie der Freiheit" abgeschrie-

Ehrt die Stadt Solingen eine Lügnerin und Plagiatorin?

Autor und antikommunistischer Bürgerrechtler Carl Gibson bezichtigt Herta Müller des literarischen Plagiats und der Täuschung der Öffentlichkeit. Carl Gibson protestiert gegen die Ehrung einer notorischen Lügnerin, Plagiatorin und kommunistischen Systemprofiteurin!

Und sie findet leider in unseren Medien Unterstützung, so dass "wenn sich vor unserer Haustür Zustände auftürmen, welche die sicher geglaubten Errungenschaften unserer Zivilisation bedrohen" voll und ganz stimmt!

Keine Werbung! Literaturkritik!

Herta Müller hat sich systemkonform in der kommunistischen Ceaușescu-Diktatur verhalten, indem sie kommunistische Staatspreise annahm und zum privilegierten Reisekader mit Auslandsreisen gehörte und produziert sich beim ZKM vor der Öffentlichkeit als „Writers for Freedom" Freiheits-Schreiber?

Herta Müller ignoriert Klarstellung eines politisch Gefangenen!

Keine Werbung!

Protestaktion
betr.

freie Meinungsäußerung!

„Der weltweite Kampf um die freie Meinungsäußerung"

muss hier in Deutschland begonnen werden!!!

Jawohl!
Im Deutschland
anno domini 2016 !!!

http://www.triebswetter.de
Rastatt, im Februar 2016

Wer sind die Leute, die Hitlers „Mein Kampf" für gute, deutsche Literatur halten? Wie werden sie genannt? Nazis und Rassisten? Oder?

In den neuen deutschen Literatur gibt es zwei (laut Experten) professionelle Schriftsteller, welche die Identität der Banater Schwaben – eine Minderheit aus dem kommunistischen Rumänien – verfälschen, verunglimpfen, diskriminieren, erniedrigen, volksverhetzend beschreiben, vom Verunglimpfen des Antlitzes von Toten nicht zurückschrecken, sich auf die Künstlerfreiheit berufen und dafür sehr viel Lob und Preise von Medien- und Literaturexperten erhalten. Und die Betroffenen dürfen ihre Meinung nicht äußern! (Professionelle Fähigkeiten zählen, die Inhalte aber nicht) Wie werden sie genannt?

Hat schon jemand die professionellen Fähigkeiten von Hitlers Schergen aus den Konzentrationslagern verherrlicht?

Warum wird bei uns die freie Meinungsäußerung nach dem Beispiel wohl der Nazidiktatur als auch der ehemaligen osteuropäischen kommunistischen Diktaturen unterdrückt und verhindert?

Warum dürfen die ehemaligen Inhaftierten der Ceaușescu-Diktatur in der heutigen, freien, deutschen Presse ihre Meinung nicht äußern, wenngleich die Meinungen von Scheindissidenten, ehemalige Privilegierte einer menschenunwürdigen kommunistischen Diktatur – wie Herta Müller und Catalin Dorian Florescu – gleichzeitig verbreitet werden?

Die Medien hängen innen an den Lippen wie die Eintagsfliegen an den Straßenlaternen und verbreiten ihre „fiktionalen" Lügen über die Identität, Sitten und Bräuche der Banater Schwaben.

Haben Banater Schwaben – heute Bundesbürger – kein Recht auf freie Meinungsäußerung?

Freie Meinung Inhaftierter von Diktaturen wird in D. unterdrückt!

Warum bekommen Privilegierte menschenunwürdiger Regimes bei „UNS" trotzdem Literaturpreise? Weil die freie Meinungsäußerung – gerade in dieser Beziehung – heute im freien demokratischen Deutschland hauptsächlich von den Medien unterdrückt wird, es wird gleichgeschaltet, vertuscht, verschwiegen, Kritiker werden ausgegrenzt!

Herta Müller hat sich systemkonform in der kommunistischen Ceaușescu-Diktatur verhalten, indem sie kommunistische Staatspreise annahm und zum privilegierten Reisekader mit Auslandsreisen gehörte und produzierte sich beim ZKM vor der Öffentlichkeit als „Writers for Freedom" Freiheits-Schreiber?

Herta Müller ignoriert Klarstellung eines politisch Gefangenen!

Franz Balzer
Gehört Verleumdung zum Brauchtum der Banater Schwaben?

Was ist gesellschaftlicher Wandel: Lug, Betrug und Heuchelei?

Ist der Medienbeitrag zum „großen" Roman „Jacob beschließt zu lieben" Fiktion oder Volksverdummung?

Das ist ein Buch über die Diskriminierung einer ehemaligen deutschen Minderheit aus dem kommunistischen Rumänien in der „neuen, deutschen Literatur" durch ehemalige Privilegierte und „freien, deutschen, leserverachtenden" Medien.

E-Mail: franz_balzer@gmx.net
Internet: http://www.franz-balzer.de

Carl Gibson
„Plagiat als Methode" - Herta Müllers „konkreative" Carl Gibson-Rezeption

Wo beginnt das literarische Plagiat? Zur Instrumentalisierung des Dissidenten-Testimoniums „Symphonie der Freiheit" –

Selbst-Apologie

mit kritischen Argumenten, Daten und Fakten zur Kommunismus-Aufarbeitung sowie mit kommentierten Securitate-Dokumenten zum politischen Widerstand in Rumänien während der Ceaușescu-Diktatur.

(Institut für Aufklärung und Aufarbeitung der kommunistischen Vergangenheit in Europa, Leiter: Carl Gibson - ist ehemaliger Inhaftierter der Ceaușescu-Diktatur.)

Carl Gibson
Ohne Haftbefehl gehe ich nicht mit

Über Herta Müller: Mit Hass, Hetze, Täuschung und politischer Protektion, sowie Medienunterstützung bis zum Nobelpreis.

Tuschezeichnungen von Michael Blümel

Weitere Informationen zu dem Thema finden Sie auch unter:
http://www.balzer-franz.de
http://www.hog-hiebswetter.de/Roman-HM.htm

Publikationsverbot für inhaftierte kommunistischer Diktatur?

Warum bekommen Privilegierte menschenunwürdiger Regimes bei „UNS" trotzdem Literaturpreise? Weil die freie Meinungsäußerung – gerade in dieser Beziehung – heute in der freien demokratischen Deutschland hauptsächlich von den Medien unterdrückt wird, es wird gleichgeschaltet, vertuscht, verschwiegen, Kritiker werden ausgegrenzt!

Carl Gibson und S.L.O.M.R. – Freie Gewerkschaft der Werktätigen in Rumänien
Ein Beitrag von Elisabeth Anton

Die wahren Dissidenten aus dem Banat, Landsleute von Herta Müller, die erwähnt die Autorin nicht, da käme Wahrheit ans Tageslicht.

In diesem **Beitrag geht es um Carl Gibson – Philosoph, Historiker, Literaturkritiker – ein Landsmann von Herta Müller**, den sie nie erwähnt, der vier Bücher, mit Beweisen, über die Lügen und das Plagiieren von Herta Müller veröffentlicht hat. Er kennt die Foltermethoden der Securitate. Dieser Banater Landsmann, wie andere Dissidenten auch, saß monatelang im Gefängnis der Securitate, weil er ein Dissident. Als er in die Bundesrepublik eingereist, hat er über die Diktatur berichtet, über den Sender Freies Europa, hat Ceauşescu bei der UNO angeklagt. Darüber schweigt Herta Müller, weil diese Wahrheiten ihre Lügen entlarven würden. Sie hat weder gegen die Diktatur noch gegen das Prügeln der Kinder im Kindergarten was getan – auch nicht nach dreißig Jahren wohnen hier in Deutschland.

S.L.O.M.R. – Sindicatul Liber al Oamenilor Muncii din Romania (1979)
S.L.O.M.R. – Freie Gewerkschaft der Werktätigen in Rumänien (1979)

Eine Form der Opposition gegenüber dem kommunistischen Regime in Rumänien, was später durch die Historiker, kaum erforscht/untersucht wurde, war S.L.O.M.R., die „Freie Gewerkschaft der Werktätigen in Rumänien", im Frühling 1979.

Die Gründung von S.L.O.M.R. (Freie Gewerkschaft der Werktätigen in Rumänien) erfolgte nur zwei Jahre nach dem Aufstand der 35.000 Bergleute aus Valea Jiului (August 1977), und die Parteiführung beeilte sich, diese Bewegung niederzuschlagen, bevor diese sich auszubreiten beginnt.

Gegründet im Februar 1979, hatte S.L.O.M.R. ungefähr 2.400 Anhänger. Die Erklärung zur Gründung der Gewerkschaft wurde am 4. März von Noel Bernard im Radio Freies Europa vorgelesen. Durch diese, erklärt die Organisation, dass sie sich der Internationalen Konföderation der Freien Gewerkschaften anschließt.

Gleichzeitig verlangten sie offene Gespräche mit den Behörden, und in der Gründungserklärung von S.L.O.M.R., zeigt sich auch, dass diese Gewerkschaft für „die Respektierung der Grundrechte des Menschen kämpft, indem sie einen besonderen Akzent auf jene Rechte setzt, die mit den Arbeitsverhältnissen zusammenhängen." Die Gewerkschaft wollte keine Aktivitäten mit politischem Charakter, verlangte aber, dass diese Rechte für seine Staatsbürger in Rumänien gelten sollen.

Am 8 März wurde auch das Gewerkschaftsmitglied Vasile Paraschiv verhaftet, welcher nachher bei der Securitate geschlagen und mit dem Tode bedroht wurde. In der Zeit 8. bis 10. März wurden alle Gewerkschaftsmitglieder und Anhänger der Gewerkschaft verhaftet und einige Tage festgehalten.

Am 30. März, hat Alexander Nagy eine Liste der neuen Anhänger der S.L.O.M.R. aus Bukarest und Temeswar bekanntgegeben, wo die erste freie Gewerkschaft beim Unternehmen Electrobanat (Elba – mit 18 Mitgliedern) gegründet wurde. Am nächsten Tag meldete G. Stancu auch den Beitritt von 40 Personen aus Arad.

Am gleichen Tag, wurden die Temeswarer Carl Gibson und Erwin Ludwig verhaftet, und am 6. April zu sechs Monate Haft verurteilt. Am 5. April wurden die telefonischen Verbindungen von Alexandru Nagy und Nicolae Dascălu unterbrochen. Nach kurzer Zeit wurde Letzterer auch verhaftet.

Am 8. Juli wurde der Gewerkschaftler C. Liutiev zu 6 Monate Haft verurteilt, und im Laufe des Monats August hat die Securitate ca. 1000 Verhaftungen im Bundesland Mureş durchgeführt. Zu dieser Gewerkschaft gehörten auch Mitglieder aus Ploieşti und Constanţa. Der orthodoxe Pfarrer, Dissident Gheorghe Calciu-Dumitreasa hat ihnen geistliche Hilfe angeboten. Gleichzeitig wurden sie auch von Paul Goma und der Journalistin Carmen Popescu unterstützt.

Canǎ und Braşoveanu wurden 1980 aus der Haft entlassen. In Temeswar wurden mehr als 20 Personen festgehalten, und zwei Tage lang verhört. Insgesamt wurden 153 Gewerkschaftsführer aus dem ganzen Land verhaftet, die Anklage lautete Rowdytum und Parasitentum. Sie bekamen Hausarrest, wurden in die Psychiatrie eingewiesen, deportiert, verhaftet oder des Landes verwiesen.

Ein wichtiges Zentrum dieser Gewerkschaft war Temeswar. 1980 in New York angekommen, hat Nicolae Dascălu wie folgt erklärt: „Wahrscheinlich war die größte Errungenschaft unserer Aktivität, die Bekanntgabe über Radio Freies Europa, dass in Temeswar ein Komitee der Gewerkschaft der S.L.O.M.R. (Freie Gewerkschaft der Werktätigen in Rumänien) in einem Unternehmen gegründet wurde." Das habe ich Carl Gibson und Erwin Ludwig suggeriert, als diese mich Ende März besuchten.

Für die Dokumentation dieses Artikels bekam ich unzählige Informationen, durch das Wohlwollen von Carl Gibson, der Hauptakteur bei der Gründung der Temeswarer Gewerkschaft. Er hat, all diese Geschehnisse, detailliert beschrieben in seinem immensen Werk: „**Symphonie der Freiheit**, Widerstand gegen die Ceauşescu-Diktatur. Chronik und Testimonium einer tragischen Menschrechtsbewe-gung, in literarischen Skizzen, Essays, Bekenntnissen und Reflexionen" Verlag I. H. Röll, Dettelbach, 2008.

Auf diesem Wege danken wir ihm auch für sein Wohlwollen. Geboren 1959, begann seine Dissidenz gegen das kommunistische Regime in Rumänien schon in den Jahren 1976-1977, ursprünglich in der Form einer persönlichen Opposition. Als Gymnasiast in Temeswar, begann er, das Regime öffentlich zu kritisieren, indem er frei seine eigene Meinung über dieses zum Ausdruck brachte.

In 1976 beantragte er die Genehmigung der Ausreise seiner Familie in die Bundesrepublik, erklärte, dass er dafür bereit sei, in Hungerstreit zu treten, inspiriert von anderen ähnlichen Aktionen, den Rumänen bekanntgemacht über die Sendungen von Radio Freies Europa. In der XI. Klasse des Abendgymnasiums „Nikolaus Lenau" in Temeswar, wurde er von den Securisten Petre Pele und Rudolf Köppe verhört, weil er sich das Kostüm eines Teutonen-Ritters angezogen, mit Kreuz und den deutschen Farben Schwarz-Rot-Gold hatte.

In 1977 hat Gibson versucht den Appell, lanciert durch den Schriftsteller Paul Goma, zu unterschreiben, danach wurde er fortdauernd von der Securitate verfolgt, welche ihn als ein anarchistisches und destruktives Element einstufte. Er wurde in der Wohnung von Goma verhaftet, dann beim Ministerium des Innern verhört und nach Temeswar geschickt, wo Gibson abermals vom recherchierenden Staatsanwalt Kapitän P. Pele und vom Major R. Köppe übernommen wurde. Im Sommer wurde er vor seinen Arbeitskollegen als kriminell dargestellt, als Antikommunist und Feind der Arbeiterklasse und des Volkes, und wurde entlassen. In den Jahren 1977 -1979 setzten sich die Beobachtungen und Verfolgungen seiner Person, durch die Parteiorgane und Securitate aus Temeswar und Bukarest fort, wurde in der Haft mehrmals verhört. Nach dieser Zeit als Arbeitsloser, und somit galt er als „Parasit ", gelang es ihm bei „Electrobanat" eine Anstellung zu finden, mit dem Ziel dort eine Freie Gewerkschaft zu gründen (als Arbeitsloser hätte er diese nicht gründen können). Weil sich in den Jahren 1978 – 1979 die Genehmigung der Ausreise seiner Eltern verzögerte, hat er seine Opposition fortgeführt, wobei er mit einigen Mitgliedern der Aktionsgruppe Banat Kontakt hatte.

Nach seiner Aussage, in der Zeit 1977-1978, hat Carl Gibson seine „ideologische Heimat" in der „Organisation Temeswar Banat" (O.T.B.) gefunden. Der Name der Organisation wurde ausgewählt, zu deren Identifikation im Westen, und um Kontakte zum Radiosender Freies Europa zu knüpfen.

Zu dieser Organisation gehörten auch die Brüder Edgar und Erwin Ludwig. Gleichzeitig unterhielt O.T.B. auch Verbindungen zu den Vertretern der Römisch-Katholischen und Protestantischen Kirche.

Die von den 4 – 5 Hauptmitglieder geführten kritischen Diskussionen, mit dem Generalthema „die Respektierung der Menschenrechte in Rumänien und Osteuropa", wurden von ihnen mit einem Magnetofonband aufgenommen, mit einer Länge von dreieinhalb Stunden, welches dann in den Westen geschickt wurde, als Vorsichtsmaßnahme im Falle einer Verhaftung.

Diesen Beitritt betreffend, schätzte Gibson: „Bestimmt war der Hauptgrund profan – die Ausreise der Familie. Wir hatten schon seit zwei Jahren den Antrag für die endgültige Ausreise nach Deutschland gestellt, nachdem wir die sogenannten ‚Großen Formulare' bekamen. Aus obskuren Gründen zurückgehalten, dachte ich, dass ich die Ausreise beschleunigen kann, durch S.L.O.M.R., welche – noch bevor sie gegründet wurde – auch in meinen Augen als ein Instrument galt, ein bestimmtes Ziel zu erreichen."

Als Folge, Ende des Monats März, sind Carl Gibson, begleitet von Horst Gängler, Steffy Mayer und Erwin Ludwig, nach Bukarest gefahren, wo sie die Botschaften Westdeutschlands, Großbritanniens und den Vereinigten Staaten kontaktierten und den Plan der S.L.O.M.R (Freie Gewerkschaft der Werktätigen in Rumänien) in Temeswar, vorlegten. Gleichzeitig hat Gibson auch Nicolae Dascălu besucht. Zusammen haben sie einen Aktionsplan erarbeitet, welcher die Anwendung der gewerkschaftlichen Bewegung, in der Praxis, im ganzen Lande, vorgesehen hatte.

Zurück in Temeswar, waren Gibson und seine Kollegen schnell aktiv. S.L.O.M.R wurde dort am 30.-31. März 1979 gegründet, in der Zeitspanne 1. – 3. April hat Gibson Unterschriften von den Anhänger aus der Ortschaft gesammelt, und am 4. April hat Radio Freies Europa, in seiner Morgensendung, die Gründung der neuen Filiale bekanntgegeben. Laut Gibson, haben sich in Temeswar, in diesen wenigen Tagen über 150 Mitglieder versammelt, Arbeiter, Studenten und Intelektuelle.

Nachdem, am Morgen des 4. Aprils 1979, Radio Freies Europa, die Gründung der S.L.O.M.R. Temeswar und die Namen seiner Initiatoren kundgegeben, wurden diese am gleichen Tag verhaftet. Nach einem zweitägigen Verhör, wurden Carl Gibson und

Erwin Ludwig am 6. April zu je 6 Monate Gefängnis verurteilt. Das Urteil vermied jeden Bezug zum Namen S.L.O.M.R., sie wurden angeklagt, „weil sie eine Gruppe gegründet, welche gegen die gesetzlichen Bestimmungen und die öffentliche Ordnung", bestehend aus 16 Personen aus dem Kreis Timiş opunierte.

Danach, im Gefängnis „Popa Şapca" eingekerkert, wurden Gibson und Ludwig in getrennten Zellen gehalten, ohne dass sie eine Möglichkeit hatten, miteinander zu kommunizieren. Die Securitate hat von Gibson eine Erklärung gegen Nicolae Dascălu verlangt, welche er verweigerte. Beide Verhafteten wurden übel geschlagen, während der Verhöre als auch vom Gefängniswärter Bolog. In der Zeit als Carl Gibson im Gefängnis saß – im August 1979 – haben seine Eltern und sein Bruder die Genehmigung zur Ausreise nach Deutschland erhalten. Er konnte nicht mehr in die Wohnung, weil diese schon von den Behörden beschlagnahmt war, verließ das Land mit dem Flugzeug von Otopeni und ist am 13. Oktober in Frankfurt angekommen.

Im Exil, führte Carl Gibson seine Aktivitäten auf gleichen Koordinaten weiter, und wurde zum Wortführer der S.L.O.M.R. im Westen. Schon im November gab er zwei Interviews beim Radiosender Freies Europa. Er besuchte den Sitz der Organisation „Amnesty International", hat Artikel in der Presse veröffentlicht, wo er über die Situation in Rumänien berichtete. In Paris besuchte er Paul Goma und den Historiker Mihnea Berindei, der Leiter der Liga für Menschenrechte in Rumänien, und in Lausanne besuchte er den Schriftsteller Ion Caraion.

In 1977 fand der Aufstand der Bergleute in Valea Jiului statt, gefolgt von den Aktivitäten der S.L.O.M.R in Rumänien. Dann folgte der Aufstand der Arbeiter aus Braşov im November 1987, welcher der Revolution vom Dezember 1989 vorangegangen, begonnen in Temeswar, und siegreich in Bukarest. Gleichzeitig darf nicht vergessen werden, dass S.L.O.M.R., mehr als ein Jahr, der Gründung der Gewerkschaft in Polen vorangegangen war, und eine wichtige Rolle beim Sturz des Kommunismus in Osteuropa hatte. [QUELLE: http://www.banaterra.eu/ und http://www.gibsonpr.de und https://de.wikipedia.org/wiki/Carl_Gibson_(Autor)]

Aus dem Grundgesetz (GG):

Art 1

(1) **Die Würde des Menschen ist unantastbar.** Sie zu achten und zu schützen ist Verpflichtung aller staatlichen Gewalt.

Art 2

(1) Jeder hat das Recht auf die freie **Entfaltung seiner Persönlichkeit, soweit er nicht die Rechte anderer verletzt** und **nicht** gegen die **verfassungsmäßige Ordnung oder das Sittengesetz** verstößt.

Art 3

(1) Niemand darf wegen seines Geschlechtes, seiner Abstammung, seiner Rasse, seiner Sprache, seiner Heimat und Herkunft, seines Glaubens, seiner religiösen oder politischen Anschauungen benachteiligt oder bevorzugt werden. Niemand darf wegen seiner Behinderung benachteiligt werden.

Art 5

(1) **Jeder hat das Recht, seine Meinung in Wort, Schrift und Bild frei zu äußern** und zu verbreiten und sich aus allgemein zugänglichen Quellen ungehindert zu unterrichten. Die Pressefreiheit und die Freiheit der Berichterstattung durch Rundfunk und Film werden gewährleistet. **Eine Zensur findet nicht statt.**
(2) Diese Rechte finden ihre Schranken in den Vorschriften der allgemeinen Gesetze, den gesetzlichen Bestimmungen zum Schutze der Jugend und in dem Recht der persönlichen Ehre.

(3) Kunst und Wissenschaft, Forschung und Lehre sind frei. Die Freiheit der Lehre entbindet nicht von der Treue zur Verfassung.